스타트업 빅 트렌드

Try Everything - Make it Possible

세 상 을 바 꾸 는 인 사 이 트 노 트

스타트업
빅 트렌드

Try Everything 사무국 지음

매일경제신문사

최근 세계 각국은 만성적인 저성장과 높은 실업률에 시름하고 있다. 2020년은 특히 코로나19 사태로 인해 스타트업과 중소기업이 큰 어려움을 겪고 있다. 위기 속에서 새 기회를 찾고 기업가 정신을 회복해 창업가들과 함께 대한민국 경제의 활로를 모색해야 할 시점이다. 뉴노멀이 일상이 된 지금 할 수 있는 모든 걸 시도해보고, 무엇이든 해봐야 한다.

한국의 스타트업 생태계는 분명 힘이 있다. 세계적인 스타트업 생태계 조사기관 스타트업 지놈이 발표한 '2020년 글로벌 창업생태계 순위'에 따르면 서울은 2020년 처음으로 세계 270개 도시 스타트업 생태계 순위에서 20위를 기록했다. 국내외 경제 위기 상황에서 기회를 모색하고 혁신을 통해 우리 경제에 돌파구를 마련할 수 있는 주역은 스타트업이다. 혁신 스타트업들이 포스트 코로나라는 미지의 문명으로 가는 기회의 나침반 역할을 할 것임에 틀림없다.

정부와 지자체의 적극적인 의지도 주목할 만하다. 대표적으로 중소벤처기업부와 서울시가 그렇다. 스타트업과 벤처기업이 앞으로 펼쳐질 포스트 코로나 시대를 선도할 수 있는 우리 경제의 새로운 성장엔진임을 누구보다 잘 알기에 유망 스타트업 발굴과 육성에 힘쓰고 있다. 공정거래위원회가 운영하는 인터넷 포털 '기업집단포털'의 조사 결과에 따르면 2020년 6월 우리나라 벤처기업의 총 고용은 우리나라 4대 그룹에 버금가는 66만 7,000명으로, 2019년 대비 2만 7,000명이 증가했다는 점을 보여줬다. 이런 측면에서 중소벤처기업부가 비대면·바이오·그린 뉴딜 분야에서 두각을 나타내는 스타트업, 벤처기업 등에 주로 투자하는 대한민국 펀드를 1조 원 규모로 조성하는 방안과, 서울시가 코로나19 위기를 기회로 극복하기 위해 차세대 유망 스타트업 3대 스케일업 전략을 발표하고 4,000억 원 규모의 지원사업을 진행하는 것이 스타트업을 유니콘 기업으로 성장시키는 마중물이 되리라 본다.

글로벌 스타트업 축제인 'Try Everything'이 출범한 계기 역시 스타트업이 주인공이 되는 무대를 만들어주고 싶어서였다. 스타트업이 꿈꾸는 이상향을 우리는 '스타토피아StarTOPIA'라 칭한다. 'Try Everything'은 재능과 혁신으로 똘똘 뭉친 스타트업이 꿈을 펼치고, 열려 있는 미래 공간을 통해 파트너와 함께 스타토피아를 탐험하는 시공간과 인사이트를 선사하고자 한다. 스타트업은 미래고, 그 미래는 도전하는 여러분의 것이다. 모든 스타트업이 이 책과 'tryeverything.or.kr'을 통해 영화 〈주토피아〉의 주인공 '주디'처럼 멈출 줄 모르는 도전, 불가능한 것을 가능케 하는 가치관과 지적 실천력으로 미래를 개척하길 희망한다.

이 책의 각 챕터들은 'Try Everything 2020' 행사의 주요 세션들을 요약한 것으로 팬데노믹스 시대에 위기를 기회로 바꾸는 아이디어와 전략들이 담겨 있다. 1부에서는 스타트업의 구루들이 직접 전하는 인사이트 노트로 구성돼 있다. 스타트업계의 살아 있는 전설인 존 헤네시 알파벳 회장과 마윈 알리바바그룹 창업자가 자신의 삶의 철학과 혁신비법을 전한다. 2부에서는 애프터 코로나 시대의 미래전략을 살펴본다. 실제 위기를 기회로 만든 언택트 비즈니스 강자들의 성공사례는 물론, AI, 블록체인, 바이오, 모빌리티 분야 등 미래 기술을 선점한 스타트업들의 노하우를 들어본다. 3부에서는 스타트업 성공으로 가는 데 필수적인 펀딩 전략들이 담겨 있다. 4부에서는 스케일업의 필수조건인 글로벌 전략을 엿볼 수 있다. 한국을 넘어 글로벌 진출에 필요한 주요 국가별 생태계 정보를 알 수 있다. 5부에서는 '빅테크'를 넘어설 룬샷 아이디어로 무장한 스타트업들의 도전기를 담고 있다.

끝으로 유례없는 코로나 상황에도 불구하고 방역 지침을 잘 따라주고 뜨거운 열정으로 'Try Everything 2020'에 함께해준 스타트업과 투자 지원기관 및 온오프라인 참가자께 깊은 감사를 전한다. 부디 이 책이 위기에서 기회를 찾고 혁신을 이루는 작은 계기가 되길 바라는 마음이다. 오늘도 포기를 모르는 스타트업과 불철주야 스타트업 지원에 힘을 쏟는 이들에게 진심 어린 존경을 표하며 스타트업이 주인공이 되는 세상을 만들기 위해 더욱 노력할 것을 약속드린다.

Try Everything 사무국 일동

CONTENTS

PART 1
스타트업 구루들이 전하는 인사이트 노트

PART 2

빅체인지: 애프터 코로나 시대의 스타트업 미래 전략

PART 5
빅테크 넘어설 룬샷 아이디어

부록
Try Everything 참여우수기업 목록

스타트업
구루들이 전하는
인사이트 노트

실리콘밸리 역사의 증인이 말하는 혁신의 중요성

존 헤네시 알파벳 회장과의 대담

연사
● **존 헤네시** 알파벳 회장

실리콘밸리 역사의 산증인으로 불리는 존 헤네시 알파벳 회장은 컴퓨터 공학자이자 학자, 사업가다. 필수적인 소수의 명령어들만 명령어군에 포함시켜 컴퓨터의 실행속도를 높인 컴퓨터 RISC reduced instruction set computer를 처음 고안해낸 인물이다. 동업자 크리스 로웬과 MIPS테크놀러지를 창업하여 MIPS million instructions per second를 개발했다. 2000~2016년까지 스탠퍼드대학교 총장을 역임했으며 스탠퍼드대학교에서 박사과정을 밟고 있던 래리 페이지, 세르게이 브린의 구글 창업을 후원했다. 2004년 구글이 IPO를 하기 직전까지 이사회에서 활동했다. 2017년 튜링상을 수상했으며, 2018년부터 알파벳 회장을 역임하고 있다.

좌장
● **차상균** 서울대학교 데이터사이언스대학원장

"컴퓨팅 산업은 1980년대부터 시작됐는데 당시에는 수직적인 통합이 있었습니다. IBM이 모든 것을 다 했었죠. 프로세서, 하드디스크를 모두 직접 만들었고 그러면서 PC 시대가 도래했습니다. 그런데 이때부터 보다 수평적인 조직 개선이 이뤄졌습니다. 마이크로소프트가 OS를 만들었고 다른 기업들이 앱을 만들었습니다. 그리고 인터넷 시대가 도래했습니다. 현재는 수직적인 통합 시도가 있어야 한다고 생각합니다."

구글 모회사인 알파벳의 존 헤네시 회장은 제21회 세계지식포럼에서 이같이 말했다. 그는 4차 산업혁명 이후 시대의 트렌드에 맞춰 변화에 성공한 기업만이 살아남을 수 있다고 강조했다. 그 근거로 헤네시 회장은 인텔을 예로 들었다. 인텔은 지금까지 늘 앞서갔고 그에 대한 자부심도 갖고 있었다. 또 일본이나 한국 기업들의 약진에도 불구하고 인텔은 산업의 사이클을 경험한 경험치를 바탕으로 지속적으로 성장할 수 있었다. 하지만 이제는 서서히 경쟁력이 떨어지고 있다. 인텔은 아직까지도 내부적으로 탄탄한 소프트웨어 기반과 생태계를 갖추지 못했다. 이 점이 현재 인텔의 약점으로 작용하고 있다. 이는 인텔이 역사상 처음으로 기본 기술에서 뒤처지고 있음을 의미한다.

헤네시 회장은 반대의 예로 마이크로소프트와 넷플릭스를 꼽았다. 현재 IT 업계는 PC의 시대에서 클라우드의 시대로 전환하고 있다. 사티아 나델라 마이크로소프트 CEO는 취임 후 기업 고객을 겨냥한 클라우드 사업을 중심으로 사업 포트폴리오를 과감하게 변화시켜 매출을 대폭 끌어올렸다. DVD 렌탈 기업이던 넷플릭스 역시 인터넷의 보급과 인터넷 속도 향상을 보고 과감하게 스트리밍 방식으로 사업 방향을 틀었다. 모두 기존 비즈니스 틀을 깨는 과감한 용기가 필요한 것이다. 특히나 인텔이나 마이크로소프트 같은 거대 기업이 방향을 크게 틀거나 점프하는 것은 더욱 두렵고 무서울 수 있다. 이때 필요한 것이 바로 경영진의 리더십이다.

헤네시 회장은 신기술 개발의 중요성도 강조했다. 헤네시 회장은 "신기술의 장점은 바로 매우 복잡한 데이터를 분석할 수 있고 또 그 데이터 간의 관계를 찾아낼 수 있다는 것"이라며 "신약 개발에도 신기술을 활용할 수 있다"고 설명했다. 머신러닝 기술을 이용해 복잡한 패턴과 단백질 구조를 이해하는 등 절차상 효율을 높여 신약 개발에 활용하거나 AI 기술을 환경 문제에 적용해 모델링하고 예측함으로써 향후 10년 동안 어떤 기후변화가 발생할지를 예측할 수도 있다.

다만 헤네시 회장은 제약, 금융, 바이오 등 여러 분야에서 AI와 머신러닝, 딥러닝에 대한 관심이 폭발하고 있지만 인재가 부족하다고 지적했다. 특히 미·중 갈등에 대해 "미국은 중국 인재의 유입이 어려워져서 기존 중국 인재들이 미국에 기여했던 부분들을 활용할 수 없게 됐고, 중국 또한 다양한 기술과 인재의 유입을 받을 수 없게 됐다"며 아쉬움을 나타냈다.

헤네시 회장은 실리콘밸리와 같은 벤처기업의 성장에는 대학의 노력이 무엇보다 중요하다며 휴렛팩커드를 예로 들었다. 휴렛팩커드는 1935년 스탠퍼드대학교 전기공학부 졸업생인 빌 휴렛과 데이비드 팩커드가 세계 경제 대공황 기간 중 스승인 무선공학과의 프레데릭 터만 교수로부터 지원을 받아 창업했다. 미국 실리콘밸리에 안착한 기업의 시조로 꼽히며 세계 벤처기업 1호로 불린다.

헤네시 회장은 "스탠퍼드대학교는 (실리콘밸리의) 롤 모델을 만드는 역할을 했다"면서 "단지 논문을 쓰고 연구하는 것에서 그치는 것이 아니라 그 연구 결과를 가지고 행동함으로써 더 많은 영향을 미칠 수 있었다. 스탠퍼드대학교에서 다양한 스타트업이 만들어졌는데 대학을 떠나 잠시 회사를 창업한 후 돌아오는 경우도 많았다. 창업을 위해서는 그런 마인드를 가진 사람들이, 그리고 기술을 상품화하기 위한 마인드를 가진 사람들이 필요하다"고 대학교의 의식 전환을 요구했다.

위기는 곧 기회, 세상을 변화시키는 스타트업들

Try Everything 2020 기조강연

연사
● **팀 드레이퍼**   DFJ 회장

　팀 드레이퍼는 글로벌 벤처 투자자로 드레이퍼 어소시에이츠와 DFJ를 설립했다. 그의 회사는 코인베이스, 로빈후드, 트위치TV, 스카이프, 테슬라, 바이두, 포커스 미디어, 이페이, 핫메일, 솔라시티, 아테나헬스, 스페이스X 등의 기업에 투자했다. 그는 기업가 정신을 선도하고자 캘리포니아 샌머테이오에 기숙학교인 드레이퍼대학교 Draper University of Heroes를 설립하고 우수한 인재들이 기업가의 목표를 이룰 수 있도록 돕고 있다. 드레이퍼대학교 출신 기업가들은 76개국에서 350개의 기업을 창립했다.

Try Everything – Make it Possible

　　2020년 6월, 서울은 글로벌 창업생태계 조사기관인 '스타트업 지놈'의 조사 결과 270개 도시 중 20위를 차지했다. 1,000년의 수도 서울은 IT 강국의 중심에서 이제 스타트업의 도시로 발전하고 있다. 이에 서울시는 2020년부터 서울시의 글로벌 스타트업 축제Tech-Rise와 전통의 매경 세계지식포럼을 함께 개최하는 'Try Everything 2020'을 개최하고 기조강연에 세계적인 벤처 투자자 팀 드레이퍼를 초빙했다.

　　드레이퍼는 강연 시작과 동시에 전 세계가 코로나로 힘든 시기를 맞고 있음을 언급했다. 그는 "지난 6개월 동안 우리 모두 정말 많은 변화와 어려움을 겪었다"면서 "이처럼 어려운 시기에 한국이 리더로서 스타트업들에 주도적인 역할을 해야 된다"고 강조하고 "더 나은 결과를 낳을 수 있다고 말해줘서 기쁘게 생각한다"고 한국 스타트업의 성장을 축하했다.

드레이퍼는 지난 36년 동안 벤처 관련된 일을 해왔고 36개 유니콘 기업에 초기 투자한 경험이 있다고 말했다. 전 세계에 벤처 정신을 퍼트리는 데 일조하고 있다고도 자부심을 드러냈다. 하지만 드레이퍼는 이제 새로운 미션이 생겼다고 고백했다.

드레이퍼에 따르면 오늘날의 세계는 국경이 존재했던 과거와 달리 인터넷의 등장으로 인해 국경과 무관하게 협업할 수 있게 됐다. 그는 "그것은 곧 스타트업이, 또 창업 기업이 글로벌하게 영향을 미칠 수 있게 됐다는 것을 의미한다"고 설명했다. 그는 "과거의 경험을 비춰봤을 때 국경을 넘어선 협업이 가능할 때 세계는 더 나은 세상이 될 수 있다"면서 "이제 글로벌 차원으로 활동이 이뤄지고 있고, 전 세계가 확장되고 있다. 따라서 여러분이 기업가라면 글로벌한 사고를 해야 한다"고 강조했다.

그는 인터넷의 등장 다음으로 흥미로운 것이 '비트코인의 등장'이라고 꼽았다. 블록체인으로 정보를 트래킹할 수 있게 된 것이 인터넷에 준하는 혁명이라는 설명이다. 드레이퍼는 "블록체인으로 정보를 트래킹할 수 있게 됐고 그다음으로 스마트 컨트랙트와 관리통제 관련 기술이 등장하게 됐다"며 "이러한 기술을 활용한다면 전 세계에서 가장 큰 규모의 산업, 수십조 달러의 산업이 바뀌게 된다"고 주장했다.

이처럼 세상이 또 한 번 엄청난 변화의 시기를 맞이하고 있는 것에 대해 드레이퍼는 "우리가 세상을 변화시킬 수 있는 엄청난 기회가 있다"고 스타트업들을 격려했다.

드레이퍼는 하나의 예로 은행업을 꼽았다. 비트코인이 은행업보다 더 효율적이라는 설명이다. 또 "스마트 컨트랙트와 블록체인 기술을 이용하면 여러 기록관리, 회계, 장부처리, 계약관리 등을 한층 효율적으로 할 수 있게 된다. 그렇기에 은행업이 혁신을 해야 할 것"이라고 말했다.

블록체인은 은행업 외에 여러 분야에서 혁신을 가져다줄 것이라는 게 드레이퍼의 주장이다. 이러한 혁신은 다양한 분야에서 동시에 일어나게 된다. 드레이퍼는 "보험사의 경우 보험에 가입하고 보험료를 계속 납부하다가 이후 보험금을 청구하면 보험사에서는 여러 가지 구실을 대서 이것을 심사하려 한다. 그런데 보험을 스마트 컨트랙트로 체결하게 되면 굉장히 효율적으로 비즈니스를 할 수 있다"고 언급했다.

드레이퍼는 헬스케어 분야에도 대대적인 변화가 일 것이라고 내다봤다. 그는 "저희 포트폴리오에 있는 클라우드 매닉스라는 회사는 데이터를 활용해 진단을 돕는다. 환자들을 진단할 때 데이터를 활용하면 의사들이 진단하는 것보다 더 정확한 진단 결과를 얻을 수 있다. 뿐만 아니라 의사와 데이터가 결합되면 훨씬 더 효과적인 진단을 할 수 있다는 사실을 발견했다"며 데이터의 중요성을 강조했다. 중요한 것은 모든 분야에 걸쳐서 엄청난 기회가 도사리고 있다는 설명이다.

드레이퍼는 정부 또한 변화해야 한다고 강조했다. 드레이퍼는 "정부의 권력과 권한은 지리적으로 규정된 국가 차원에서 발생하는 것인데 기업가들과 창업가들, 그리고 인터넷을 기반으로 하는 기업가들은 전 세계가 국경으로 닫혀 있는 것이 아니라 글로벌하게 열려 있다는 사실을 알고 있다"며 정부 의식의 변화를 촉구했다.

이어 그는 현재 두 종류의 리더들이 나타나고 있다고 말했다. 한쪽의 리더들은 과거에 사로잡혀서 모든 것을 통제하려 한다고 말했다. 국경을 통제하려고 하고, 국경을 넘나드는 활동들을 제약하고 규제하려고 한다는 것이다.

반면에 다른 한쪽의 리더는 글로벌 사회로 편입되기 위한 방향으로 지향한다. 자유시장과 자유무역을 지지하는 그런 지도자들이 있다는 것이다. 드레이퍼는 "한 가지 명확한 것은 이런 개방된 접근방법이 더 나은 방법"이라면서 "우리가 역사를 통해 알 수 있는 것처럼 기존의 권력에 집착하게 된다면 성장할 수 없다. 그래서 성공하는 리더라면 좀 더 개방해야 한다. 글로벌하게 나아가야 한다"고 강조했다.

드레이퍼는 중국을 폐쇄적인 국가의 예로 꼽았다. 중국이 최근 국경을 폐쇄했고 비트코인을 금지하는 여러 방침을 내세웠다고 설명했다. 반면 일본은 "정말 훌륭한 비즈니스 기회가 있으면 어떡하지?"라고 고민하다 국가 차원에서의 화폐로 채택하려 하고 있다는 설명이다.

드레이퍼는 이 두 나라의 차이로 인해 중국의 많은 창업가들이 일본으로 넘어가게 됐다고 말했다. 또 중국이 금융 비즈니스를 시도하는 이들에게 불법이라고 하자 결국 해당 사업가들이 싱가포르나 몰타 쪽으로 가버린 예도 소개했다.

드레이퍼는 국가가 적극적으로 국경을 개발한 예로 에스토니아를 소개했다. 에스토니아는 버추얼 시민권, 버추얼 영주권을 발급해 사람들이 에스토니아 내에서든 밖에서든 유럽 안에서 비즈니스를 할 수 있도록 허가했다. 직접 에스토니아에서 영업하지 않더라도 영주권을 발급받아 비즈니스를 할 수 있는 세상이 열린 만큼 앞으로 세상이 더욱 크게 달라질 것이라고 드레이퍼는 강조했다.

마지막으로 드레이퍼는 새로운 기술을 업계에 적용하는 데 있어서 큰 문제를 해결할 수 있는 해결 능력을 갖춘 인재가 드레이퍼대학교와 DFJ가 찾는 인재상이라고 설명했다. 드레이퍼는 그러한 인재들을 바탕으로 비즈니스 모델을 구축하되 반드시 수익을 낼 수 있는 모델이어야 한다고 창업 노하우를 밝혔다. 드레이퍼는 "돈을 벌 수 있다면, 수익을 낼 수 있다면 그 돈이 다른 사람들에게까지 퍼지고 더 나은 세상이 될 수 있는 만큼 반드시 수익을 낼 수 있어야 한다"고 설명했다.

드레이퍼는 "기업가를 평가할 때 가장 먼저 '이 딜이 충분히 큰지' 물어본다. 그 비즈니스가 내 인생을 바쳐도 될 만큼 중요한 문제인지, 내가 해결하면 세상이 크나큰 변화를 일으킬 수 있다고 믿는지를 가장 중요하게 생각한다"고 말했다. 그렇게 중요하게 생각하는 문제여야 사업가들이 인생 전부를 걸고 희생을 하더라도 후회하지 않는다는 설명이다. 그리고 사업가가 제시할 수 있는 해법으로 어떤 제품이나 서비스가 있는지를 봐야 한다고 덧붙였다.

"그 정도의 가치나 목표를 가지고 있는 비즈니스 모델이어야만 서비스를 제공할 때 돈을 내는 고객이 생깁니다. 그것이 비즈니스의 골자이고 지금까지 제가 그 덕을 많이 봤습니다. 테슬라, 핫메일, 스카이프, 스페이스X, 트위치, 로빈후드 등의 기업들은 창업주 한두 명이 있었던 시절부터 제가 믿고 지원했던 기업입니다. 그 기업가들의 비전과 비즈니스 모델을 보고 충분히 생각해봤기 때문에 리스크를 걸 만하다고 생각했습니다. 물론 실패를 하면 투자금을 날릴 수도 있겠죠. 그리고 절반 정도는 잘못될 수 있지만 나머지 절반은 정말 업계의 판도를 바꿀 수 있다는 신념을 가지고 지원했습니다."

드레이퍼는 연설 마지막에 자신의 이메일 주소를 공개하고 그와 같이 세상의 판도를 바꿀 만한 비즈니스 계획서, 제안서가 있으면 언제든지 보내달라는 말로 연설을 마무리했다.

프랜차이즈 창업대가의 비법노트

연사

● **윤홍근** 제너시스BBQ 회장

윤 회장은 프랜차이즈 산업의 본질은 교육에 있다고 보고 가맹점과 직원을 위한 치킨대학을 설립하는 등 교육에 투자를 아끼지 않았다. BBQ는 창립 4년 만에 1,000개 가맹점을 열었고 현재 미국, 중국, 일본 등 세계 57개국에 진출했다. 윤 회장은 1997년 한국프랜차이즈협회를 창립해 협회장에 취임했고, 2008년 한국외식산업협회를 설립했다. 한국 프랜차이즈 산업의 성장과 발전을 이끌며 2003년 동탑산업훈장, 2009년 은탑산업훈장, 2015년 금탑산업훈장을 받았다.

윤 회장은 2025년까지 전 세계 5만 개의 가맹점을 열어 맥도날드를 능가하는 세계 최대, 최고의 프랜차이즈 그룹이 되는 것을 목표로 하고 있다.

'Try Everything 2020: 프랜차이즈 창업대가의 비법노트'에서는 국내 치킨 프랜차이즈 업계의 성공 신화를 쓴 제너시스BBQ 윤홍근 회장이 강연자로 연단에 올랐다.

윤홍근 회장은 "경제 위기 속에서 젊은 청년들이 어떻게 새로운 미래를 꿈꾸고 창업에 도전해 새로운 세상을 열어갈 것인지 선배로서, 기업가로서 경험과 미래를 이야기하고 싶다"며 연설을 시작했다.

그는 "어린 시절부터 기업의 회장이 되고 싶었다"고 자신의 어린 시절 꿈을 소개했다. 그러면서 "기업을 하면 많은 사람이 잘 먹고 잘살고 편하게 살 수 있겠다는 생각을 늘 하고 있었다"고 기업인을 꿈꾼 이유를 덧붙여 설명했다. 기업인이 되어서 사람들을 편하게 해주고 희망과 꿈을 주고 새로운 삶을 주고 싶었다는 것이 그의 설명이다.

윤 회장은 준비한 강의의 주제를 "기회는 준비된 자가 가질 수 있는 위대한 선물이다"라고 소개했다. 그는 준비의 필요성을 강조하기 위해서 자신이 존경하는 기업 회장들을 언급했다. 그는 "정주영 회장, 이건희 회장을 가장 존경한다. 그들은 앞으로 10년 후에 현대와 삼성이 존재할 것인지 20년 후에도 삼성그룹이 존재할 것인지 고민하면서 '미래를 준비하라'는 말을 항상 했다"고 말했다.

그는 "나 역시도 더 나은 기업, 동종업계 1위 기업이 되기 위해서 아직도 노력하고 있다"면서 "하고 싶은 일이 있다면 간절하게 원하라"고 조언했다.

윤 회장은 자신의 어린 시절을 회상하면서 "학교에 다닐 때에도 신입사원으로 입사할 때에도 기업의 회장이 되기 위해서 공부했다. 머릿속으로 끝없이 연구하고 연습하고 훈련했다"고 말했다. 그러면서 "여러분이 간절히 무엇인가 원하는 것이 있다면 정말 간절히 원하라고 말하고 싶다"고 덧붙였다.

윤 회장은 제너시스BBQ그룹을 창업한 이유로 "프랜차이즈 산업은 무형의 지식 산업이기 때문"이라고 말했다. 사람이 존재하는 한 언제까지나 먹거리를 먹지 않을 수 없다는 점에서 가능성을 엿봤다는 설명이다. 그는 "미래에는 영화처럼 이 먹거리를 알약 하나로 바꿔 생명을 존속시킬 수 있겠지만 오감을 통해서 만족을 하는 이 먹거리의 즐거움, 가족의 즐거움, 또 인간으로서 느끼는 먹고 즐기는 행복과 기쁨은 알약으로 해결할 수 없다"며 "외식 프랜차이즈 사업은 영원히 존속 가능한 사업이기 때문에 저의 사업으로 선택했다"고 사업 동기를 설명했다.

그러면서 윤 회장은 제너시스BBQ의 브랜드명에 대해 설명하면서 간절함을 가지라고 다시 한번 강조했다. BBQ는 'Best of Best Quality'라는 뜻이다. 세상에서 가장 맛있는 치킨을 만들고 싶었고, 전 세계의 새로운 외식 산업의 신기원을 열어서 전 세계 70억 인류가 잘 먹고 잘 살게 만들겠다는 뜻으로 브랜드명을 지었다고 한다. 간절하게 원하다 보니까 오늘날의 제너시스BBQ를 만들 수 있었다고 설명했다.

그는 간절함은 마음속으로 믿어야 실천될 수 있음도 언급했다. "여러분이 무언가 이룰 수 있다면 그것은 여러분 마음껏 믿어야 한다. 전 세계 5만 개 가맹점을 만드는 게 나의 꿈인데, 이는 국내에서 누구도 이뤄보지 못한 숫자다. 20년 전 새천년이 시작될 때 5만 개 가맹점을 만들겠다고 했을 때 모두 믿지 않았다. 그러나 나는 스스로 믿었고 지금은 57개국에 3,500개의 점포를 운영하고 있다"고 말했다.

그는 "한국에만 1,000개의 점포를 운영하고 있고 진출한 57개 국가에서 1,000개씩 점포를 늘려나가면 5만 7,000개의 점포를 완성할 수 있다. 꿈을 가지고 간절히 원하고 원한다면 새로운 꿈이 시작된다"고 설명했다. 간절한 마음만 있으면 어려운 목표를 향해 달려 나갈 수 있고 새로운 꿈을 가질 수 있다는 것이 그의 설명이다.

윤 회장은 성공을 위한 경영 이념도 언급했다. 그는 세 가지 경영 이념을 제시하였는데 "첫째 가맹점이 1차 고객이다, 둘째 고객이 원하면 무조건 한다, 셋째 가맹점을 위해 최고의 보람과 대우를 받는 회사가 돼야 한다"고 말했다. 그는 "프랜차이즈 본사가 가맹점에 피해를 준다고 생각하는데 그런 생각을 이번 기회에 바꿔줬으면 좋겠다. 가맹점은 패밀리다"라고 프랜차이즈에 대한 대중들의 인식에 아쉬움을 드러내기도 했다.

그는 BBQ의 행동 철학에 대해서도 말했다. "즉시 하자, 그리고 반드시 하자, 될 때까지 하자"라며 "위기를 겪으면 그 위기 자체를 새로운 기회로 만들어냈다"고 했다. 여기에 더해 윤홍근 회장은 "BBQ가 은탑산업훈장, 동탑산업훈장을 받았는데 고객들이 인정해주는 BBQ의 공과인 것 같다"고 덧붙였다.

그는 끊임없이 준비하는 회장이 되기 위해 중요한 인프라로써 치킨대학을 만들었다고 말했다. 치킨대학의 비전은 프랜차이즈 산업의 사업 성공 모델 확대와 재생산이라는 것이 그의 설명이다. "치킨대학에 가맹점 사장님들이 와서 2주 교육을 받고 성공하는 사업자가 될 수 있도록 경영개발원을 만들었다. 또 물류 시스템화, 인프라, 디자인을 구축하는데 투자하고 있다"면서 미래를 준비하는 BBQ의 모습을 강조했다

윤 회장은 "미래를 예측할 줄 알아야 한다. 기회는 준비된 자가 가질 수 있는 위대한 선물이다. 위기는 위험과 기회의 합성어라고 생각한다. 위기 속에서 항상 새로운 기회가 다가온다. 지금도 많은 기회가 있다"고

미래 예측과 준비, 그리고 기회를 맞이하는 태도를 강조했다.

그는 "여러분이 성공을 원한다면 첫 번째 간절하게 원해야 될 것이고, 두 번째 간절히 원하는 것이 이루어질 것이라고 믿어야 될 것이고, 세 번째 성취하기 위해 언제든지 준비해야 한다"고 연설 내용을 정리했다. 마지막으로 그는 "새로운 기회만 찾는다면 여러분에게 성공이 주어질 것이다. 위기 속에서 위험과 기회를 구분하여 위험만 보지 말기를 바란다"며 청년들에게 보내는 당부를 남겼다.

세계 문제 해결 위한 반기문과 마윈 두 거인의 대담

반기문 전 UN 사무총장과 마윈의 대담

연사

● **반기문** 전 UN 사무총장
● **마윈** 알리바바그룹 창업자 겸 마윈공익기금회 창립자

21세기 최악의 팬데믹인 코로나19와 관련해 반기문 전 UN 사무총장과 마윈 알리바바그룹 창업자가 의견을 나눴다. 반기문 전 UN 사무총장은 "코로나19는 유례없는 고난과 어려움이라며 이를 심각하게 받아들여야 한다"고 대담을 시작했다. 그는 코로나19 사태가 생태계 훼손에 의한 것이라고 언급하면서 동시에 글로벌 리더십의 부재와 주요 국가 간의 강하지 않은 연대를 지적했다. 그러면서 그는 코로나19 사태로 타격을 받은 사회를 재건하기 위해 필요한 것이 무엇인지 마윈 창업자에게 질문했다.

반 전 UN 사무총장의 질문에 마윈 창업자는 "개인적으로 바이러스 자체에 대해 크게 걱정하지 않는다. 인류는 이 위기를 극복할 만한 능력이 있다"고 대답했다. 그러면서 "진심으로 걱정되는 것은 리더십의 부재와 세계 협력이 부족한 지금의 상황"이라고 우려를 표했다. 그는 "지금과 같이 리더십 및 세계 협력 부재는 인류를 더 심각한 상황에 직면하게 만들 것이다. 인류가 공동의 목표를 위해 함께할 수 있다면 더 좋은 세상이 될 것"이라며 국제 사회 협력의 중요성을 강조했다.

반 전 UN 사무총장은 "홀로 세계적인 위기 상황을 해결할 수 없다. 각 정부, 기업, 민간단체, 지도자들이 파트너십을 맺어야 한다"며 마윈 창업자의 의견에 동의했다. 그는 세계 협력을 이룰 수단이 있다며 17개의 지속가능한 발전목표SDG 와 파리기후협정을 언급했다. 이 두 가지 협정이 국제 협력을 위한 가이드라인이라는 것이 그의 설명이다.

마윈 창업자는 "17개의 지속가능한 발전목표가 적절한 비전을 설정하고 있고 이를 달성하기 위해 전 세계가 노력해야 한다. 파리기후협정 역시 환경 문제에서 중요한 상징을 갖는다"고 언급했다. 그는 계속해서 "인류와 사람, 자원이 충분한 상황이지만 이를 활용하지 못하고 있다"면서 리더십 부족의 문제를 지적했다.

나아가 마윈 창업자는 전 세계의 문제를 해결하기 위한 방안을 몇 가지 제시했다. 교육, 여성 리더십 강화, 기업가 정신의 강화, 중소기업에 대한 지원이 중요하다는 것이 그의 설명이다. 그는 "상위 20%를 차지하는 대기업이 아니라 80%를 차지하는 개발도상국, 중소기업, 젊은 세대에게 충분한 자원이 투자되어야 한다"며 미래 사회의 발전 방향을 제시했다. 그는 "제대로 된 교육이 없다는 것이 매우 걱정스럽다"며 "기술 발전이 미래 세대의 취업을 위협한다면 기계보다 더 뛰어난 능력을 키울 수 있도록 해야 한다"고 교육의 중요성을 강조했다.

반 전 UN 사무총장은 "교육의 중요성에 대해 동의한다"고 대담을 이어나갔다. 그는 "교육이야말로 젊은 세대에게 있어 더 나은 세상을 만들기 위한 가장 좋은 수단"이라고 교육의 중요성을 강조했다. 그는 더불어 환경에 대한 교육이 무엇보다 중요하다고 덧붙였다.

이에 마윈 창업자는 "환경을 교육과정에 포함시키는 것에 동의한다"면서 "환경과 평화를 지키는 방법에 대해 배워야 한다"고 언급했다. 그는 코로나로 인해 학생들이 온라인 교육을 받는 상황을 언급하면서 "디지털 이코노미를 확립하려면 모든 요소들을 디지털화해야 한다. 학생들이 디지털 기술을 이해하지 못한다면 교육받을 수 없고 그 나라는 가망이 없을 것"이라고 말했다.

그는 "디지털 이코노미가 젊은 세대를 더 뛰어나게 만들어야 하고 디지털 이코노미가 개발도상국의 발전을 돕고 중소기업이 세계무대로 나아가는 데 기여할 것"이라고 설명을 덧붙였다. 더불어 "개발도상국이 디지털 기술의 혜택을 받지 못한다면 그 결과는 상상하기도 싫다. 모든 사람이 디지털 기술을 이용할 수 있도록 노력해야 한다"고 전 세계의 디지털화를 강조했다.

반 전 UN 사무총장은 마윈 창업자에게 기업가 정신의 발전에 대해 물으면서 처음 사업을 시작할 때 중요한 것이 무엇인지 소개해달라고 요청했다. 이에 마윈 창업자는 "제1원칙은 미래를 의심하지 않는 것이고 제2원칙은 오늘 당장 사업을 시작하라는 것이고 제3원칙은 좋은 팀원을 찾은 후에 함께 노력하는 것"이라고 대답했다.

마윈 창업자는 "스스로를 믿었고 함께한 사람들도 열심히 노력했다"면서 하루아침에 성공이 시작되지 않음을 언급했다. 그는 "수많은 연습 과정, 계획 과정, 시행착오가 있기 마련이며 쉬운 것은 존재하지 않는다"고 노력과 도전의 중요성을 강조했다. 그는 "함께 노력하며 진행하고 있는 일에서 즐거움을 찾고 미래에 대한 믿음을 갖는 것"이 자신의 신념이라고 소개했다.

코로나19 상황에서 모든 소통을 비대면으로 진행하는 것이 좋겠느냐는 반 전 UN 사무총장의 질문에 마윈 창업자는 "가상공간의 발전은 이뤄지겠지만 현실 세계 역시 필요하다. 코로나가 지나간 다음 세상은 어떤 면에서 더 효율적일 것"이라며 낙관적인 입장을 제시했다. 그러나 그는 "확실한 리더십이 없다면 더 나은 기술과 지식, 자원이 있어도 사람들이 하나로 뭉칠 수 없을 것"이라고 미래 사회에 대한 우려를 표현하기도 했다.

반 전 UN 사무총장은 마윈 창업자가 주최했던 자선활동 '아프리카 기업가상'에 대해 언급하면서 그 의도를 질문했다. 이에 마윈 창업자는 "아프리카에는 리더가 없다. 더 젊은 리더가 기업가로 성장해야 한다. 아프리카에 존재하는 훌륭한 기업가에게 배울 기회와 인정받을 기회가 필요하다"고 대답했다. 그는 "아프리카에 훌륭한 리더가 탄생하고 기업이 바로 서면 일자리를 만들 수 있다"면서 아프리카의 지속가능한 경제 활성화를 위한 방법을 제시했다.

It's Time to Scale-up

[코리아 스케일업3] 디지털 비즈니스의 히든챔피언

연사
● **우상범** 메이크어스 대표 ● **김동호** 한국신용데이터 대표

좌장
● **김홍일** 디캠프&프론트원 센터장

창업을 하고 투자를 받아 사업을 착실히 진행하고 있는 스타트업들도 고민의 순간은 찾아온다. 사업 규모를 키우는 '스케일업'의 필요성이 느껴질 때가 바로 그 순간이다. 'Try Everything 2020'의 '디지털 비즈니스의 히든챔피언'에서는 스케일업에 성공한 창업가 2명으로부터 스케일업의 사례를 직접 들을 수 있었다.

연사로 참여한 이는 모바일과 소셜미디어 시대에 최적화된 콘텐츠를 생산, 유통하는 디지털스튜디오 '딩고Dingo'의 운영사 메이크어스 우상범 대표와 소상공인의 손쉬운 매출관리 서비스 '캐시노트'를 제공하는 한국신용데이터 김동호 대표 두 명이다.

먼저 우상범 대표는 학창 시절 스스로 하고 싶은 일, 삶의 만족도를 높일 수 있는 사업을 해보자고 결심한 끝에 토크 콘서트를 시작했고 말했다. 좋은 연사를 초빙하고 직접 티켓을 판매하고 대관도 직접 맡으면서 때로는 적자를 보면서도 좋아하는 일이기에 토크 콘서트를 계속 이어갔다고 한다. 그 결과 우 대표의 메이크어스는 입소문을 타기 시작했고 결국 엔젤 투자를 받으면서 법인 사업을 낼 수 있었다.

이후 우 대표는 어떻게 하면 좀 더 많은 사람에게 이 같은 경험을 소개하고 공유할 수 있을까 고민하게 됐다. 그 순간 우 대표의 눈에 들어온 것은 바로 페이스북이었다.

우 대표는 페이스북에서 굉장히 많은 콘텐츠가 소개되고, 사람들이 그것을 경험하며 실제로 오프라인 소비가 이뤄지는 것을 보고 토크 콘서트를 페이스북에 적용해야겠다고 생각했다. 우 대표는 "페이스북 페이지 중 영향력 있는 페이지를 인수하고 1년 만에 국내 페이스북에서 가장 영향력 있는 매체가 됐다"고 당시를 회상했다.

하지만 사업적인 고민은 오히려 그때부터 커졌다. 매체력과 영향력은 1등인데 뚜렷한 비즈니스 모델이 없었기 때문이다. 우 대표는 "토크 콘서트에서 1등을 했던 것처럼 페이스북에서 1등이 되기 위해 모바일 방송국을 설립하고 콘텐츠를 제작해 배포하자"고 마음먹었다고 말했다.

스마트폰이 보급되면서 대부분의 사람들이 모바일 동영상을 통해 소통하고 경험하고 소비하는 구조를 본 우 대표는 이때부터 모바일 방송 딩고 서비스를 시작했다. 처음에는 CJ를 벤치마킹했다. 그리고 라이프스타일과 관련해 영상을 제작할 수 있는 PD를 본격적으로 영입하기 시작했다. 우 대표는 "1년 만에 PD 100명을 채용했다. 그 후 딩고에서 만든 비디오 조회수가 매달 3억 뷰 이상이 됐고 누가 봐도 모바일 동영상 시장에서 딩고가 1등이라는 인정을 받게 됐다"고 말했다.

국내 모바일 동영상 시장에서 1등이라는 자신감이 붙은 뒤에는 해외 진출을 본격적으로 도모하기 시작했다. 2017년 우 대표는 인도네시아와 중국에 법인을 설립하고 한국에서와 같은 방식으로 비즈니스를 키워나갔다. 하지만 중국에서는 사드THAAD 문제가 터졌고 인도네시아는 물류 인프라가 제대로 갖춰지지 않아 소비를 일으키는 데 어려움을 겪었다.

이런 어려움을 겪은 뒤 우 대표는 스케일업을 위해 필요한 3가지 요소를 꼽았다. 첫 번째는 팀 빌딩이다. 우 대표는 "조직이 망가지기 직전에서도 살아남을 수 있다는 희망이 있었던 것은 생명력 있는 직원들 덕분이었다. 직원들의 생명력이 떨어지면 회사는 금세 노후화되고 방향성마저 잃어버려 결국 직원이 조직에서 떨어져 나가게 된다. 따라서 생명력 넘치는 팀을 잘 만들어가는 것이 중요하다"고 말했다.

두 번째 요소는 분야에서 압도적인 1등을 하는 것이라고 설명했다. 우 대표는 "작은 분야라도 1등을 하는 게 중요하다고 생각한다"며 "그 분야가 시대에 따라서 시장 환경이 변화하기 마련인데 그 변화 속에서도 1등을 하는 것이 자부심을 가져다준다. 1등 DNA를 가져야 어떠한 환경에서도 버틸 수 있다"고 강조했다.

스케일업을 위해 필요한 세 번째 요소는 체계적인 관리에 있다고 말했다. 우 대표는 "회사를 제대로 관리하지 못해 실제로 들인 노력 대비 수익을 많이 남기지 못해 위기를 겪은 적이 여러 번 있었다"며 "이런 인풋, 아웃풋 관리를 잘해야 위기를 극복하고 스케일업을 이뤄낼 수 있다"고 설명했다.

김동호 대표는 미디어 관점의 얘기를 해준 우 대표와 달리 데이터베이스 분야에서의 스케일업 노하우를 얘기했다. 김 대표는 창업 초기에 금융 데이터를 활용해 펀드 알고리즘과 투자 알고리즘을 만드는 일을 하고 소비자들의 의견을 분석, 리서치해주는 역할을 맡았다. 현재는 가게 매출을 관리하고 손쉽게 경영관리를 할 수 있도록 도와주는 앱 '캐시노트'를 서비스하고 있다.

김 대표는 먼저 "정보산업은 크게 10년 주기로 변화해왔다. 1990년대 컴퓨터가 보급될 때는 온라인이 없었던 것으로 기억한다. 컴퓨터 운영체제는 MS도스를 사용했다. 2010년 초중반에는 온라인이 활성됐고 사이버 마케팅이 기업 인지도를 좌우하게 변화했다"고 설명했다. 그러한 기술 변화를 겪으면서 김 대표가 주목한 것은 IT의 급격한 성장이었다. 인터넷 초기 한국에서 거의 대부분이 인터넷을 쓰지 않다가 전 국민의 80%가 인터넷을 연결하기까지 10년 정도 걸렸는데 스마트폰을 통한 인터넷 연결은 3년 반 만에 끝났다.

김 대표는 "십수 년에 걸쳐서 변화가 일어나는 것과 수 년에 걸쳐서 압축적으로 변화가 일어나는 두 가지 상황에서 당연히 후자에 기회가 많다고 생각했다"며 "그때 오픈서베이를 창업해 기업들의 소비자 설문 조사를 오프라인에서 온라인으로 간단하고 효율적으로 할 수 있게 전환해 인건비를 대폭 줄일 수 있었다"고 말했다. 전자동화된 플랫폼 개발에 비용이 많이 들겠지만 장기적으로 서비스 이용료를 낮출 수 있기 때문에 경쟁력이 생길 것으로 예측한 것이 적중한 것이다. 김 대표는 이 시기를 '모바일 1.0'이라고 평가했다.

그러다가 새로운 비즈니스 모델을 떠올린 것이 바로 푸시 메시지였다. 스마트폰을 보면 푸시 알림이 오는 데서 아이디어가 번쩍 떠올랐다. 김 대표는 이와 관련해 위챗을 예로 들었다. 위챗에는 별도의 앱을 설치하지 않고도 위챗 위에서 실행할 수 있는 프로그램이 많다. 갈수록 소비자들이 새 앱을 설치하도록 만드는 것이 어려워지고 있고, 어차피 대다수가 사용하는 '슈퍼 앱'이 정해져 있으니 차라리 슈퍼 앱 위에서 소비자들과 고객들을 빠르게 확보하는 것을 새로운 비즈니스 기회로 떠올린 것이다.

김 대표는 "실제로 위챗과 연결되는 미니 프로그램은 100만 개가 나와 있고 상장까지 간 커머스 회사가 있을 정도다. 예전처럼 직접 별도 앱을 예쁘게 만들어서 1,000만 명에게 설치하도록 하는 것과는 결이 다르다. 그러한 형태가 바로 캐시노트"라고 비즈니스 확장 배경을 설명했다.

캐시노트는 매우 심플하게 만들어졌다. 대부분의 소상공인들은 당일 매출을 알고 있지만 카드 비중이 높은 우리나라에서 각각의 카드사로부터 얼마를 정산받게 되는지는 잘 알지 못한다. 김 대표는 "이런 궁금한 경영 관련 정보들을 매일 잘 정리해서 알려주면 서비스 효용이 있을 것으로 본 것이 성공 비결"이라고 밝혔다. 이후 스케일업은 중장기적으로 별도의 앱 설치를 유도하며 자연스레 이어졌다. 서비스 만족도가 높을수록 별도 앱 설치율이 높기 때문이다.

캐시노트는 카카오톡 애드온 구조로 2년 넘게 서비스한 끝에 별도 앱을 설치한 뒤 꾸준히 사용자를 모아왔고 현재는 전국 65만 개 사업장에서 사용할 정도가 됐다.

지속가능성장을 위한 벤처기업의 미래 투자

벤처기업의 미래 투자: 지속가능성장

연사
● **송명수**　플러그앤플레이 한국지사 총괄이사

좌장
● **필립 빈센트**　플러그앤플레이 일본지사 대표　● **정유신**　핀테크지원센터 이사장

패널
● **도미닉 멜러**　아시아개발은행 경제전문가
● **오마르 리베라 드 레옹**　오릭스그룹 디지털혁신리더
● **한준성**　하나금융지주 부사장
● **김수명**　한국수자원공사 미래기술본부장
● **백경호**　기술보증기금 이사

아시아개발은행ADB 내 벤처 캐피탈에서 투자 관련 전문가로 활동하고 있는 도미닉 멜러는 현재 조지아에서부터 태평양에 있는 도서국가까지 포함해 아시아 지역에 투자하고 있다. 도미닉 멜러는 ADB가 벤처 투자 관련 업무를 시작한 이유에 대해 "농업이나 금융 서비스 등의 효율을 높이는 데 관심이 많다. 저희가 반드시 해결하고 싶은 문제가 있었고, 관련 기업들이 원하는 도움을 줄 수 있다고 생각했기 때문"이라고 벤처 관련 활동 이유를 설명했다. 그는 "초기 단계의 기업들이 성장하기 위해선 자본이 필요하다. 또 어떤 기업과 기관들은 스타트업에 공급할 수 있는 기술들이 있다. ADB는 이러한 초기의 기업들과 산업 부분에 투자함으로써 벤처기업의 지속적인 성장을 이끌어내려 한다"고 설명했다.

오릭스그룹에 합류한 지 1년 반 정도 된 오마르 리베라 드 레옹은 오릭스그룹에 대해 "오릭스는 금융 서비스 회사로 현재 900개 이상의 회사를 관리하고 있다. 자동차, 금융서비스, 기업, 대출, 보험, 에너지, 헬스 등 다양한 분야를 다루고 있다"고 회사를 소개했다.

도미닉 멜러는 혁신 전략을 구현하기 위해 농업과 친환경 등에도 주력하고 있다고 소개했다. 그는 "ADB가 투자를 하는 곳이기 때문에 수익을 내는 것, 가치를 생성하는 것에 대해 우선시하고 있고 따라서 지속가능성을 굉장히 중요하게 여기고 있다"면서 "어떤 때는 단기적으로 수익성을 주시하기도 하지만 동시에 장기적으로 어떻게 가치를 만들어낼 것인가도 생각한다"고 말했다. 이 지속가능성을 위해 여러 도시들의 환경 문제, 이를테면 물과 에너지의 지속적인 공급 문제 등을 기술이 해결할 수 있도록 도움을 주는 것도 ADB의 역할이라고 강조했다. 앞서 2015년 UN은 총회에서 17대 목표와 169개의 세부목표로 구성된 SDGsSustainable Development Goals(지속가능한 개발목표)를 제시했다. 이 중 ADB는 7개 이상의 목표를 직접 해결하려 하고 있다. 도미닉 멜러는 "커다란 문제를 해결하기 위해서는 여러 플레이어들이 필요하다. 혁신가들이 있어야 하고 성숙된 기술도 필요하다. 비용 절감의 기술도 필요하고 혁신적인 기술들을 확산시킬 수 있는 기업 역시 필요하다"면서 "저희는 수요가 어떻게 되는지, 공급은 어떻게 되는지 파악해서 이 상황에 맞게끔 공급해줘야 하는데 생태계가 바뀌면서 비용과 기술도 계속 달라지고 있다"고 어려움을 털어놓았다.

오마르 리베라 드 레옹 역시 "지속가능성이라는 개념은 끊임없이 진화하고 있다. 또 패러다임이 바뀌고 있기 때문에 기업 차원에서도 지속가능성이 달라지고 있다"고 설명했다. 기업이 너무 수익에만 매달리지 않게 됐다는 설명이다. 오마르 리베라 드 레옹은 "오릭스그룹 내에 깊게 뿌리내린 마인드가 있다. 사회 가치를 환원하자, 기회를 제공해주자, 고객들에게 특별한 가치를 주자는 것인데 그래서 기업 차원에서 지속가능성 정책을 수립했고 모든 평가 기준에도 지속가능성을 적용하고 있다"고 말했다.

오릭스그룹은 수익이 발생하면 지속가능성으로 이를 환원하고 있다고도 설명했다. 수익이 발생하면 재생 가능한 에너지 쪽에 투자하거나 바이오매스, 지열, 태양열 등 지속가능하고 재생 가능한 에너지 쪽에도 많이 투자하고 있다고 강조했다.

오마르 리베라 드 레옹은 스타트업과의 협업이 좋은 결과를 많이 만들었다고도 강조했다. 그는 "스타트업 자체가 흥미로운 대상인 것이 스타트업들이 어떤 문제를 해결할 수 있는 솔루션을 가지고 있을 뿐만 아니라 문제를 정의함에 있어서 굉장히 색다른 시각을 가지고 있는 경우가 많다. 그렇기 때문에 여기에 저희가 가지고 있는 지식과 경험을 합치면 새로운 가능성을 열 수 있었다"고 말했다. 스타트업에서 제시한 사업을 오릭스그룹을 통해 확대해 키우는 일을 여러 차례 경험하며 스타트업이 30년 동안 활동했던 기업하고 다르다는 것을 깨달은 것도 수확이었다고 말했다. 그 결과 이제는 오릭스그룹이 일하는 방식을 바꾸고 스타트업과 함께 일하는 방식을 적극적으로 배우고 있다고 한다.

도미닉 멜러는 아시아에서 물 공급을 위해 플러그앤플레이 같은 스타트업과 함께 일하며 성공했던 사례를 언급했다. 문제를 해결하기 원하는 ADB의 경우 먼저 문제점들을 파악하고 여러 시장에서 엔드유저를 판단한다는 설명이다. 수도시설의 경우 기존에 함께 일하던 시정부나 지역 수도공사 등을 통해 물의 누수가 있는지 문제점을 파악하고 다시 플러그앤플레이와 함께 문제점을 철저히 파악한다는 것이다.

도미닉 멜러는 "한국의 경우에도 한국수자원공사랑 같이 일을 한다. 그래서 어떻게 하면 좀 더 청정하게 활동할 수 있고 문제를 명확하게 해결할 수 있는지를 탐구한다. 물 기술 솔루션을 찾고 투자자를 찾은 다음 단가가 얼마인지, 기술을 신시장에서 직접 응용할 수 있는지, 이것이 타당한 사업인지 모든 것을 생각해본다. 상당히 복잡하지만 그 결과 누군가의 문제를 해결한다면 그것은 아시아 지역에 영향을 줄 수 있는 큰 시장이 된다"고 지속가능한 혁신모델의 사례를 제시했다.

장기적 안목의 중요성에 대해 도미닉 멜러는 "코로나19와 관련해서 5년 내 단기적인 전략을 구현할 필요도 있다"고 말했다. 또 다른 전염병, 또 다른 팬데믹 위기가 나타날 수 있기 때문에 5년 내 단기적인 전략을 구현할 필요가 있다는 설명이다. 다만 도미닉 멜러는 "장기적인 안목을 절대로 간과해서는 안 된다. 큰 위험은 언제든지 닥쳐온다. 시스템

없이 미래에 뛰어들면 안 된다. 팬데믹이 경제에 치명타를 입히고 있기 때문에 미래에 대해 준비해야 하며 예측가능한 미래 기술에 투자해야 한다"고 장기적 안목의 중요성을 언급했다.

오마르 리베라 드 레옹도 "지금은 굉장히 어려운 시기지만 동시에 많은 기회가 있는 시기"라며 "기업들이 어떤 결정을 내려서 지속가능한 방향으로 나아갈 수 있기를 바라고 있다. 앞으로 5년 동안 여러 가지 도전과제가 있을 것으로 생각한다"고 장기적인 안목의 필요성을 설명했다. 또 "기업들이 계속 지속가능성에 투자하는 데에는 당연히 도전과제가 있겠지만 동시에 굉장히 커다란 기회도 있음을 명심해야 한다"고 조언했다.

이어진 2부 패널토론에서는 정유신 핀테크지원센터 이사장이 "코로나 팬데믹으로 인해 세계가 2가지 측면에서 급격히 변화하고 있다. 하나는 비대면에 의한 디지털 전환이고 다른 하나는 ESG Environment·Social·Governance 의 변화다. 이 두 가지가 전 세계에 걸쳐 일어나고 있는 메가트렌드"라고 현 상황을 진단하며 환경의 변화를 진단하고 측정하고 복귀하기 위한 지속가능성 기술의 중요성에 대해 언급했다.

이에 김수명 한국수자원공사 미래기술본부장은 한국수자원공사의 스타트업 지원제도 중 가장 중점을 두고 있는 부분이 해외시장 판로 개척에 있다고 말했다. 김수명 본부장은 "물 문제는 전 세계적으로 광범위하고 다양하게 존재하며 특히 동남아시아와 아프리카는 해당 지역별로

물 관리 이슈가 있다. 중소벤처기업들과 스타트업들이 첨단기술 개발도 중요하지만 현지에 특화된, 현지맞춤형 기술을 개발해서 적용하면 경쟁력과 확장성이 상당할 것"이라고 말했다.

백경호 기술보증기금 이사는 생태계를 살리고 동시에 벤처 생태계를 키울 수 있는 펀드가 적극적으로 만들어졌으면 좋겠다는 의견에 대해 "기술보증기금은 임팩트를 창출하는, 눈에 띄게 활동하고 있는 기업들에게 특별 보증해주는 '임팩트 보증'이라는 제도를 운영하고 있다. 2018년부터 2022년까지 5년 동안 5,000억 원 공급을 목표로 진행하고 있다. 현재 한국에도 임팩트 투자만을 하는 창업투자, 자산운용사가 5~6개가량 생겼고 이 회사들이 그 자금을 받아 소셜벤처에 투자하는 일들을 하고 있다"고 답했다.

한준성 하나금융지주 부사장은 "2000년도에 인터넷 쇼핑몰이 생기던 당시만 해도 '누가 인터넷에서 쇼핑을 해. 제대로 배달이나 되겠어?'라고 의구심을 가졌지만 결국 온라인 쇼핑이 대세가 됐고 현재는 전 세계 금융회사들이 이런 상황에 놓였다"고 바뀌고 있는 금융 서비스 환경을 언급했다. 이제 소비자들이 금융거래를 하는데 있어서 더 이상 오프라인 채널과의 대면을 원하지 않는다는 것이다. 한준성 부사장은 "이러한 극적인 변화로 인해 금융회사들은 디지털 트랜스포메이션에 대한 압박을 확실하게 받고 있고, 또 동시에 사회적 기업이든지 스타트업이든지 다양한 기업들과의 협업 또한 훨씬 중요해졌다"고 협업을 강조했다.

기업 성장의 키워드 간결화와 단순화

How to Scale Up Your Company

연사

● **존 맥닐** 룰루레몬 이사, 전 테슬라 사장

존 맥닐 이사는 6개 기업을 설립 및 스케일업 시켰으며, 수많은 일자리를 창출하고 투자자들에게 수십억 달러의 수익을 안겨줬나. 그는 2012년 언스트앤드영Ernst & Young이 뽑은 올해의 기업인이었고, 2013년에는 보스턴에서 '가장 존경받는 CEO'로 선정되었다. 그는 규모 있는 기업에서도 활동했으며, 매출과 운영의 수직성장을 주도했다. 맥닐은 2018~2019년 리프트Lyft의 최고운영책임자COO 자리를 맡았으며, 2015~2018년에는 테슬라Tesla의 사장을 역임했다. 그는 베인앤드컴퍼니에서 커리어를 시작했고, 현재 룰루레몬, 트루모션, 보스턴 소재의 브리검여성병원의 이사회에 소속돼 있다.

'Try Everything 2020'의 강연 '스타트업 A to Z : How to Scale Up Your Company'에서 테슬라 글로벌 세일즈&서비스 사장을 역임한 존 맥닐은 기업의 스케일업에 대해 설명했다. 그는 스케일업을 해가는 것이 지속 가능한 경영을 위해 중요하다면서 자신의 경험을 소개했다.

먼저 그는 간결화가 중요하다고 설명했다. "간결화, 단순화가 중요하다. 기업이 가진 것 중 정말 중요한 것을 선별해 거기에 집중해야 한다"고 언급했다. 그러면서 첫 번째 간결화의 방법으로 인재를 뽑는 것이 중요하다고 강조했다. 성공한 스타트업들은 규모가 큰 기업의 경우 2~3년 후에 위기나 기회가 될 수 있는 것들을 일찍부터 찾고 집중해 문제를 해결해 나간다는 것이 그의 설명이다.

그는 테슬라의 CEO 일론 머스크가 "사람들을 고용할 때 시간과 공을 들인다"는 테슬라의 사례를 소개하면서 인적 자원 확보의 중요성을 강조했다. 그러면서 "담당해야 하는 업무에 대해 기본적 지식을 어느 정도 갖추고 있는가를 확인해야 하고 장기적으로 조직에 어떤 영향을 미칠 것인지를 미리 평가할 수 있어야 한다"며 인적 자원을 채용하는 보다 구체적인 방법을 언급했다.

기업 간결화의 방법 두 번째로 생산공장의 단순화를 제시했다. 존 맥닐은 "공장이 증가하면 공장을 둘러싼 다양한 이슈들이 함께 등장한다. 그리고 이슈들을 해결하는 데 많은 시간을 할애해야 한다. 전 세계로 공장을 확대해 나가는 과정에서 관련 이슈를 단순화시키는 데 많은 시간을 투자했다"며 공장의 단순화를 강조했다.

그는 간결화의 원리는 기업의 직원들에게도 똑같이 적용된다고도 설명했다. 그는 "조직 내에서 제품과 유통의 규모를 확대해 나갈 때 제품 자체에 대해 잊는 경우가 많다. 그러나 제품 자체가 중요하다"면서 제품 완성도의 중요성을 언급했다. 그는 "매주 고객과 제품에 대해 이야기를 나누고 서비스를 제공하는 현장 직원들에게 전화를 걸거나 메일을 보내어 고객들의 제품 사용 경험을 점검한다"며 자신이 완벽한 제품을 시장에 내놓기 위해 얼마나 노력하는지를 제시했다.

존 맥닐 이사는 완벽한 제품을 만들기 위해 리더가 해야 하는 일은 "사용 가능성, 사용 편의성과 같은 사용성을 검토하는 것"이라고 설명했다. 여기에 더해 그는 완벽한 제품을 만들기 위한 최고의 방법을 소개했다. "개발의 초기 단계부터 제품을 검토하고 사용자에게 반복적으로 정보를 캐묻는 것이 중요하다. 소수의 몇 개의 질문으로 질문을 간추려서 계속해서 질문하고 피드백을 얻어 정보를 단순화해야 한다"는 것이 그의 설명이다. 그는 "테슬라 역시도 디지털 자동차를 선보이기 위하여 계속해서 사용자에게 평가를 받았고 그래서 1년 뒤에 더 향상된 디지털 자동차를 선보일 수 있었다"며 테슬라의 성공 사례를 덧붙여 제시했다.

그는 완벽한 제품을 만들기 위한 또 다른 방법으로 제품이 무엇이 잘못되었는지를 파악해야 한다고 언급했다. 그러면서 그는 "먼저 지원팀과 이야기를 나눠 지원팀 관점에서 제품의 부족한 점이 무엇인지를 경청해야 한다. 지원팀 직원들은 제품의 문제점을 알고 문제의 해결방안도 알고 있기 때문"이라고 설명했다.

이에 더해 온라인에 가서 여러 포럼에 참여하라고도 조언했다. 다양한 온라인 채널을 통해 여러 가지 피드백을 받을 수 있고 그 피드백을 통해 제품의 개선점을 완벽하게 파악할 수 있다는 것이 그의 설명이다. 또 그는 경쟁사 제품에 대해서도 궁금해해야 한다고 말하면서 "경쟁사보다 더 우월한 제품을 선보이면 소비자는 당연히 더 우월한 제품을 선택하게 될 것"이라고 설명했다.

존 맥닐 이사는 빠른 피드백 경로를 찾는 것도 중요하다고 설명했다. 그는 "20%의 법칙을 좋아한다. 잘못된 것을 고치려면 현장에 나가서 근무해야 한다. 5일 근무하면 20%인 하루는 현장에서 보내는 것이다. 테스트 매장을 간다거나 서비스 매장을 간다거나 현장 업무를 본다"고 자신의 사례를 소개했다. 현장에서 고객과 함께 드라이브를 하고 그 경험을 듣거나 현장 직원들의 피드백을 받는다는 것이 그의 설명이다.

그는 더 중요한 이슈로서 "우리가 지금 가지고 있지 않지만 고객이 원하는 욕구를 찾아야 한다"고 말했다. 그는 "지금 회사가 소비자의 욕구를 만족시켜주지 못하는 것이 무엇인지를 질문해 제대로 된 서비스를 제공하지 못하고 있는 부분을 파악해야 한다"고 설명을 덧붙였다. 그러면서 "만약 고객이 집에 와서 AS를 진행해달라고 요구한다면 찾아가는 서비스를 제공해야 한다. 기술자들이 자동차를 고객의 집에서도 수리할 수 있도록 기업은 모든 여건을 제공해야 한다"고 사례를 제시했다.

그는 성공의 핵심에 대해서 "일단 시작하는 것이 중요하다. '안 될 거야'라고 생각하면 기업의 성장은 불가능하다"고 언급했다. "정답을 알 수 없지만 해결책을 찾기 위해 이런저런 시도를 해보는 조직 문화를 갖춰야 한다. 그러면 기업 성장을 도모할 수 있다"고 도전과 시도의 중요성을 강조했다.

그는 "도전의 조직 문화를 만든다면 팀원들이 함께 도전 과제를 수행해나갈 것이고 최고의 성과를 성취할 수 있으며 만족스러운 해결책을 찾을 수 있다"며 도전적 조직 문화의 형성과 구성원들의 참여의 중요성을 강조하기도 했다. 그러면서 그는 "인적 자원을 채용할 때에는 창의적이고 도전적인 조직 문화를 수용하고 녹아들 수 있는 사람을 채용해야 한다"고도 제언했다.

그는 기업이 성장하려면 흔히 하는 실수를 줄여야 한다며 잘못된 시장에 진출해서는 안 된다고 하면서 "작은 시장을 키우는 것은 많은 노력이 필요하다. 처음부터 성장 가능성이 있는 시장을 선별해야 한다"고 설명했다. 또 타이밍을 놓치지 말아야 한다는 점도 강조했다.

마지막으로 존 맥닐 이사는 "우선순위를 잘 정하는 것이 중요하다. 실패한 기업은 우선순위를 잘못 정했기에 실패한다. 환경적 요소들을 고려해 우선순위를 잘 정하고 필요한 것에 집중하고 불필요한 것은 과감히 제거해야 한다"며 연설을 마무리했다.

유니콘 기업을 꿈꾼다면 현지화에 투자하라

Try Everything 2020 주제강연 2

연사
- **JF 고디어**   스타트업 지놈 대표

좌장
- **제프리 존스**   김앤장 변호사

패널
- **마크 랜돌프**   넷플릭스 공동창업자
- **얀 고즐란**   크리에이티브밸리 회장
- **댄 허만**   MyJupiter Inc. 공동창립자

Try Everything – Make it Possible

　1조 원(10억 달러) 이상의 기업가치를 인정받은 비상장 기업을 의미하는 유니콘 기업은 한 국가의 새로운 경제, 산업 동향, 국가 경쟁력의 활력을 반영하는 지표로 여겨진다. 한국 경제에서도 유니콘 기업 육성을 통해 새로운 성장동력을 불어넣어야 한다는 바람이 불고 있다. 한국에는 현재 유니콘 기업이 11개가 있으며, 전 세계적으로는 6번째로 많은 나라다.

　2020년 11월 CB 인사이트에 따르면 세계에는 501개 유니콘 기업이 있으며, 미국이 243개, 중국이 118개로 전 세계적으로 72%를 차지하고 있다. 한국 정부는 유니콘 기업을 2022년까지 20개 이상 배출할 계획이다. 'Try Everything 2020 주제강연 2'에서는 '유니콘 천국'으로 불리는 미국과 더불어 캐나다, 유럽의 사례를 통해 한국의 유니콘 육성에 필요한 성장환경과 정책 개발에 관한 토론을 나눴다.

'유니콘 기업 배출을 위한 투자환경 조성'을 위해 JF 고디어 대표가 먼저 자신의 의견을 밝혔다. 그는 "스타트업 지놈은 스타트업 생태계를 지원해서 성장하고 더 스케일업 할 수 있도록 돕고 있다"고 자신의 일을 소개하며 "지금까지의 스타트업을 보면 75%가 10대의 생태계, 5개 국가에 집중돼 있다. 이것이 조금씩 떨어지고는 있지만 저희는 이것을 더 분산을 시켜서 곡선을 완만하게 하는 것이 목표"라고 말했다.

그는 "200~300개의 스타트업이 있으면 뭔가 확장되는 스케일업이 이루어지지는 않는다. 반면 만약 스톡홀름이나 헬싱키와 같은 곳에 600~700개 이상의 스타트업이 있다면 규모의 경제가 벌어지는 것을 볼 수 있다"며 규모의 중요성을 강조했다.

그는 "스타트업은 첫 번째 목표가 성장에 있고, 현지 기반 자원을 가지고 확장한 후 자원을 모으는 것이 중요하다"고 강조했다. 특히 테크 분야는 그 어떤 산업보다 세계적인 경쟁이 치열하기 때문에 어느 정도 규모에 도달하면 자원이 몰릴 수 있도록 해야 한다고 거듭 강조했다.

고디어 대표는 "어떠한 환경이 조성돼야 충분한 투자가 이뤄져서 스케일업이 이뤄지고 있는가를 살펴봤더니 자원이 굉장히 중요하다는 것을 알게 됐고, 또 지식도, 충분한 조직들도 있어야 했다. 투자 그룹이라든지 액셀러레이터들도 중요했다"고 말했다. 이와 더불어 스타트업은 지역사회, 문화가 현지에서 얼마만큼 서로를 도울 수 있는 환경이 마련됐는지에 따라 성장 속도 차이가 현저히 달라질 수 있다고도 설명했다.

고디어 대표는 "현지 지역사회에서 서로를 도울 수 있는 문화와 환경이 마련돼 있다면 2배 이상 빠르게 성장하는 것을 볼 수 있었다"며 "투자자의 입장에서 커뮤니티를 만드는 것, 다시 말해 도와줄 수 있는 많은 사람들이 주변에 있는 것이 무척 중요하다. 채용을 하거나 투자 자금을 모집하거나 R&D를 할 때 도움 줄 수 있는 사람들이 곁에 있어야 한다"고 주장했다. 때로는 가치 없다고 생각할 수 있는 네트워킹을 통해 사실 많은 가치가 창출된다고 덧붙였다.

마지막으로 그는 많은 국가와 많은 도시에서 유니콘을 만들어내고 있지만 이들 중 72%는 미국이나 중국에 편향돼 있다며 "글로벌 카테고리 리더가 된다는 것은 단지 10억 달러 규모의 비즈니스를 키운다는 것에서 그치는 것이 아니다. 새로운 혁신적인 비즈니스 모델을 내세워서 새로운 카테고리의 리더가 된다는 것을 의미한다. 넷플릭스가 좋은 예"라고 언급했다.

유니콘이 되고자 하는 젊은 기업가, 스타트업을 시작한 기업가에게 필요한 조언을 묻는 질문에 고즐란은 "현지의 고객들에 집중하고 다른 국가의 공동창립자, 우리나라가 아닌 지역에서 혹은 다른 나라에서 공동으로 비즈니스를 시작한다면 훨씬 더 폭넓은 기회를 가질 수 있다"고 조언했다.

댄 허만 대표는 마이주피터를 처음 창립할 때의 경험을 공유했다. 그는 "1년 반 전 호텔 테크 문제를 해결하기 위해 마이주피터를 창립했다. 본질적으로 여행과 숙박은 글로벌한 시장이라고 생각했다"며 글로벌화의 중요성을 강조했다.

캐나다에서 비즈니스를 하고 있는 그는 한국을 비롯해 아시아 전역과 유럽에서 많은 파트너를 물색했다고 밝혔다. 캐나다 인구가 3,600만 명이기 때문에 스케일업하기에는 인구가 크지 않다는 생각에서다. 그는 고객과 경제를 생각할 때 국경을 넘어선 사람들을 생각할 수밖에 없다고 거듭 강조했다. 또 훌륭한 기술은 전 세계 어디에나 전혀 예상하지 못했던 곳에도 있다. 그래서 세계 곳곳에서 현지 고객들과의 공감능력을 갖추고 현지에 대한 경험을 쌓으며 고객의 니즈가 무엇인지를 세밀하게 파악할 수 있어야 글로벌화, 스케일업이 가능하다고 말했다.

넷플릭스를 창업할 당시 유니콘이 될 것이라고 생각했냐는 질문에 대해 마크 랜돌프는 "전혀 생각하지 못했다"고 답했다. 그는 "지금과 같은 성공을 예상할 수 있었다면 처음부터 올인했을 것"이라며 "투자자들, 직원들, 또 가족들을 적극적으로 설득하며 '이게 잘 될 것이다. 생각해봐라. 모든 사람이 이런 서비스를 이용하면 어떻게 될지를'이라고 말했지만 스타트업을 처음 시작할 때는 미래를 그렇게 멀리 내다볼 수 없다"고 말했다.

그는 다양한 아이디어들이 쏟아지는 초창기에는 그러한 아이디어들을 그때그때 처리하기 바빴다고 회상했다. 넷플릭스 창업 초기에는 사람들에게 DVD를 우편으로 배송해주는 기업이었다. 그런 기업이 자체적으로 TV 프로그램과 영화를 제작하게 될 줄은 꿈에도 몰랐다고 한다.

마크 랜돌프는 '개인적인 발언'임을 강조하며 "처음부터 저희가 DVD를 사람들에게 배송했는데 그때도 이것은 오래 할 일은 아니라고 생각했다. 때문에 DVD 배송방법에 대해서 또 특정 시장에 대해서 우리가 민첩하게 반응해야 된다고 생각했다"고 말했다.

이어 그는 "넷플릭스가 세계 시장으로 나간다고 생각했을 때 미국인들을 위해 할리우드에서 만들어진 콘텐츠를 우리가 억지로 사람들에게 줘서는 안 된다고 생각했다. 세계로 나가려고 한다면 여러 프로그램, 여러 이야기들을 현지에서 제작하고 또 현지의 인력도 채용해야 된다고 생각했다"고 설명했다. 실제 넷플릭스는 내용 전달이 잘 될 수 있도록 더빙에 공을 들였고 그와 관련된 투자를 늘려나갔다.

스타트업들이 해당 국가에서 벗어나 해외에 있는 고객을 찾을 때 경험이 부족한 20대 젊은 창업가들이 어떻게 글로벌 네트워크를 확보할 수 있냐는 질문에 대해 고디어는 "해외에서 다양한 컨퍼런스들이 열리고 이런 컨퍼런스를 통해서 다양한 국가에서 온 창업자들과 네트워킹할 수 있다"고 답했다. 그렇게 인간관계를 확장해놓은 것이 나중에 비즈니스에서 큰 도움이 된다는 조언이다.

마크 랜돌프는 넷플릭스의 원칙 중 하나를 소개했다. 그는 "캐나다로 진출하는 것이 쉽다고 착각하지 말자는 것"이 원칙이라며 "미국과 캐나다가 비슷하기 때문에 캐나다 시장은 별로 어렵지 않을 것이라고 착각할 수 있는데 특정한 시장에 새롭게 진입한다는 것은 쉽게 볼 일이 아니다. 굉장히 어려운 여러 가지 문제가 있어 처음부터 계획을 잘 세워 신중하게 진입해야 한다"고 말했다.

고디어 대표도 "말레이시아의 그랩 같은 경우 우버를 카피했지만 우버가 할 수 없는 시장경쟁력을 가지고 있었다. 그것을 바탕으로 수십억 달러의 기업을 만들어냈다"고 덧붙였다.

고디어 대표는 "중국의 경우 시장이 매우 크기에 내수시장만으로도 유니콘이 될 수 있지만 미국과 중국이 아닌, 내수경제가 작은 국가의 스타트업이라면 애초에 글로벌하게 생각해야 한다. 가령 독일에서 어떤 스타트업이 있는데 영국이나 다른 유럽 국가로 확장해보니 이미 그곳에 경쟁 업체들이 있다면 글로벌하게 커나가기 힘들다. 미리미리 처음부터 글로벌 시장을 탐색하고 기회를 모색해야 한다" 강조했다.

뮤즈라이브 MUZLIVE

MUZLIVE

대표 | 석철

홈페이지 | https://www.muzlive.com / https://www.kitalbum.com

뮤즈라이브는 2015년 설립 후 새로운 음반매체인 '키트 KiT'를 개발했다. 키트는 '암호화된 초음파 통신방식'이라는 뮤즈라이브의 독보기술로 구현된 스마트 디바이스용 미디어 장치로 Keep In Touch의 의미를 담고 있다. 2017년부터 키트앨범이 스마트 음반 상품으로 출시되기 시작했고 팬들은 온오프라인 모든 판매채널을 통해 키트앨범을 구매할 수 있다. 사용자들은 키트를 스마트 디바이스에 클릭하는 것만으로 음반 소장 가치와 함께 음악, 사진, 비디오 그리고 팬 커뮤니티 등의 다양한 앨범 기능을 이용할 수 있다.

64

코드박스 Kodebox [주주 패밀리 : 주주 / 주주리걸]

대표 | 서광열

홈페이지 | https://zuzu.network/

코드박스가 서비스 중인 '주주'는 '주식회사 운영이 쉬워진다'를 모토로 주주명부 작성, 주주총회·이사회 의결, 상업 등기, 스톡옵션 부여 및 계약서 작성 등 기존 세무회계, 인사 ERP 시스템이 커버하지 못하고 있는 주식회사 운영 업무를 자동화 간편화하는 서비스이다.

'주주'를 사용하면 스톡옵션 부여를 위한 주주총회 소집부터, 의사록 생성, 스톡옵션 계약서 작성, 사후 관리 및 행사까지 모든 과정을 쉽게 빠르게 진행할 수 있다.

에이임팩트 AIMPACT INC.

대표 | 윤성진

홈페이지 | http://www.aimpact.kr

에이임팩트의 '어레인지' 앱은 2019년에 서비스를 시작한 직거래 주문처리 플랫폼으로 메시지 주문과 쇼핑몰 주문을 동시에 처리하는 국내 유일의 통합 서비스이다. 어레인지는 비정형 데이터인 주문메시지를 텍스트마이닝을 통해 자동분리하고 편집할 수 있으며, 획기적인 방식의 키보드연동 쇼핑몰 플랫폼도 제공된다. 자체 개발한 어레인지 키보드에서 상품정보와 쇼핑몰 주문서를 바로 고객에게 전송해 결제를 유도할 수도 있다. 어레인지는 단순한 주문처리 서비스가 아니라 데이터 플랫폼이다. 실시간 거래데이터를 통해 상품 발굴과 검증이 가능하다.

엄선 Tryus&Company

대표 | 조기준

홈페이지 | https://www.umsun.co.kr/

엄선은 식품 플랫폼 서비스로, 국내 최다 식품 데이터 관련 정보를 보유하고 있다. 대한민국 최초 식품 샘플 커머스 기반 의 소비자 참여형 식품 데이터 플랫폼을 구축하였으며, 식품 데이터 고도화를 가속화하여 신한금융과 헬스케어 서비스, 삼 성전자 빅스비 데이터 연동, 식품 주요 언론 매체지와의 식품 트렌드 콘텐츠 연계 등 플랫폼과 그에 생산되는 식품 데이터를 활용하여 빠르게 시 장 확장을 진행 중이다. 엄선은 식품과 관련된 모든 데이터를 축적, 분석, 제공하여 더 맛있는 음식을 경험하는 라이프 제공을 위해 노력하고 있다.

스트리스 Stryx

대표 | 박일석

홈페이지 | https://www.stryx.co.kr

스트리스는 정밀도로지도 HD Map 제작업체로 출발하여, 공 간정보 기반 디지털 트윈 Digital Twin 플랫폼으로의 도약을 추진 중이다. 이를 위해 기존의 HD Map 구축 역량을 기반 삼아 시설 물 관리, 자율주행 지원, AR 내비게이션 등의 서비스를 제공하 는 솔루션을 개발하고 있다. 이미 첨단 융합센서 기술과 인공지 능 기반의 정밀측위 자동화 등에 대한 우수성과 신뢰성을 관련 정부 부처, 지자체, 모빌리티 서비스 개발업체 등 고객들로부터 인정받아 왔으며, 국내 모빌리티 기술·서비스 관련 업체들과의 협업 등을 통하여 해외시장 진출을 추진할 계획이다.

제이카 J'CAR

대표 | 강오순

홈페이지 | https://www.jecar.co.kr/

제이카는 국내 최초 & 유일의 수소전기차·전기차 전문 카셰어링 서비스로, 친환경 자동차만으로 운영하는 차량 공유 플랫폼이다. 2017년 광주를 시작으로 서울과 창원으로 서비스 지역을 확장하여 서비스를 제공하고 있다. 최신의 수소전기차·전기차를 보유하고 있으며, 자체 개발한 차량관제시스템FMS 및 운영 노하우와 전문인력을 중심으로 향후, 서비스 지역 확대, B2G·B2B 서비스 확장, 구독·장기대여 등의 신규상품 출시 및 수소전기차·전기차 전용 중고차 판매, eMaaS Electric Mobility as a Service 서비스 등 신규 플랫폼 개발을 추진할 예정이다.

위닝아이 WINNING.I

대표 | 정우영

홈페이지 | http://winningi.com/

위닝아이는 모바일 생체인증 핀테크 스타트업이다. 위닝아이가 제공하는 비접촉식 생체인증 솔루션은 별도의 장비없이 스마트폰의 후면 카메라를 이용하여 본인 인증하는 소프트웨어 타입의 솔루션으로, 기종과 OS에 관계없이 사용할 수 있어 범용성이 우수하다는 것이 가장 큰 장점이다. 또한, 기기에 종속되지 않는 인증 방식으로 1회 등록하면 평생 사용할 수 있어 사용자의 편의성을 극대화하였다. 현재 사용되고 있는 금융·공공분야 외에도 교육 출결관리, 투표 선거인단관리 등 본인 인증이 필요한 모든 분야에 활용 가능하다.

제너레잇 Zenerate

대표 | 신봉재

홈페이지 | https://www.zenerate.ai

제너레잇은 프롭테크 스타트업으로, 부동산개발수익을 극대화하는 빌딩디자인AI 솔루션을 제공한다. 설립된지 두 달 만에 블루포인트파트너스, 크립톤, 플랜에이치벤처스로부터 시드투자를 유치하여 국내에서 활발하게 사업을 일으키고 있다. 빌딩디자인AI 솔루션을 통하여 개발프로젝트의 사업성 검토 단계에서 가능한 모든 대안들을 만들어내고 웹을 통해 제공하는데, 사용자는 수천 수만 가지 중에 가장 최적의 안을 마치 온라인에서 비행기표 예약을 하듯 쉽고 빠르게 선택할 수 있다.

팀와이퍼 YPER

대표 | 문현구

홈페이지 | www.yper.co.kr

팀와이퍼는 세차 전문 스타트업이다. 손세차, 셀프세차, 출장세차, 자동세차 등 모든 종류의 세차를 와이퍼앱으로 연결하여 사용 편의성을 높이고, 세차 업주의 생산성을 높이는 세차장 관리 솔루션을 제공한다. 특히 손세차에 배달 서비스를 접목하고, 셀프세차장을 온라인으로 예약할 수 있도록 IoT 솔루션을 개발하는 등 세차 시장 혁신에 선도적인 기업이다. 현대자동차, 현대오일뱅크, 네이버 등과 협력·제휴를 진행하고 있다. 와이퍼는 '운전자가 가장 자주 사용하는 서비스'인 세차를 통해 고객의 스마트폰에 안착하고, 자동차 통합 관리 플랫폼이 목표다.

캐스팅엔 CASTINGN

대표 | 최준혁, 용성남

홈페이지 | https://www.castingn.com

캐스팅엔의 주요 서비스는 B2B 온라인 소싱 플랫폼 '캐스팅엔'으로 IT 개발, 마케팅, 인사총무 등 아웃소싱을 필요로 하는 다양한 분야에서 요청 업무에 가장 적합한 전문업체를 AI 매칭한다. AI 매칭 시스템은 10만 개 이상 전문업체의 신용, 가격, 평판, 레퍼런스 등의 DB를 수집하여 평가시스템을 거쳐 분류하고, 이를 기준으로 고객의 요청에 맞는 업체를 최소 2개사 이상 매칭하고 있다. 이를 통해 최적의 가격으로 안전한 계약이 이루어질 수 있도록 하고, 대금보호, 3자 계약 시스템을 제공하고 있다.

메텔 MAETEL

대표 | 정기

홈페이지 | https://www.maetel.kr/

메텔은 슬립테크 전문 스타트업으로서, 인공지능을 활용한 IoT 침구 브랜드 '제레마'를 운영하고 있다. 메텔은 설립 초기부터 해외 투자를 유치하고, 해외 유명 액셀러레이터인 HAX의 액셀러레이팅 프로그램에 선정되어 중국 심천에서 사업을 수행하고 한국으로 돌아온 글로벌 진출 스타트업이다. 메텔의 첫 번째 제품인 제레마 베개는 사용자의 체압을 측정하여 사용자에 맞게 베개 높이를 조절하고, AI가 사용자의 코골이를 감지하면 에어쿠션을 통해 코골이를 완화에 도움을 주는 것은 물론, 수면데이터를 측정, 분석해준다.

세븐플로어 7 FLOOR Inc.

7 FLOOR

대표 | 김희원, 정운영

홈페이지 | http://www.bemeal.live/

세븐플로어는 국내 최초이자 국내 유일의 식품 전문 라이브&숏비디오 커머스 플랫폼인 비밀BeMeal을 개발·운영한다. 라이브 방송과 짧은 영상을 통해 식품을 맛있게, 명확하게 소개한다면 모바일에서 식품을 구매하는 소비자들이 더욱 믿고 식품을 구매한다. 예비창업 시절부터 미국의 글로벌 스타트업 투자사이자 액셀러레이터인 SOSV로부터 첫 투자를 유치하고, 대만의 Gmobi, 국내의 더인벤션랩, 빅뱅엔젤스, 한국벤처투자로부터 잇따라 초기 투자를 유치하며 가능성을 인정받았다.

우디 OODDY Co., Ltd,

ooddy

대표 | 권봉균

홈페이지 | http://ooddy.net

우디는 2015년에 설립된 벤처기업으로 서울시 및 한국관광공사로부터 인정받은 글로벌 여행자기반 생활금융플랫폼인 '버디코인' 서비스를 서울시 및 수도권 전역에 약 20개의 지점키오스크을 제공 운영 중이며 2021년까지 150여 개 지점으로 확대 예정이다. 버디코인 서비스는 모바일 앱온라인과 키오스크오프라인로 구성된다. 앱은 환전서비스를 예약하거나, 키오스크에서 발행된 QR 영수증을 스캔하여 포인트로 적립하고, 이를 활용해 상품권 구매, 소액보험, 투자상품 가입, 기부 등 다양한 생활형 서비스를 이용할 수 있도록 한다.

셀바이뮤직(뮤직플랫) SellBuyMusic(Music Plat)

대표 | 성하묵

홈페이지 | https://www.sellbuymusic.com/

뮤직플랫이 서비스하는 셀바이뮤직은 AI를 활용하여 영상에 맞는 최적의 배경음악을 찾아주는 AI 기반 음악플랫폼이다. 누구나 사진이나 영상을 편집해서 유튜브, 개인 블로그 등에 콘텐츠를 만드는 1인 미디어 시대에 1인 창작자들이 저작권 걱정 없이 개성 있고 독창적인 영상을 쉽게 제작할 수 있도록 세계적으로 인정받는 K팝 BGM을 안전하고 합리적인 금액으로 서비스하는 글로벌 오픈 마켓이다. 현재 지자체, 공공기관은 물론 다이아TV, 트레저헌터와 같은 MCN에서도 셀바이뮤직을 이용 중이다.

PART 2

빅체인지
: 애프터 코로나
시대의 스타트업
미래 전략

위기를 기회로 만든 언택트 비즈니스

연사

- **이종훈** 롯데액셀러레이터 투자본부장
- **김용국** 링크플로우 대표
- **이윤희** 모비두 대표
- **조현근** 스무디 대표
- **유창훈** 센스톤 대표 & 창업자

74

코로나19가 비대면 시대를 급속도로 앞당겼다. "코로나 이전의 세상으로 다시 돌아가기 힘들 것"이라는 말처럼 벌써 1년 가까이 비대면이 일상이 돼 버렸다. 이제 사람들은 비대면(언택트) 경제를 일시적인 유행이 아닌 현실로 인지하기 시작했고 포스트 코로나를 대비하기 시작했다. 글로벌 채권운용회사인 핌코의 최고경영자였던 모하메드 엘-에리언은 이 같은 현상을 '뉴노멀 2.0'이라고 불렀다. 이는 IT 버블 붕괴 이후 2003년 미국의 벤처투자가 로저 맥나미가 정의한 '뉴노멀'에서 한 단계 더 나아간 것을 의미한다. 그만큼 사회의 위기감이 높아졌다는 것을 뜻한다.

코로나19는 비즈니스 생태계에도 큰 변화를 줬다. 당장 항공, 여행, 면세점, 호텔, 공연 등에 직격탄을 날렸고 기타 오프라인 기반 경제활동을 위축시켰다. 하지만 코로나19로 인해 성장하는 사업도 있는 만큼 스타트업들은 코로나19 위기 상황을 기회로 만들기 위해 발 빠르게 변화해야 한다.

'Try Everything 2020'의 '위기를 기회로 만든 언택트 비즈니스' 코너에서는 코로나19를 기회로 이용한 언택트 비즈니스들이 소개됐다. 먼저 이종훈 롯데 액셀러레이터 투자본부장은 "BTS가 빌보드 1위를 하는 게 우리에게 그렇게 놀랍지 않은 것처럼 스타트업들이 이 사회를 많이 지배하고 있는 것을 목도하는 것이 그렇게 새롭지 않게 됐다"고 입을 열었다.

그는 10여 년 전부터 스타트업이 활성화됐고 그와 같은 현상을 이코노미스트가 캄브리아 모멘트 A Cambrian Moment 라고 부르는 점을 언급했다. 사회의 불확실성이 극심한 상황에서 새로운 제품, 새로운 서비스를 만들기 위해 스타트업이 대거 탄생하는 것은 자연스러운 수순이라는 분석이다.

이 본부장은 언택트 분위기 확산과 더불어 기업의 언번들링 Unbundling 도 증가하고 있다고 말했다. 스타트업들이 대기업들을 하나씩 하나씩 해체해가고 있다는 의미다. 실제 스타트업이 증가하면서 성장을 거듭해 지금의 쿠팡이나 마켓컬리가 롯데나 이마트 같은 대기업에 펀치를 날리며 생존에 위협을 주고 있을 정도다.

하지만 중요한 사실은 이 같은 언택트나 언번들링이 갑자기 나타난 것은 아니라고 이 본부장은 말한다. 이 본부장은 "원래 스타트업들이 이런 변화에 먼저 준비를 하고 있었다가 코로나19가 뉴노멀을 가속화하면서 스타트업들에 더 많은 기회가 생기게 됐다. 반면 롯데 같은 대기업은 영화관, 면세점, 그리고 롯데월드까지 큰 자산을 많이 가지고 있다보니 빠른 움직임이 어려워 피해가 더욱 컸다"고 스타트업과 대기업의 현 상황을 비교했다.

이 본부장은 "세상이 바뀔수록 스타트업에는 기회가 많아진다. 대기업은 확실히 올해 신입사원 채용이 줄어들었다. 결국 위기가 모두에게 적용되는 것은 아니며 위기를 기회로 활용할 수도 있다"고 말했다. 또 대기업은 변화에 느린 현재의 상황을 극적으로 변화시키기 어려워 직접 스타트업에 투자하는 형태로 스타트업과 동맹관계를 만들고 있다고도 언급했다. 대기업 입장에서는 '뉴노멀=스타트업과의 협업'이 되는 셈이다. 실제 글로벌 기업이나 국내 대기업 중 기업주도형 벤처 캐피탈 조직이 없는 기업이 굉장히 소수라고 이 본부장은 강조했다.

그룹 비디오 챗 서비스를 운영하는 조현근 스무디 대표는 코로나19의 덕을 톡톡히 본 기업이다. 스트리밍 서비스, 숏폼, 미팅 모두 이제 비디오 거대시장이 됐고 Z세대들은 텍스트보다 비디오를 선호하는 현상이 뚜렷해지면서 성장을 거듭하고 있다.

조 대표는 "친구들 간의 비디오 챗 서비스는 아직 메이저 플레이어가 정해져 있지 않았다. 그리고 모든 대형 메신저들, 모든 대기업들, 통신사들이 영상통화 서비스를 가지고 있지만 스타트업들이 해당 트렌드를 주도하고 있다는 점이 주목할 만한 부분이다"라고 강조했다. 조 대표는 또 "줌도 스타트업이며 이 밖에 하우스파티, 에어타임, 번치, 웨이브 등 다양한 스타트업들이 영상 챗 트렌드를 주도하고 있다"고 설명했다.

조 대표는 "이제 사람들은 특별한 용건이 없어도 예전 전화와 같지 않게 2~3시간씩 켜놓고 용건 없이 자기 일상생활을 하는 모습을 보이고 있다"고 달라진 영상통화 형태를 꼬집었다. 화면이 연결된 상태에서 랜선 미팅, 랜선 술자리 같은 새로운 문화를 만들며 느긋하게 '라이브 칠링Live Chilling'하는 것이 젊은이들 사이에서 유행처럼 번지고 있다. 영상 챗을 카카오톡처럼 일상화하는 것이 언택트 시대에서 부상하고 있는 새로운 문화다.

조 대표는 그런 새로운 문화도 개선해야 할 문제점이 있다고 밝혔다. 가령 스피커폰을 써서 영상통화하기에 지하철, 교실, 도서관 등 공공장소나 가족 앞에서는 아무래도 불편하다는 것이다. 이 같은 문제를 해결하기 위해 조 대표는 제스처 꾸미기와 화면에 텍스트를 띄우는 특허 등을 출원하고 연구하며 언택트 시대의 위기를 기회로 활용하고 있다.

이어진 연사는 링크플로우의 김용국 대표다. 삼성전자에서 스핀오프한 링크플로우는 VR 액션 카메라와 바디캠 카메라를 통해 비대면 솔루션을 제공하고 있다. 링크플로우는 이 같은 비대면 솔루션을 통해 삼성, 롯데, KT 등 국내외 여러 IT 기업으로부터 많은 투자를 받았다.

링크플로우의 제품은 웨어러블 형태의 360도 카메라다. 1인칭 기반으로 자기가 경험한 것을 360도로 다 찍을 수 있고, 그것을 5G나 와이파이를 통해서 라이브로 스트리밍할 수 있는 디바이스를 개발하고 있다. 김 대표는 "링크플로우의 웨어러블 카메라만 있으면 직접 쇼핑 현장에 가지 않고 아바타 쇼핑을 한다든가 인도나 건물 내, 지하철 등 사람들이 움직이는 공간까지 다 가상화할 수 있다"고 장점을 설명했다.

무엇보다 이 제품은 안전이나 보안 관련 분야에서 활용도가 뛰어나다. 실제 링크플로우는 2020년 초 코로나19가 발발했을 때 중국 우한시에 링크플로우 제품을 납품한 전적이 있다. 웨어러블 카메라를 원격 진료나 원격 면회용으로 사용한 것이다. 김 대표는 "우한시 화선산 병원에는 이미 살아날 가망성이 희박한 사람들이 많이 들어왔다. 그래서 가족들이 마지막 모습이라도 보기 위해서 이런 VR이나 비대면 솔루션을 활용해서 가상 면회를 했다. 그때 비대면 솔루션을 만들기 잘했다는 생각이 들었다"고 자부심을 내비쳤다.

링크플로우는 향후 가상 쇼핑 등 포스트 코로나 시대에 대응하는 시장에 집중하며 현재의 상황을 기회로 활용한다는 계획이다. 센스톤의 유창훈 대표는 스스로 투자받기 어려운 사이버 보안 스타트업이라고 소개했다. 유 대표는 창업할 때부터 회사의 방향을 두 가지로 설정했는데 하나는 비즈니스 포트폴리오를 단일화하지 말고 다각화하는 것, 그리고 다른 하나는 한국에서 창업했지만 한국 안에 있지 말고 비즈니스 지역을 다각화해야 한다는 것이었다.

이 두 가지 기준을 가지고 사업을 시작한 유 대표는 2015년 설립 해외 시장을 꾸준히 주시하며 기술 개발에 힘을 쏟았다. 현재 센스톤이 출원한 특허 개수가 130개나 되는데 모두 한국, 유럽, 인도네시아, 중국, 싱가포르, 미국, 일본 등 개별국에 직접 출원했다고 한다. 유 대표는 "미국은 특허 등록까지 모두 완료된 상태"라고 기술력을 강조했다.

센스톤은 이 같은 기술력과 더불어 일찌감치 영국에 현지 자회사 스위치swIDch를 설립했는데 영국에서 센스톤의 기술력에 관심을 가져 영국 최대 보안 액셀러레이터 '로카LORCA' 프로그램에 합류하게 됐다. 또 XTC 컴페티션에서도 영국 대표로 파이널 리스트에 오르는 기염을 토했다.

유 대표는 "센스톤이 해외로 나가면서 언택트 문화가 확산됐는데 한국에서는 몰랐지만 해외에 나가보니 모든 것이 인터넷에 연결된 세상이 그렇게 안전하지 않다는 사실을 알게 됐고 또 인터넷이 안 되는 지역이 생각보다 많았다"고 말했다. 해외에 진출해서 한국과 다른 환경을 겪기 시작한 유 대표는 이때 모바일 네트워크도 연결되지 않은 세상에서 인증을 해야 하는 보안 니즈가 있다는 사실을 깨달았다고 말했다.

유 대표는 "인터넷이 연결되지 않은 상황에서 보안 인증을 하는 방법에 대해 센스톤은 완전히 다른 원천기술을 만들었다. 코로나19로 인해 외부에서 접속할 일이 많아지면서 통신이 안 되는 상황에서 다이내믹 코드만으로 상호인증을 하는 기술을 최초로 개발했다"고 당시 상황을 설명했다. 해외에서의 경험과 코로나19 팬데믹 상황에서 새로운 시장과 기회가 열렸고, 센스톤은 이를 활용해 더욱 성장할 수 있었다.

마지막 연사인 이윤희 모비두 대표는 'The power of live-streaming commerce'를 주제로 강연했다. 이 대표는 "코로나19로 리테일 시장이 큰 타격을 받았고 미국에서도 제이크루나 JC페니 같은 업체들이 파산 신청을 했다"면서 "코로나19로 인해 커머스 쪽 변화가 크게 일어났고 올해 3월 온라인 매출이 오프라인 매출을 뛰어넘기 시작했다"고 말했다. 또 온라인 매출 중에서도 65% 이상이 모바일을 통한 매출이라고 설명했다.

이 대표는 "코로나19 상황에서 온라인에 대해 준비를 잘한 리테일러의 경우 오프라인에서 발생한 손실을 온라인으로 만회하고 있다"면서 온라인의 중요성을 강조했다. 이 대표는 "온라인으로 제일 잘나가고 있는 아마존을 보면 이미 시장이 성숙해서 어려워질 거라고 보고 있지만 여전히 연간 20%씩 성장하고 있고 미국 같은 경우는 아직 온라인 매출 비중이 전체 리테일의 25% 정도밖에 되지 않아 이 부분에 대한 기회요소가 여전히 많다"고 조언했다.

마지막으로 이 대표는 비디오 스트리밍 부분의 변화를 언급했다. 이 대표는 미국에서 사람들이 방송을 안 보기 시작한 비율이 어떤 리테일, 유통의 변화보다 크다는 데 주목했다. TV 시청 대신 온라인 스트리밍

시청이 가파르게 증가하고 있다. 이 대표는 "모바일 커머스와 비디오 스트리밍이 합쳐지면서 콘텐츠에 기반한 쇼핑 경험 시대가 도래했다"고 설명했다.

양자컴퓨팅과 스타트업의 공통점 '파괴적 혁신'

[코리아 스케일업2] 기술창업 성공사례와 양자컴퓨팅의 미래

연사
● **김정상** 아이온큐(IonQ) 공동창업자

좌장
● **엄경순** IBM 전무이사

김정상 교수는 유명한 듀크대학교 전기 · 컴퓨터 엔지니어링 교수이
자 'IonQ'의 공동창업자다. 김 교수는 1990년대 서울대 물리학과를 졸
업하고 지난 15년간 퀀텀 피직스 분야를 연구한 전문가다. 김정상 교수
는 "기초 과학을 기술에 연결하는 데 어떤 기회가 있는지 토론해볼 필
요가 있다. 우리가 알고 있는 많은 과학 기술들이 기초 과학에서 시작하
는 경우가 많다"고 언급하며 기초 과학에서부터 새로운 가치를 창출하
는 기술 프로세스가 있다고 보았다.

그 근거로 김정상 교수는 '트랜지스터'의 발명을 예로 들었다. 트랜지
스터는 금속막을 면도날로 잘라 페이퍼클립을 반도체에 집어넣고 그것
을 집적시킨 기술이다. 초기 트랜지스터의 발명은 아주 원시적인 방법
으로 시도되었지만 노벨상을 수상할 만큼의 과학적 성과를 이뤄냈다는

것이다.

이러한 사례를 들어 김 교수는 기초 과학을 기술로써 발전시키는 동력이 유용성에 있음을 강조했다. 그는 기초 과학을 응용할 수 있는 서비스로 발전시키면 경제적 효과를 창출하게 되고, 다시 기술 개발에 투자하게 되면서 임팩트 있는 기술로 성장할 수 있다고 말했다. 김 교수는 동시에 기초 과학을 응용 기술로 개발하는 것에 매우 큰 상상력과 노력이 필요하다고 언급하기도 했다.

그러면서도 초기에는 위험성이 많기에 도전적 정신이 굉장히 많이 필요하다면서, 위험성은 크지만 시장성을 발굴한다면 완전히 블루오션이 된다는 설명도 덧붙였다. 파괴적 혁신을 통해 기술이 응용 가능성을 얻기만 한다면 기존 시장을 완전히 잠식해서 대체할 수 있는 수많은 기회가 확보된다는 설명이다.

김 교수는 불확실에 대해 두려워하지 말고 불확실성을 기본 전제로 받아들이고 일을 시작해야 함을 강조했다. 그러면서 그는 "첫 번째는 굉장히 솔리드Solid 한, 굉장히 탄탄한 기본적인 지식이 있어야 합니다. 그러니까 기존에 지식의 지평선 내에서 사람들이 알고 있는 많은 것들을 우리가 열심히 공부해서 습득할 필요가 있어요. 그것 가지고 충분하지 않기 때문에 두 번째로 필요한 것이 창의성이에요."라며 불확실성에 뛰어들기 위해서 필요한 전제를 두 가지로 제시했다. 자신이 나아가는 길을 찾기 위해서는 빠르게 반응하고 사람들의 생각을 넘어설 수 있는 창의적이고 개방적인 생각이 필요하며, 늘 새로운 방향으로 접근해야 한다는 마음이 필요하다는 설명이다.

이에 더해 김 교수는 성공적인 기술 개발을 위해 필요한 마음가짐으로 '진정한 리더십'을 언급했다. 그는 "주변의 동료들을 경쟁자로 생각하지 말고 문제를 해결할 수 있는 파트너로 생각하며 새로운 기회를 창출하기 위해 나와 같이 일하는 사람들을 가장 성공적인 사람들로 생각하는 마음가짐"이 필요하다고 언급하면서, 항상 겸손한 마음을 가지고 누구에게나 배울 수 있다고 생각하며 열심히 같이 일할 사람을 찾아 나서야 한다고 말했다. 동료의 의견을 얼마나 잘 청취하는지는 개인의 성장과 비례한다면서 오픈마인드로 협업해가야 한다고 강조했다.

마지막으로 김 교수는 기초 과학을 이용한 기술 개발의 역량을 언급하면서 세상은 끊임없이 변한다며 변화를 두려워하지 말고 직시하여 대면해야 한다고 말했다. 그는 "변화를 우리가 선도할 수 있다면 가장 흥미진진한 기대들이 우리 앞에 펼쳐지게 될 것"이라고 말했다. 특히 양자컴퓨터와 같은 새로운 분야에서는 도전의식이 중요하다는 것이 그의 설명이다.

양자우위가 적용되는 환경에서 어떤 분야가 가장 먼저 상용화될 수 있을지 묻는 질문에 김 교수는 디지털 컴퓨터가 초기에는 미사일 궤도를 계산하기 위한 연구에서 시작됐다며 "그전에는 상상하지 못했던 기술이 나오고 문제를 풀어나갈 수 있는 것들을 사업의 기회로 삼아 이노베이션의 핵심을 만들어가야 한다"고 밝혔다. 그러면서 "양자컴퓨터가 상용화돼 일반인들에게 접근 가능하게 되었을 때 응용가능성이 무궁무진하며 응용을 위해서는 창의적인 사고가 중요할 것"이라며 양자 컴퓨터의 발달과 상용화에 대한 기대를 표하기도 했다.

퀀텀 어드벤티지Quantum Advantage (특정 정보 처리 작업을 기존 컴퓨터에 비해 양자 컴퓨터에서 보다 효율적 또는 비용 효율적으로 수행할 수 있는 것)가 언제 올 것인지를 묻는 질문에 대해서 김정상 교수는 퀀텀 어드벤티지를 응용가능성과 상관없이 양자컴퓨터로 할 수 있는 계산, 두 번째는 양자컴퓨터를 응용한 애플리케이션이 있다며 대답을 이어나갔다. 그는 "양자우위가 들어오는 시점은 굉장히 가까우나 최소 2~5년 정도가 걸릴 것이고 충분히 상상력을 가진 사람들을 중심으로 애플리케이션 시대가 열릴 것"이라고 답했다. 그러면서도 그는 "모든 애플리케이션에서 퀀텀 컴퓨팅이 힘을 발휘하는 것은 아니고 양자컴퓨터로만 잘 할 수 있는 것이 있다"며 "기존 컴퓨터가 어려워하는 양자 역할을 양자컴퓨터가 할 수 있을 것"이라며 양자컴퓨터의 활용에 대해서 정확한 답을 제시했다.

김 교수는 퀀텀 컴퓨팅을 연구하기 시작한 이유에 대하여 "우연하게 그 기회를 접하게 되었다"며 계속되는 기회들을 발굴하는 것의 중요성을 강조했다. "10~15년 안에 할 수 있는 일인지에 대해 고민을 많이 했고 실현 가능성에 초점을 두어 방법을 찾아보니 상용화를 할 수 있는 단계까지 온 것"이라며, "장기적인 안목을 가지고 꾸준히 노력하는 것이

무엇보다 중요하다"고 말했다. 그러면서 그는 마지막으로 젊은 분들이
미래를 찾는 것이 중요하고 빨리 포기하지 않고 장기적인 방향을 찾아
야 한다며 청년들의 인내와 도전을 응원했다.

위치기반서비스 성공을 위한 핵심 키워드

위치기반서비스 산업 활성화를 위한 정책지원 및 성공 키워드

연사

- **이정현** 한국인터넷진흥원 위치정보팀장
- **조현성** 엘코어텍 내쇼
- **마티유 바레** 아이디인베스트 매니징 파트너

배달의민족, 야놀자, 직방 등 국내에서도 큰 성공을 거둔 스타트업 상당수가 위치기반서비스Location-Based Service, LBS를 스마트폰에 연동한 서비스를 제공하고 있다. 해당 산업의 중요성이 부각됨에 따라 정부에서는 위치기반서비스 활성화를 위한 다양한 정책 및 지원 사업을 확대하고 있는 추세다.

'Try Everything 2020' 둘째 날 마지막 강연은 위치기반서비스에 관한 성공적인 투자경험을 풍부하게 간직한 마티유 바레Matthieu Baret 아이디인베스트 매니징 파트너가 맡아 투자자의 관점에서 투자할 가치가 있는 스타트업에 대해 소개했다.

마티유 파트너는 한국과 유럽의 스타트업 시장이 비슷하다고 말했다. 두 곳 모두 지난 5~6년 동안 스타트업 생태계가 크게 발전했는데 그 내부를 들여다보면 인당 국민소득이 굉장히 높은 편이고 기술 분야의 인재가 많다는 공통점이 있다. 마티유는 "한국인 3명 중 1명이 과학, 기술, 공학, 수학 쪽 학위를 가지고 있고 지속적으로 교육받고 있다"고 설명했다. 고등교육을 받은 인재가 많다는 점이 유럽과 한국의 공통점이라는 것이다.

그는 실제 한국 시장에 대해 꽤 박식했다. 한국의 대표적인 유니콘 기업으로 쿠팡을 언급했고 다양한 스타트업이 투자자들과의 파이프라인을 연결하고 투자를 본격적으로 유치하려 하고 있다고 설명했다. 그렇기 때문에 현재의 스타트업에 필요한 것은 '글로벌하게 생각하는 것'이라고 강조했다.

"유럽 같은 경우, 특히 프랑스의 경우에는 스타트업 투자의 40%가 외국인 투자자에 의해서 이뤄지고 있다. 한국은 이제 외국인 투자를 스타트업 쪽에 막 유치하고 있는 것으로 알고 있다. 중요한 것은 이제 해외로 진출하는 것에 대해서 좀 더 긍정적인 자세를 갖는 것이 중요하다고 본다. 프로젝트를 진행하거나 플랫폼을 만들 때 보다 글로벌하게 생각하고, 또 때에 따라 외국인 투자를 적극적으로 유치해야 한다고 생각한다."

그는 한국이 인터넷과 소프트웨어 분야에서 세계적인 선두국가로 알고 있다고 말했다. 그렇기 때문에 한국이 굉장히 매력적인 시장이라고 덧붙였다.

이렇게 한국의 스타트업 환경에 대해 칭찬했지만 마티유 파트너는 "비즈니스 계획이라는 것은 절대로 원하는 대로 목표 달성이 되지 않기에 이런 훌륭한 인재들이 만든 스타트업이라고 꼭 성공한다고 볼 수는 없다"고 조언했다. 그리고 자신들의 역할이 바로 "목표 달성을 위해 달려갈 수 있도록 돕는 것"이라고 말했다.

그는 "프로젝트가 괜찮고, 능력 있는 올바른 팀이 제대로 프로젝트를 실행하고 있다면 성공의 길로 가고 있다고 본다"며 "그렇기에 저희는 프로젝트 팀을 면밀히 살펴보고 직접 데모 시연을 보거나 로드맵을 본다"고 말했다.

수천 개의 프로젝트를 살펴본 전문가라 할지라도 모든 기술에 능통할 수는 없다. 그렇기에 아이디인베스트는 투자를 원하는 스타트업의 기술이 사이버보안이나 로봇 등 굉장히 복잡하다면 전문가와 함께 살펴보고 프로젝트를 올바로 이해하기 위해 많은 시간을 할애한다.

이렇게 분석하고 지켜본 수많은 기업들을 통해 그는 프로젝트가 성공하기 위해서는 타이밍이 굉장히 중요하다고 말했다. 그는 "4년 전 굉장히 강력한 Internet of Things(사물인터넷) 관련 스타트업이 있었다. 당시 시스코 등 기업들도 이 스타트업에 관심을 가졌고 아이디인베스트도 투자를 해야 할지 말아야 할지 고민했다"고 회상했다. 지금은 IoT 분야가 괄목할 만하게 커졌지만 4년 전 당시에는 IoT에 대한 시장이 거의 존재하지 않았다. 그렇기에 아이디인베스트는 그 스타트업의 R&D에 투자했지만 Return on Investment(투자자본수익률)가 제대로 생기지 않았다.

3년 전에는 반대의 상황이 발생했다. 당시에는 블록체인 광풍이 전 세계를 휩쓸었고 투자를 원하는 블록체인 스타트업들도 우후죽순 생겨 났다. 언뜻 보기에는 괜찮은, 혹은 정말 대단한 프로젝트처럼 보였고 일부 프로젝트는 혁명적으로 보이기까지 했지만 마티유는 당시 대단한 전망이 보이지 않아 투자를 유보한 경험이 있다. 지금은 블록체인 기술이 점차 확산되고 있지만 당시 투자를 하지 않은 것이 아이디인베스트에 결과적으로 다행인 상황이 됐다. 이처럼 투자자에게는 ROI를 염두에 둔 투자 타이밍은 무척 중요하다.

그는 위치기반서비스 분야에 투자해 성공한 대표적인 사례로 '젠리 Zenly'를 꼽았다. 젠리는 지도 위에 실시간으로 위치를 띄워주는 소셜네트워크서비스다. 젠리에서는 위치기반서비스를 활용해 친구가 어디 있는지 위치를 확인할 수 있고, 서로 상호작용도 한다. 굉장히 재미난 아이디어였지만 마티유는 투자에 앞서 3가지 기술적 도전과제를 점검했다고 한다.

마티유 파트너가 살펴본 세 가지 도전과제는 다음과 같다. 첫째는 해당 서비스를 이용하기 위해서는 항시 앱이 켜져 있어야 하는데 그에 따른 배터리 소비량을 점검해야 했다. 두 번째는 위치의 정확도. 친구가 있는 위치를 실시간으로 확인할 수 있어야 하기에 위치에 오차가 있지 않은지를 살펴봤다. 세 번째는 '실시간'으로 작동하는지를 점검했다. 이

세 가지가 기술적인 도전이었으나 아이디인베스트는 미국과 프랑스에서 최고의 개발팀을 모아서 이 세 가지 문제를 극복하고 앱을 개발했다. 이 젠리 서비스는 스냅챗이 인수해 더 많은 사용자들에게 쓰이고 있다.

그는 위치기반서비스가 성공하기 위해서는 소프트스킬Soft Skill (기업 조직 내에서 커뮤니케이션, 협상, 팀워크, 리더십 등을 활성화할 수 있는 능력)도 무척 중요하다고 조언했다. 소프트스킬 중에서도 창업가의 리더십, 재능, 그리고 타인의 의견을 경청할 능력이 있는지, 혹은 적응력이 있는지, 회복력이 뛰어난지 이런 것들도 투자 시 살펴보는 요소다. 아이디인베스트는 이런 세세한 부분까지 엄격하게 검토해 투자할 만한 스타트업을 선별한다.

그는 "프랑스 정부도, 한국 정부도 스타트업을 위한 다양한 지원을 하고 있다"며 이를 적극활용하라고 조언했다. 또 "한국의 스타트업 생태계가 유럽 및 프랑스와 유사한 만큼 서로 시장 진출의 교두보 역할을 할 수 있을 것"으로 기대한다고 말했다.

마티유 파트너에 이어 연단에 선 이정현 한국인터넷진흥원 위치정보팀장은 "국내 위치정보 창업환경을 살펴보면 중소·영세 사업자 중심으로 시장이 형성돼 있으며, 대부분의 사업체가 2010년 이후 설립된 신생 사업체"라고 설명했다. 나아가 정부에서는 중소벤처가 주도하는 창업과 혁신전략으로 생태계 조성 및 혁신 창업 활성화에 기여할 수 있도록 위치기반 스타트업에 다양한 창업 지원 프로그램을 제공하고 있다. 이 팀장은 "위치정보 산업 분야에서 사업자의 진입장벽을 낮추기 위해 허가

제를 등록제로 변경하는 등 위치정보법 개정 등의 노력이 활발히 이뤄지고 있다"고 덧붙였다.

조현성 엘코어텍 대표는 QR코드를 기반으로 한 위치확인 기술을 소개했다. 조현성 대표는 "현재 전 세계적으로 많은 분실물이 발생하고 있는데 이에 대한 경제적 가치, 손실의 가치, 그리고 분실물의 종류와 수량 등을 측정할 수 있는 통계가 없다"며 자사의 기술을 활용하면 보다 손쉽게 분실물을 찾을 수 있다고 자신했다.

엘코어텍 기술의 장점은 처음 개발할 때부터 국내는 물론 전 세계 어디서나 사용할 수 있고 배터리를 사용하지 않으며 쉽게 부착할 수 있고 가격도 저렴하도록 고려해 만들어진 기술이라는 점이다. QR코드 스티커를 서류가방이나 노트북, 여권, 지갑 등 어디든지 부착하고, 이를 발견한 이가 해당 QR코드를 스캔하기만 하면 원래 주인과 연결된다.

엘코어텍의 솔루션은 현재 99개국에서 사용할 수 있으며 국내특허와 국제특허PCT를 취득해 글로벌 시장 진출이 용이한 위치기반 서비스였고 2019년 개최된 2019 대한민국위치서비스 공모전에서 '해외진출 유망기업상'을 수상해 중국 심천에서 개최되는 심천하이테크페어 참가 지원을 받았다.

뉴노멀 시대에 각광받는 헬스케어 스타트업

뉴노멀 시대의 헬스케어 스타트업

연사

- **김연희** 존슨앤드존슨 상무
- **김영준** 이마고웍스 대표
- **이준엽** 존슨앤드존슨 부장
- **송교석** 메디픽셀 대표

Try Everything – Make it Possible

스타트업이라고 하면 흔히 ICT 분야 기업을 떠올리지만 바이오와 헬스케어 산업에서의 스타트업도 크게 증가하고 있다. 'Try Everything 2020'에서는 존슨앤드존슨의 오픈 이노베이션 철학과 전략, 그리고 서울 퀵파이어챌린지에서의 우승 기업의 주목할 만한 결과물에 대한 강연이 진행됐다.

"존슨앤드존슨은 제가 근무하고 있는 한국얀센을 비롯해서 메디컬 디바이스 그리고 컨슈머, 헬스케어 섹터. 이렇게 3개의 비즈니스 세그먼트로 구성돼 있다. 전 세계에 약 175개국에 오퍼레이팅 컴퍼니Operating Company를 가지고 있고 전 세계적으로 약 13만 명의 직원이 근무하고 있다. 2019년도 한 해 동안 R&D 투자 금액을 보면 대략 우리 돈으로 약 13조 원이 넘을 정도로 연구개발에 굉장히 많은 투자를 하고 있는,

전 세계에서 가장 큰 파마Pharma 컴퍼니 중의 하나이다."

첫 번째 강연자인 김연희 상무가 존슨앤드존슨에 대해 먼저 소개했다. 130년의 역사를 간직한 존스앤드존슨은 그 역사와 상반되게 스타트업의 마인드를 전사적으로 유지하고 있다고 한다. 그렇기 때문에 130년이 넘도록 대표적인 파마 컴퍼니의 자리를 유지하고 있는 듯 보인다.

김 상무는 "저희 R&D의 헤드인 폴 스토펠스Paul Stoffels는 아이디어나 기술이나 자원을 새로운 방식으로 결합할 수 있는 사람들 간의 네트워크, 강력한 네트워크를 구축하는 것이 우리가 추구하는 이노베이션"이라고 정의했다면서 "혁신적인 아이디어는 어디에서나 나올 수 있다고 믿고 있다"고 말했다.

김 상무는 "존슨앤드존슨은 창업가들이 추구하는 이노베이션을 필요로 하고, 창업가들은 빅 컴퍼니Big Company들이 가지고 있는 인프라스트럭처Infrastructure와 자금을 필요로 한다. 그렇기 때문에 존슨앤드존슨과 같은 거대 기업과 창업가들 간 콜라보레이션은 굉장히 중요하고, 서로가 서로를 필요로 한다"고 협력의 중요성을 강조했다.

김 상무에 따르면 존슨앤드존슨은 스타트업과의 외부혁신External Innovation을 추구하고 파트너십을 강화하기 위해 전 세계에 이노베이션 센터를 구축하고 있다. 현재는 상하이, 런던, 샌프란시스코, 보스턴에 존슨앤드존슨의 이노베이션 센터를 운영하고 있다. 또 우수 스타트업을 발굴하고 전략적인 투자를 하는 JJDCJohnson & Johnson Development

Capital, 스타트업에 전문가의 조언이나 교육 프로그램, 글로벌 네트워크 등을 도와주는 JLABS 생명과학 인큐베이터Life Science Incubators, 연구개발이 거의 다 진행된 라스트 스테이지 스타트업들의 계약 등을 주로 담당하는 비즈니스 개발Bussiness Development 등 지원부서를 두고 있다.

김 상무는 "존슨앤드존슨의 글로벌 외부혁신 생태계는 북미와 유럽뿐 아니라 아시아를 비롯해 전 세계에 걸쳐 있다. 또 한국이나 일본, 싱가포르, 호주에 이노베이션 센터 위성 사무실이 있다"며 한국의 메디컬헬스케어 참여 현황에 대해 설명했다.

"2018년도에 얀센이 유한과 체결한 폐암 치료제에 대한 개발과 판매 관련 계약을 체결했고 올해 2월 저희의 메디컬 디바이스 컴퍼니 중의 하나인 J&J 에치콘에서 한국의 3D 바이오프린팅 컴퍼니와 리서치 계약을 체결했다. 또 우리는 2017년부터 서울시, KHIDI(한국보건산업진흥원)와 함께 진행하고 있는 '퀵파이어 챌린지'도 존슨앤드존슨이 한국 스타트업의 발전을 위해서 기여하고 있는 대표적인 사업이라고 할 수 있다."

김 상무는 앞으로도 존슨앤드존슨과 한국 스타트업 간 파트너십 강화를 위해 힘쓰겠다고 말했다.

한국얀센에서 '비즈니스 인텔리전스&이노베이션Business Intelligence & Innovation' 팀을 담당하는 이준엽 부장은 존슨앤드존슨의 대표적인 오픈 이노베이션 프로그램인 퀵파이어 챌린지 프로그램에 대해 소개했다. 퀵파이어 챌린지는 존슨앤드존슨의 이노베이션 그룹 내 JLABS에서 운영하는 대표적인 오픈 이노베이션 프로그램이다. 바이오와 헬스 관련 혁신적인 기술을 이끄는 스타트업을 지원하는 프로그램이다.

이 부장은 "퀵파이어 챌린지는 2015년부터 시작해서 미국, 유럽, 아시아 등 전 세계에서 50여 회째 진행됐으며 그중 서울 이노베이션 퀵파이어 챌린지는 서울시, 한국보건산업진흥원, 서울바이오허브. 한국존슨앤드존슨. 한국얀센 등이 주관했었다"고 설명했다. 그중 2017에는 지파워와 뉴아인이, 2018년에는 'Robotics & Digital Surgery'를 주제로 메디픽셀과 바이랩에서 우승했다. 2019년에는 스마트 헬스케어를 주제로 이마고웍스와 미국 기업인 사이벨이 우승 기업으로 선정되는 등 쟁쟁한 스타트업을 국내외에 효과적으로 알렸다.

이 부장은 "지파워의 경우 2017년 9월 창업하자마자 바로 퀵파이어 챌린지에 도전하고 우승까지 차지했다"며 "바로 우승하면서 실제로 사업 시작 시, 창업 초기에 투자나 운영 등 여러 가지 어려움이 있었는데 퀵파이어 챌린지 우승을 통해 30억 원가량의 투자를 바로 받을 수 있게 됐고 2년간 건실히 사업을 운영해 현재는 300억 원 정도 되는 기업으로 성장시켰다"고 성공 사례를 들었다.

2020년에 진행된 서울 이노베이션 퀵파이어 챌린지의 주제는 'Healthcare in the New Normal'. 코로나19로 인해 생활환경이 크게 바뀐 만큼 포스트 코로나 시대의 혁신을 담보할 스타트업들 발굴하는 것을 목표로 삼았다. 이 부장은 "(서울 이노베이션 퀵파이어 챌린지의) 주요 관심 영역은 빅데이터, AI, 블록체인을 기반으로 하는 헬스 테크놀러지"라며 "올해는 환자들의 치료결과를 확실히 개선시켜줄 수 있는 E-헬스 플랫폼, 개인 맞춤의료를 가능하게 해주는 동반진단 기술을 가지고 있는 기업, 백신의 보급과 환자의 순응도를 제고할 수 있는 스마트 시스템을 가진 기업, 폐동맥 고혈압 같은 희귀질환들을 조기에 진단하고 치료할 수 있게 도와주는 조기진단 관련 기술을 가진 스타트업을 중점적으로 모집했다"고 말했다.

이 부장의 설명에 따르면 서울 이노베이션 퀵파이어 챌린지에서 우승 기업으로 선정되면 1억 5,000만 원의 상금을 우승팀 두 곳이 나눠받게 된다. 또 서울바이오허브를 1년간 이용할 수 있는 혜택과 더불어 1년 동안 컨슈머와 메디컬 디바이스, 그리고 제약의 얀센의 사장단으로 그룹된 멘토링 팀에서 1년 동안 사업모델에 대한 여러 자문과 멘토링을 진행해준다.

이 부장은 "이 밖에도 존슨앤드존슨 이노베이션의 JLABS 에코 시스템 창업가 커뮤니티에 가입돼 한껏 사업을 성장시킬 수 있게 된다"고 덧붙였다.

한편 2019년 서울 이노베이션 퀵파이어 챌린지에서 우승한 이마고웍스 김영준 대표는 "오늘 이 자리(Try Everything 2020)에서 연설할 기회를 받게 된 것도 존슨앤드존슨이 주최한 서울 이노베이션 퀵파이어 챌린지에서 우승한 덕분"이라며 "서울바이오허브 입주 혜택과 존슨앤드존슨

의 기술사업화 멘토링이 큰 힘이 됐다. 미국, 중국에 있는 여러 JLABS
에 진출할 수 있는 기회와 홍보를 통한 언론 노출 기회 등 든든한 후원
을 받고 있다"고 존슨앤드존슨에 감사를 표했다. KIST에서 스핀오프한
이마고웍스는 기존 수작업에 의존한 치과 보철물 제작 과정을 획기적으
로 개선할 수 있는 AI 및 클라우드 기반 치과용 솔루션의 사업화를 추
진하고 있다.

2018년도 서울 이노베이션 퀵파이어 챌린지 우승팀인 메디픽셀 송
교석 대표는 "우승 후 존슨앤드존슨의 전문가들이 멘토링을 해줬고 싱
가포르, 인도, 서울에서 세 차례 미팅을 가졌다. 또 2주에 한 번씩 컨퍼
런스 콜을 진행하며 우리 비즈니스 모델이 글로벌로 가는 전략에 대해
서 계속 배우고 의견을 들으며 다듬어갈 수 있었다"고 말했다. 현재 메
디픽셀은 AI와 로보틱스 기술을 이용한 심혈관 진단 및 시술도구 추천,
자동화된 내비게이션 등 심혈관중재시술 관련 솔루션의 제품화에 박차
를 가하고 있다.

언택트 시대에 더욱 중요해진 블록체인 생태계

블록체인 생태계 현장

연사
- **심범석** 직톡 CEO
- **손유진** 아이콘루프 DID사업본부 이사
- **한재선** 그라운드X 대표

좌장
- **김형중** 고려대학교 교수

포스트코로나를 맞아 빠르게 언택트(비대면) 시대로 넘어가고 있는 현재의 급격한 변화와 혼란스러운 분위기 속에서도 기업들은 발 빠르게 대응하며 새로운 사회의 질서와 가치를 만들고 있다. 블록체인 기술 또한 그러한 언택트 시대에 각광받으며 보다 빠르게 성장하고 있다. '블록체인 생태계 현장'은 그러한 언택트 시대를 맞아 사업을 진행하고 있는 국내 블록체인 최전선 기업가들의 얘기를 담았다.

첫 번째 강연자인 직톡의 심범석 대표는 "2009년에 미국에 어학연수를 가서 2011년에 온라인으로 뮤지컬 티켓을 판매하는 사업을 했는데 한국에서 온 분들과 소액으로 송금하는 일이 많았고 그때 국가간 송금에 굉장히 많은 문제가 있다는 사실을 깨달았다"고 말했다.

보다 송금 시간을 줄이고 수수료를 낮출 수 있는 방법을 고심하던

심 대표는 2012년 비트코인을 처음 접했다고 말했다. 그리고 이 가상자산 기술이 앞으로 인터넷의 미래를 바꿀 것이라고 생각했다.

이후 사업 방향을 비트코인 관련 사업으로 변경한 심범석 대표는 '뱅크 오브 비트코인닷컴Bank of Bitcoin.com'이라는 가상자산 보관 지갑을 만들었다. 2020년 가상자산 업계에서 큰 화두인 디파이DeFi(탈중앙화 금융)와 유사한 모델을 2013년에 선보였다는 것이다. 하지만 당시로써는 가상자산이 규제산업이었기에 심 대표는 결국 사업을 접고 가상자산 관련 채굴사업을 진행하는 한편 오프라인으로는 한국어학교와 온라인 튜터링 센터를 운영하며 생활했다.

심 대표는 "결과적으로 이러한 제 경험을 바탕으로 저는 2015년 블록체인을 기반으로 한 지식 거래 플랫폼을 만들어야겠다고 결심하고 직톡Ziktalk이라는 서비스를 만들었다"고 현재 직톡 모델의 탄생 배경을 설명했다.

직톡의 모토는 'sell your knowledge, sell your time'이다. 심 대표는 직톡에 대해 "시간을 사고 파는 플랫폼"이라고 간단명료하게 표현했다. 그는 "현재 전 세계에서 500만 명의 셀러들이 아마존이라는 거대 전자상거래 플랫폼을 활용해 제품을 판매하고 있지만 미래에는 블록체인을 활용한 직톡 플랫폼이 전 세계 사람들이 자기의 지식과 경험을 판매할 수 있는 플랫폼이 될 것"이라고 말했다. 미래에는 전 세계 사람들이 자신의 지식과 경험을 판매할 수 있는 플랫폼이 등장하게 되고, 그

플랫폼들이 블록체인 기반 위에서 만들어질 것이라고 일찌감치 생각한 것이다.

다만 심 대표는 현재 블록체인에 대한 대중의 부정적 인식에 대해서는 아쉬움을 토로했다. 그는 "비트코인을 오해하고 있는 부분이 많다. 블록체인은 쉽게 말해 P2P 전자화폐peer-to-peer electronic cash system이다. 현재 많은 이슈가 있지만 결국 블록체인 기술이 세계를 바꿀 수 있는 근본 기술이라고 생각한다"고 강조했다.

그 블록체인 기술을 활용한 심 대표의 직톡은 화상통화 앱이다. 전세계 사람들이 이를 통해 서로 소통하고, 통화를 건 사람이 비용을 지불하는 시스템이다. 이를 통해 전 세계 사람이 언어를 손쉽게 배우고 가르칠 수 있다. 현재 1,600명 이상의 선생님과 수많은 다국적 이용자들이 있다. 심 대표는 직톡의 비즈니스 모델에 대해 "음성통화, 화상통화를 통해서 마켓 플레이스가 만들어졌고 메신저도 들어와 있다. 또 직톡 플랫폼을 사용할수록 ZIK라는 유틸리티 토큰(가상자산)을 획득할 수 있다. ZIK 토큰을 직톡 플랫폼에서 사용하는 형태로 독자적인 생태계를 만들고 있다"고 설명했다.

심 대표는 "사용자들이 인터넷을 무료라고 생각하지만 사실은 무료가 아니다. 저희가 큰 비용을 들이고 있다. 사용자들이 유튜브에 많은 비용과 에너지를 써서 올리면 유튜브가 돈을 벌고 있다. 모두 데이터를 활용하고 있다"면서 "중요한 것은 이코노미, 생태계를 잘 구현하는 것이다. 비트코인은 누구든지 컴퓨터만 있으면 채굴할 수 있도록 만들어진 것처럼 누구나 쉽게 토큰을 얻을 수 있고 이것을 쓸 수 있게 만들면 토큰 프로젝트는 성공할 수 있다"고 재차 강조했다.

손유진 아이콘루프 DID사업본부 이사는 '포스트 코로나 시대의 데이터 주권 회복과 프라이버시'에 대해 강연했다. 그는 "코로나 팬데믹으로 전 세계적으로 유례없는 마이너스 경제 성장이 계속 이어지고 있지만 이 와중에도 코로나 이전보다 깜짝 놀랄 만한 놀라운 실적들을 내고 있는 기업이 있다. 바로 빅테크 플랫폼 기업이다"라고 입을 열었다.

손 이사가 꼽은 미국의 '빅4' 기업은 애플, 아마존, 페이스북, 구글이다. 모두 2분기에 깜짝 놀랄 만한 실적을 기록했고 우리나라도 마찬가지로 네이버와 카카오가 2분기에 역대 최대 실적을 기록했다. 손유진 이사는 "이런 결과가 나타내는 것은 코로나로 인해 우리 사회도 전방위적으로 디지털화가 굉장히 빠르게 일어나고 있고, 그 중심에서 거대 플랫폼 사업자들의 영향력이 유례없이 커지고 있음을 뜻한다"고 말했다.

하지만 문제는 이런 디지털 경제 세상에서 신뢰할 수 있는 아이덴티티 매커니즘이라는 것이 손 이사의 주장이다. 손 이사는 "여기서 아이덴티티는 디지털 세상에서 어떤 한 개인을 특정할 수 있는 굉장히 광범위한 모든 속성을 포함하는 광의의 의미로서의 아이덴티티"라며 "디지털 세상에서 신뢰할 수 있는 아이덴티티가 굉장이 중요한데, 그 이유는 디지털 환경의 기본 속성이 비대면과 익명성을 지니기 때문"이라고 설명했다.

결국 디지털 환경에서 '내'가 누구인지, 또 나와 거래하는 '상대방'이 누구인지를 신뢰하고 검증할 수 있는 신원증명 매커니즘이 디지털 경제가 잘 구동되기 위한 핵심적인 요소라는 것이다.

손 이사는 "오프라인 세상에서는 내가 누구인지를 증명하려면 지갑에서 신분증을 꺼내거나 또 명함을 꺼내서 보여주고, 기존에 안면이 있는 경우라면 그냥 제 얼굴을 보여주는 것 자체가 제 신원을 증명하는 간단한 방식이지만 디지털 환경에서는 공인인증서, 휴대폰 본인확인, 소셜 로그인 같은 여러 가지 복잡한 인증 수단을 거쳐야만 내가 누구라는 것을 입증할 수 있다"고 말했다.

손 이사는 "이 인증 수단들은 인터넷이 계속 진화하면서 점점 더 편리한 방법으로 발전해왔지만 여전히 정보 주체인 나와 내가 이용하려고 하는 이용기관 사이에 공인인증기관이나 통신사 또는 포털 사업자 같은 제3의 인증기관이 제 개인정보를 모두 가지고 나 대신에 이 사람, 이 사람 맞아. 이 사람 손유진 맞아"라고 대신 말해주는 간접 인증방식을 공통적으로 취하고 있다고 말했다. 중앙의 몇몇 소수 기관이나 기업이 개인정보를 과도하게 독점하고, 그 기관들을 통해서만 신원증명의 일어나는 것은 수익의 독과점, 프라이버시 침해, 개인정보 유출 등의 문제를 야기한다는 설명이다. 손 이사는 "대표적으로 지난해 페이스북은 개인정보 대량 유출 사태로 약 5조 8,900억 원이라는 천문학적인 벌금을 부과받았다"고 강조했다.

결국 블록체인을 통한 신원증명 방식인 DID Decentralized Identifier(탈중앙화 신원증명)는 이런 시대적인 배경 속에서 자연스레 중요성이 강조되고 있는 것이다.

손 이사는 "아이콘루프는 국내에서 이 DID 기술에 가장 처음 집중한 회사이고 2018년 11월에 W3C DID 메소드 레지스트리 DID Method Registry에 국내 최초로 등록했다"고 설명했다.

현재 아이콘루프는 이미 자체 개발한 원천기술인 '루프체인 코어' 툴을 기반으로 한 DID 플랫폼 '마이아이디 플랫폼 MyID Platform'을 이미 구축해서 운영하고 있다. 아이콘루프는 마이아이디 플랫폼 위에서는 B2B를 대상으로 맞춤형 DID 솔루션도 운영하고 있으며 자체 운영하는 3개의 서비스인 디지털 신원증명 서비스인 '쯩', 초대 전자명부 서비스인 'VISIT me', 증명서를 발급하는 'broof'는 이미 마이아이디 DID 플랫폼 위에서 상용화됐다.

손 이사는 "코로나19로 인해 전자명부 서비스인 'VISIT me'는 출시한 지 얼마 되지 않았는데 1,000개 넘는 기관에서 10만 명 정도 사용자를 확보했다. 아이콘루프는 또 신한은행과 함께 국내 최초 DID 실명인증 시스템을 출시했다"며 블록체인과 DID가 이미 사회 전반에 확산되고 있음을 강조했다.

한재선 그라운드X 대표는 디지털 자산으로 인정받기 시작한 가상

자산에 대해 설명했다. 그라운드X는 카카오의 블록체인 자회사로 현재 퍼블릭 블록체인 '클레이튼'과 '클립'이라는 디지털 자산지갑을 카카오톡 내에 구현했다.

한 대표는 "90년대 웹이 등장하면서 정보의 시대가 시작됐다. 이 정보의 시대가 가져온 것은 정보를 교환하는 비용을 거의 '제로'로 만들어 줬다"고 설명했다. 이 정보교환 비용은 지금은 당연시되고 있지만 얼마 전까지만 해도 편지를 보내거나, 전화를 하거나, 아니면 직접 방문하는 데 시간과 비용이 많이 소요됐다.

한 대표는 IT의 혁명은 단순히 정보교환 비용을 낮추는 데 그치지 않고 뱅킹 업무에도 변혁을 가져왔다고 설명했다. 한 대표는 "정보교환뿐만 아니라 돈을 송금하는 등 트랜잭션이라 부르는 자산 거래가 훨씬 더 비싸다. 굉장한 고부가가치를 옮기기 때문이다. 이 자산 거래도 온라인 뱅킹과 모바일 뱅킹이 등장하면서 비용이 크게 줄어들기는 했지만 제로가 되지는 않았다. 그런데 블록체인이 등장하면서 이와 같은 트랜잭션 비용이 제로에 가깝게 줄어들기 시작했다"고 설명했다.

한 대표는 이처럼 IT의 발달로 디지털 트랜스포메이션이 일어나면 정보교환 비용이 극도로 낮아지면서 이후로는 디지털 자산의 시대가 올 것으로 내다봤다. 즉 디지털 정보가 디지털 자산으로서의 가치를 부여받게 된다는 것이다. 한재선 대표는 "디지털 세상에서 가치를 가지는 모든 것이 다 디지털 자산"이라고 정의했다. 가령 '리니지' 게임의 집행

검 같은 게임 아이템도 수억 원에 거래되고 있고 오스트리아 우체국은 현물이 아닌 디지털 우표를 7유로에 판매한다. 그런데 수집가들은 이 눈에 보이지 않는 디지털 우표를 비싼 가격에 수집하고 있다. 이처럼 실물 자산과 금융 자산들도 점점 디지털 세계로 옮겨오고 있다.

한 대표는 "이미 그라운드X와 협업하고 있는 엔젤리그라가 비상장 주식에 대한 소유권을 클립Clip 라는 가상자산 지갑에다 소유권 증명을 넣고 있다. 이를 활용하면 미술품의 가치를 조각내서 그 미술품을 내가 1만 원어치 사거나 2만 원어치 사는 작업들이 지금 실제로 벌어지고 있다"고 설명했다. 한재선 대표는 이 외에도 저작권, 특허, 콘텐츠 등이 대표적인 디지털 자산이 될 것이라고 말했다. 단, 이 같은 디지털 자산으로 인정받기 위해서는 'Token Assetization'이라 부르는 자산의 디지털화를 거쳐야 한다는 설명이다.

"그것을 디지털 오너십이라 부른다. 가령 '크립토 드래곤즈'라는 용을 키우고 수집하는 게임이 있는데 이 게임 자체는 중앙 DB에서 게이머들의 용을 차곡차곡 쌓아간다. 그런데 만약 사용자가 내가 모은 용을 내 자산으로 만들겠다고 하면 해당 자산을 클레이튼이라는 저희 퍼블릭 블록체인을 통해 발행할 수 있다. 이렇게 되면 제작사 DB에서 사용자의 용이 빠지고 용의 소유권이 사용자에게 돌아간다. 사용자는 클립이라는 지갑 서비스를 통해 실제 내가 소유한 용을 친구에게 주거나 거래할 수 있게 되는 것이다."

한 대표는 "블록체인을 활용하면 이렇게 디지털 자산의 소유권을 완벽하게 분리해 이양시킬 수 있다"고 설명했다. 게다가 용을 중앙 DB에서 빼 블록체인 올리는 순간 스마트 컨트랙트라는 프로그램을 통해 특정 계약조항을 프로그래밍할 수 있게 된다. 이를 확장하면 각종 아이템, 굿즈, 쿠폰, 콘텐츠 IP(지적재산권), 배지, 레벨 증명 등을 서비스 내 클로즈드 시스템에 가두는 것이 아니라 디지털 자산화로 오픈 네트워크로 확산시킬 수 있게 되는 것이다.

한 대표는 "블록체인은 거의 툴Tool이고 이 툴을 자산으로 저희는 디지털 자산을 쉽게, 거의 무료에 가깝게 블록체인을 몰라도 발행할 수 있는 시스템을 만들고 있다. 정보의 시대에서 구글이, 그리고 모바일 시대에서 카카오톡이 나온 것처럼 앞으로 디지털 자산 시대에 여러분들이 주인공이 될 수 있었으면 좋겠다"고 이야기를 마쳤다.

AI, 인간의 경쟁자가 아닌 인간 지능 확장 도구

AI 창업생태계세미나

연사
- **레이 커즈와일** 발명가, 미래학자
- **김성훈** 네이버 Clova AI 리더

좌장
- **윤종영** AI 양재 허브 센터장

레이 커즈와일 박사는 IQ165의 구글 엔지니어링 이사이며 현 시대
최고의 미래학자이자 사상가로 인정받고 있다. 〈타임〉지는 레이 커즈와
일 박사를 21세기 에디슨이라고 칭하였으며 〈월 스트리트 저널〉에서는
그를 지칠 줄 모르는 천재라고 언급했다. 그는 광학문자, COR, 음성인
식기, 평판스캐너 등을 발명한 발명가이기도 하다.

　레이 커즈와일 박사는 'Try Everything 2020'에서 인간의 기술 발전
은 지난 1905년부터 지속돼왔다고 언급하면서 AI 분야에서의 기술 발
전도 폭발적으로 이루어지고 있다고 하였다. 그는 "AI의 발전이 55년
동안 한 번도 보지 못한 속도로 발전하고 있으며 최근 36개월 동안에는
그 발전 속도가 매우 빨라졌다"고 언급했다. 그러면서 그는 기하급수적
으로 빨라지는 AI의 발전 속도를 볼 때 향후 AI 기술 발전을 낙관할 수

있다고 보았다.

커즈와일 박사는 AI 기술이 복잡한 연산뿐만 아니라 시뮬레이션까지 가능해졌다고 자신의 연구 성과를 제시했다. 그는 2018년 딥마이닝 프로그램 '알파폴'을 개발했으며 해당 프로그램을 통해 생물학 측면에서도 시뮬레이터를 완벽하게 진행할 수 있다고 소개했다.

여기에 더해 커즈와일 박사는 현재 호주의 한 대학의 연구원에서 만든 백신들을 AI를 통해 시뮬레이션하고 있다. 코로나 백신을 만들고 있는 모더나 역시 DNA 시퀀싱DNA Sequencing을 직접 테스트하면서 코로나 치료가 가능한지를 레이 커즈와일과 함께 실험한 바 있다고 밝혔다. 이는 현재 생물학 분야에서 AI 기술이 빠르게 진전되고 있다는 설명이다. 그러면서 향후 AI 기술은 '생물학적인 시뮬레이션'을 하는 것이며 이는 AI가 가진 강점과 바이오텍이 가진 강점을 합쳐 생물 화학적 문제들을 해결할 수 있을 것이라고 전망했다.

커즈와일 박사는 AI 기술의 발달을 강조하면서 AI가 인간의 두뇌를 뛰어넘고 있으며 컴퓨터 신경망은 인간의 뇌보다 더 뛰어난 역할을 할 수 있을 것으로 내다봤다. 인간이 다른 사람과의 상호작용을 통해 새로운 것을 배운다면 AI는 인간을 트래킹Tracking해 새로운 것을 얼마든지 배운다는 것이다. AI는 지금도 계속 학습을 하고 있고 점점 더 큰 역량을 갖게 될 것이라는 게 그의 설명이다.

커즈와일 박사는 AI 기술이 인간의 뇌를 확장시킬 것이라고 낙관적인 전망을 제시했다. 그는 '2030년이 되면 나노봇Nanobot이 뇌에 이식될 것이며 인간의 뇌는 나노봇을 통해 클라우드에 연결되고 신경계 내부에 들어간 나노봇이 인간에게 탁월한 경험을 줄 것'이라고 언급하면서 머지않아 인간은 AI를 통하여 확장된 뇌, 즉 슈퍼 인텔리전스를 얻을 수 있게 될 것이라고 설명했다.

같은 세미나 현장에서 네이버 Clova AI의 김성훈 리더는 커즈와일 박사가 말한 AI 기술을 이용해 무엇을 할 수 있는지에 대해 설명했다. 김 리더는 현재 홍콩과학기술대학의 교수로 일하고 있으며 MIT 프로그램 분석 연구실에서 버그 검출 연구를 진행하며 박사 후 연구원으로 근무했다. 그는 몇 가지 예를 들면서 AI가 인간을 충분히 이해하고 있다고 언급했다. 화면의 일부를 보고 그것이 무엇인지를 AI가 정확하게 알아맞힌다거나 인간의 사랑에 대해 이해한다거나, 번역과 작문을 잘 해내는 등 AI가 놀랍도록 인간을 잘 이해하고 있다는 것이 그의 설명이다.

그러면서 그는 '인간과 기계가 하나로 통합되어 슈퍼컴퓨터의 역할을 하게 되는 것'이 바람직하며 희망적인 미래라고 낙관론적 시각을 제시했다. 인간이 기계와 함께 일할 수 있다면 슈퍼컴퓨터를 이길 수 있다는 것이 그의 설명이다. 그러면서 AI가 발달하고 있는 지금 이 시점에서 우리가 해야 할 일을 제시하면서 '새로운 기술에 호기심을 가질 것, 새로운 아이디어로 새로운 시도를 할 것, 더 많은 것을 공유하여 지식을 확대해 나가는 것'이 중요하다고 강조했다.

AI 창업 생태계를 어떻게 수용해야 할지 묻는 질문에 레이 커즈와일 박사는 "인간과 AI는 경쟁하는 것이 아니라 AI의 가치가 인간 사회에 융복합되어야 한다며 인간의 지능을 확장하는 것으로 AI를 이해해야 한다"고 강조했다. AI와 협력하면 뇌의 기능을 2~3배 더 확장할 수 있고 인간이 훨씬 더 똑똑하고 현명해질 것이라는 것이 그의 설명이다. 같은 질문에 대해 김 리더는 "쇼핑, 금융, 엔터테인먼트와 같은 분야에서 AI 기술을 통해 서비스 개선을 할 수 있다"고 보다 실용적 측면을 언급했다.

AI를 개발함에 있어 개발자가 느끼는 편견에 대해 묻는 질문에 레이 커즈와일 박사는 "AI를 만드는 엔지니어들이 AI 내에 편견을 삽입하면 안 된다"면서 편견을 없애려고 무수히 많은 노력을 해야 한다고 언급했다. 같은 질문에 대해 김 리더는 "커즈와일 박사님 말씀에 전적으로 공감하며 편견을 없애려고 노력해야 한다. 무엇을 가르쳐야 하는지 무엇을 사르지지 말아야 하는지 신중할 필요가 있다"고 덧붙였다.

AI 시대를 어떻게 무엇으로 대비해야 하는지 묻는 질문에 대해서 레이 커즈와일 박사는 "우리는 더 이상 기억할 필요가 없으며 우리가 알고 있는 지식을 어떻게 응용해 나가면서 더 좋은 세계를 만들 것인가가 중요하다"면서 "우리 사회가 이를 교육해야 한다"고 강조했다. 김성훈 리더 역시 "인간의 창의성이 가장 큰 장점이며 아이디어를 통해 컴퓨터

와 같이 일할 수 있을 것"이라고 언급하면서 미래 인재의 창의성을 강조
했다.

인공지능이 바꿀 멋진 신세계 'Brave New World'

2020 AI 오픈 스테이지 밋업 'LITE'

연사

- **한정수** 서울창조경제혁신센터 센터장
- **안강엽** 코코넛사일로 공동창업자
- **이수민** 웨인힐스벤처스 대표
- **이준호** 플라스크 대표
- **조현민** 코메이크 대표
- **박태순** 스파크랩스 사업개발총괄이사
- **최재웅** 퓨처플레이 수석심사역

- **송석규** 피큐레잇 대표
- **김민현** 커먼컴퓨터 대표
- **김환진** 스마트디아그노시스 대표
- **김성훈** 마이피피 대표
- **박만수** LG 사이언스파크 오픈 이노베이션 담당
- **김선욱** 엔비디아 테크니컬 마케팅이사

Try Everything – Make it Possible

현재 서울창조경제혁신센터에서 운영 중인 오픈 스테이지 프로그램은 스타트업, 대기업, 중견기업, 투자기관, 지원기관이 한자리에 모여 혁신에 대해 이야기를 나누는 오픈 이노베이션 지원 프로그램 중 하나다.

'Try Everything 2020'에서는 오픈 스테이지 프로그램 중 AI, 빅데이터 기반의 스타트업과 국내외 관련 기업들, 그리고 오픈 스테이지 프로그램과 투자를 진행하고 있는 대기업, 투자기관이 모여 '삶을 보다 가볍게 하는 기술, 인공지능'이라는 주제로 이야기를 나눴다.

첫 번째 연사는 AI 북마크 서비스 기업 피큐레잇의 송석규 대표가 맡았다. 그는 과거 미국 뱁슨대학교에서 공부하던 때를 공유했다. 당시 송 대표는 35세였고 4인 가족의 가장이었다. 힘든 생활을 하면서도 졸업 후 창업을 하고 싶다는 꿈을 가지고 있었지만 당시에는 학비는 고사하고 생활비도 모자랐다고 당시를 회상했다.

송 대표는 "당시 제가 가장 열심히 했던 행동은 온라인 리서치였다" 면서 "보험이라든지 비자, 회사, 텍스 등 리서치가 어려웠지만 현지에서 도와주는 사람이 없었기 때문에 온라인 리서치가 구명줄이었다"고 말했다. 하지만 도움이 되는 온라인 정보들을 북마크했는데 기능이 만족스럽지 않았다. 팟캐스트, 에버노트, 구글 등 여러 가지 툴을 썼지만 모두 마찬가지로 썩 마음에 들지 않았다. 그러다 다른 사람들도 북마크 기능에 대해 모두 만족하지 못하고 있다는 사실을 깨닫고 3,000명 정도를 대상으로 마켓 리서치를 실시했다.

송 대표는 "북마크와 관련해 2만 명이 넘는 사람들과 대화를 나누면서 재미난 사실을 깨달았다. 북마크 기능을 한 번도 써본 적 없는 사람은 거의 없었고, 북마크 서비스에 만족하고 있는 사람 역시 거의 없었다는 것이다"라고 말했다. 필요한 기능이지만 매력적인 비즈니스 모델이 없었기 때문에 단순히 폴더에 URL을 저장하는 방식이 30년 넘도록 개신되지 않았다는 설명이다.

송 대표는 "만약 전 세계 사람들이 북마크를 하나의 클라우드에 저장하고 피큐레잇이 전 세계 사람들이 저장할 링크를 빅데이터를 통해 큐레이션할 수 있으면 어떤 일이 벌어질까? 수백 개의 링크를 정돈하려면 하루 종일 시간을 써야 했지만 피큐레잇을 통해 머신러닝과 AI 알고리즘의 도움을 받는다면 수 초 안에 수백 개의 링크가 관리된다. 여기에 사람들이 가장 원했던 협업과 공유 기능도 덧붙였다"고 창업 순간을 떠올렸다.

빅데이터를 기반으로 국제 화물 운송 플랫폼을 지향하는 코코넛사일로 안강엽 대표는 화물 운송 플랫폼을 개발하고 있다. 그런데 코코넛사일로는 우리나라가 아닌 베트남에서 플랫폼을 개발하고 있다. 그 이유에 대해 안강엽 대표는 "베트남 시장을 분석하니 베트남은 무려 GDP의 25%에 달하는 비용을 물류비로 사용하고 있었다. 이는 주변 아세안 국가들과 비교해봤을 때도 10~15% 정도 높은 수치였고 이 비효율이 화물을 옮기고자 하는 화주사, 그리고 화물을 옮겨주는 운송사 모두에게 막대한 손실을 가져다주고 있었다"고 말했다.

안강엽 대표는 여기에서 아이디어를 얻고 이를 단순화할 수 있는 플랫폼 개발에 착수했다. 코코넛사일로의 플랫폼에서는 먼저 화물을 옮기고자 하는 화주가 플랫폼에 오더를 올리면 운송사가 해당 오더를 보고 오더를 잡는다. 그 오더가 잡히면 화주가 수락하게 되고 그렇게 되면 운송사는 코코넛사일로 내에서 잡은 화물을 본인이 소유한 차주들에게 직접 배차할 수 있도록 플랫폼 내에서 한 번에 처리할 수 있다. 운송사는 플랫폼 내 플릿 매니지먼트 시스템Fleet Management System 을 통해 차량이 어디쯤 가고 있는지, 도착은 했는지 모두 관리할 수 있다.

안 대표는 "저희는 운송사들에게 좀 더 많은 혜택을 제공하기 위해 현재 오더의 데이터를 모아 상차지, 하차지, 그리고 상하차 시간을 통계

내 배송 후 공차로 돌아오지 않고 목적지에서 새로운 오더를 찾아 매칭해주는 시스템을 개발해서 수익을 높일 수 있도록 했다"고 AI와 빅데이터의 활용 예를 설명했다. 현재 베트남은 한국계 기업의 진출이 활발하므로 코코넛사일로 플랫폼을 사용하면 베트남에서 물류를 좀 더 효율적으로 할 수 있다고 강조했다.

이어 안 대표는 "많은 이들이 베트남이 낙후된 시장이고 그렇기 때문에 시장 진입이 쉽고 스타트업이 확장하기 쉽다고 생각하는데 그렇지 않다. 베트남은 매우 높은 스마트폰 보급률을 바탕으로 IT 분야에서 굉장히 빠르게 성장하고 있고 실제 이런 IT 서비스를 기반으로 한 다양한 스타트업이 있다"고 해외 시장을 너무 쉽게 생각하지 말 것을 당부했다.

LG사이언스파크 오픈 이노베이션을 총괄하는 박만수 담당은 AI의 중요성을 실제 사례를 들어 설명했다. 박 담당은 "최근 세계 최고 권위의 CVPR에 처음으로 LG 이름으로 참가해 79개 팀 중 1위를 차지했다. 특히 난제 해결 같은 경우에는 LG화학이 전기차 배터리를 개발하는 과정에서 굉장히 많은 전기에너지와 시간이 소모되는 아이러니가 있었다. 여기에 AI 기술을 접목해 획기적인 개선을 이뤘다"고 답했다. 또 "신약 개발 초기 단계에서 임상실험에 들어가기 전 히트 물질이나 리드 물질을 개발하는 데 전문가들이 약 3.5년 이상 걸린다고 했던 작업에 AI 기술을 적용해 8개월 정도로, 기간을 1/4로 단축하는 성과를 내기도 했다"고 말했다.

이 같은 성공에는 LG 계열사들이 자체적으로 이룬 것도 있지만 스타트업과의 오픈 이노베이션이 맺은 결실이라는 게 박 담당의 설명이다. 그는 "LG CNS의 '스타트 몬스터 프로그램', LG화학의 '배터리 챌린지' 등 스타트업을 발굴하려는 노력이 발전해 좋은 결과를 낼 수 있었다"면서 "LG가 가지고 있는 높은 역량이나 리소스를 투입해 그 파이와 가치를 키우는 게 저희가 할 수 있는 일"이라고 밝혔다.

커먼컴퓨터의 김민현 대표는 회사를 창업하게 된 계기에 대해 "엔지니어로서 회사에서 만드는 AI와 오픈소스 커뮤니티에서 만드는 AI의 갭이 너무 크다고 느껴 모두 함께 AI를 개발할 수 있는 환경이 필요하겠다는 생각으로 원클릭 AI 서비스를 배포하고 공유할 수 있는 '아이나이즈' 플랫폼을 운영하게 됐다"고 소개했다.

AI를 기반으로 텍스트를 영상 콘텐츠로 자동 변환해주는 미디어 플랫폼 기업, 웨인힐스벤처스 이수민 대표는 "2016년도에 해당 시장의 성장을 예감하고 비즈니스를 시작했다"면서 "저희의 목표는 콘텐츠를 만드는 데 사람들의 힘이 안 들어가게 하는 것이다. 영상 콘텐츠 판관비율을 뜯어보면 거의 대부분이 인건비 지출"이라고 설명했다.

이수민 웨인힐스벤처스 대표는 AI 기술을 활용해 인건비를 대폭 절감하기 시작했다. 무엇보다 비용을 낮추는 것에 그치지 않고 AI로 작업하다 보니 영상 콘텐츠가 나오는 데 걸리는 시간이 기존 편당 2~3주였던 것이 빠르면 하루에 끝날 정도로 단축됐다고 AI의 효과를 설명했다.

스파크랩스 박태순 사업개발총괄이사는 "우버는 세계에서 가장 큰 택시회사지만 택시를 소유하지 않고, 에어비앤비는 세계에서 가장 큰 숙박업체지만 침대를 소유하지 않는다. 페이스북은 세계에서 가장 큰 미디어회사로 자랐지만 역시 콘텐츠를 만들지 않는다"면서 기존 산업의 패러다임이 뒤바뀐 점을 언급했다.

박태순 이사는 "그런 혁신 속에서 기업들의 고민과 염원을 담아 만들어진 프로그램이 스타트업 아우토반이다. 독일에서 출범한 이래 미국, 중국, 인도 등에 이어 7번째로 한국에서 처음 개최되는 스타트업 아우토반은 퓨처 모빌리티, 엔터프라이즈 솔루션, 서스테이너빌리티Sustainability 이 세 가지 분야에 집중하고 있다. 세부적으로는 AI, 서비스로서의 소프트웨어SaaS, Software as a Service, 클라우드 영역에서 대기업과 스타트업 간의 혁신을 만들고 있다"고 말했다.

AI 빅데이터 기반 스마트디아그노시스 김환진 대표는 "어떠한 웨어러블 기기나 외부 센서 없이 스마트폰을 통해 심장의 심박변이도HRV, Heart Rate Variability를 추출하고 있다"면서 "심박수, 스트레스, 심박변이도 등을 홍채 분석을 통해 확인한다. 평소 아프지 않더라도 누구나 언젠가는 아플 때가 온다. 아프기 전에 스마트폰에서 AI를 통해 나도 모르게 데이터를 축적하는 것이다"라고 기술의 특징을 설명했다.

스마트디아그노시스의 기술은 평소 심박수가 60 정도인데 스트레스를 받거나 기타 이유로 80~90으로 올라갔다면 미리 센서에서 알려주는 것을 추구하고 있다. 김 대표는 "코로나19로 인해 해외에서는 원격 진료가 64%나 증가한 상황에서 스마트디아그노시스는 AI를 통한 건강 데이터를 사전 구비해 병원에서 오래 기다리거나 혈압, 혹은 심장을 중복 체크하는 것을 줄일 수 있도록 노력하고 있다"고 강조했다.

플라스크의 이준호 대표는 AI 기술을 적용해 동영상으로 손쉽게 모션캡처를 할 수 있도록 하고 있다. 애니메이션이나 영화 콘텐츠를 만들 때 시간과 비용이 많이 소요되는 부분이 바로 모션캡처다. 이준호 대표는 "플라스크가 개발 중인 애니메이션 제작 플랫폼은 모션캡처 기술과 AI를 결합해 대상의 행동 정보를 인식하고 애니메이션 영상 속에 재현한다"고 설명했다. 플라스크의 애니메이션 제작 플랫폼은 사람이 카메라를 보고 어떤 행동을 취하면 AI가 그 행동 정보를 학습한 뒤 행동 정보를 바탕으로 웹툰 속 캐릭터가 움직이는 모습을 손쉽게 구현하는 것이다.

이 대표는 "현재 플라스크는 바이브 기준보다 14% 정도 더 정확한 포즈 인식 AI를 보유하고 있다"면서 "미국이나 일본의 박스 오피스 순위를 보면 한두 종류 이상 애니메이션이 포함돼 있다. 애니메이션을 제대로 만들기 위해서는 수십 명의 기획자가 필요하기 때문에 대중적으로 만들기 어려운데 플라스크는 이 시장 진입 장벽을 낮춰 전문가뿐만 아니라 유튜버나 라이트 유저도 손쉽게 애니메이션을 만들 수 있게 하는 것이 목표"라고 설명했다.

엔비디아의 김선욱 테크니컬 마케팅 이사는 "그래픽카드로 유명한 엔비디아가 지금은 AI 분야로 영역을 넓히고 있으며 최근에는 바이러스에 대한 연구에도 도움을 주고 있다"고 말했다. 그는 "엔비디아가 이처럼 다양한 분야의 일을 할 수 있었던 것은 많은 개발자들의 참여와 데이터를 넣어서 만드는 결과물이 더 좋다는 것을 배웠기 때문이다. 어떤 한 개발자가 특별한 알고리즘을 가지고 프로그램을 한 것보다 AI와 딥러닝 기반으로 발전한 쪽이 플랫폼을 하나로 만들어서 여러 곳에서 쓸 수 있도록 발전시키기 좋다"고 AI의 효용성에 대해 언급했다.

마이퍼피 김성훈 대표는 반려동물 산업 시장에서 15년 넘게 한 우물만 파왔다. 현재는 펫샵 전용 보험과 펫샵 관리 솔루션 등을 선보이고 있다. 김성훈 대표는 "우리나라에 반려견과 반려묘가 700만 마리나 된다. 그런데 이들의 보험가입률은 0.5% 3만 5,000마리에 불과하다. 그래서 펫 보험 시장에 진출했다"고 비즈니스 모델을 설명했다. 김성훈 대표는 "반려동물 보험이 무척 비싼데 이렇게 비싼 이유를 모르겠다. 그래서 동부화재를 졸라 보험을 쪼개는 작업을 했다. 보험을 쪼개고 싸게 만들어 고객이 보험을 쇼핑하게 만들고 있다"고 말했다.

지금까지는 이러한 과정을 시스템적으로 구현하기 어려웠지만 마이퍼피는 AI 기술을 활용한 지문 인증 시스템으로 동물과 소유자 정보를 정확히 확인해 펫 보험에 적용할 수 있게 됐다.

리걸테크 기업 코메이크는 계약서 작성과 검토, 사이닝, 결제 등 '계약'이라는 프로세스 전체를 관리할 수 있는 코메이크 플랫폼을 만들었다. 조현민 코메이크 대표는 "계약서 작성과 검토에 AI 기술을 붙였고 서서히 AI를 통해 계약서를 자동으로 작성하고 검토할 수 있는 서비스로 발전시키고 있다"고 설명했다.

새로운 시대, 바이오 스타트업의 가야 할 길

With 코로나 시대, 바이오 스타트업 성장 전략

연사

● **신재훈** 한화투자증권 연구위원　　　● **김도형** 뉴아인 대표

'Try Everything 2020' 마지막날 오전 마지막 순서로 'With 코로나 시대, 바이오 스타트업 성장 전략'에 대한 세미나가 진행됐다. 본 세미나에는 한화투자증권 리서치 센터 기업분석팀 제약바이오 업종을 담당하고 있는 애널리스트 신재훈 연구위원이 참여했다. 신 연구위원은 코로나 관련 바이오 업종 현황에 대해 언급하면서 With 코로나 시대에 어떤 분야가 각광을 받고 있는지를 설명했다.

그는 "코로나19COVID-19 사태 이전에도 팬데믹 상황이 있었다"며 과거에 유행했던 스페인 독감, 아시아 독감, 홍콩 독감, 신종플루 등을 예로 들었다. 그러면서 지금 유행하고 있는 코로나19 팬데믹은 다른 팬데믹과는 차이가 있다고 강조했다.

그는 "인플루엔자도 인류가 겪어보지 못한 재앙이었으나 인플루엔자의 경우 인체가 바이러스에 적응하면서 집단면역이 생기고 백신을 통한 능동면역체계가 구축됐다"고 설명했다. 인플루엔자를 진단하고 예방하고 치료할 확실한 시스템이 구축돼 있다는 것이다. 인플루엔자와 다르게 코로나19의 경우에는 유행한 지 1년이 채 되지 않았기 때문에 인플루엔자처럼 진단, 예방, 치료의 체계가 마련되기에 시간이 부족하다는 것이 그의 설명이다. 그러면서도 그는 "코로나19 바이러스 체계가 구축되고 나면 마스크를 벗고 다닐 수 있을 것"이라며 낙관적 전망을 제시하기도 했다.

코로나19 바이러스 백신 치료제 개발 동향에 대해서 신 연구위원은 국내외 사례를 구분하여 설명하였다. 코로나 백신 치료제를 개발하고 있는 글로벌 제약사로는 아스트라제네카AstraZeneca, 화이자pfizer, 존슨앤존슨Johnson&Johnson, 글락소스미스클라인GSK, 사노피Sanofi, 모더나Moderna, 노바백스Novavax 등의 기업을 언급했다. 특히 아스트라제네카와 화이자의 경우에는 국제기구와 정부의 펀딩을 받아서 연구가 진행 중임을 밝혔다.

코로나 바이러스 백신 치료제를 개발하고 있는 국내 기업으로는 SK바이오사이언스, SK케미칼을 언급했다. SK바이오사이언스의 경우에는 질병관리청과 빌&멀린다 게이츠 재단을 통해 펀딩을 받아 백신을 개발하고 있다는 것이 그의 설명이다. 국내에서는 바이오 전문기업 셀트리온이 임상 1상을 마무리했으며 녹십자에 대해서는 특이한 업체라고 언급하면서 '에이비온abion'이라는 바이오텍 국방과학연구소와 공동으로 백신 연구를 진행하고 있다고 설명했다.

신 연구위원은 코로나19로 인해 수혜를 입게 될 산업 분야를 제시하기도 했다. 그는 "코로나19 관련 업체들의 밸류에이션이 굉장히 높아졌다"면서 램데시비르라는 약을 개발한 '길리어드 사이언스'의 사례를 들었으며 국내의 경우에는 코로나 진단키트를 개발한 씨젠의 사례를 언급했다. 그러면서 그는 급등하는 바이오주의 주가를 두고 "코로나19로 인한 과열양상이 반영된 결과라고 볼 수 있다"면서도 "앞으로 이런 이슈가 있을 때 바이러스의 감염증에 사용될 진단, 백신 그리고 치료제업체들은 높은 밸류에이션을 받게 될 것으로 전망한다"며 낙관론을 제시했다.

신 연구위원은 언택트(비대면) 관련 업체들도 소개했다. 그는 "언택트 중심에는 원격 분야가 있다"면서 미국은 원격 의료 수요가 굉장히 빠르게 증가하고 있음을 강조하였다. 현재 미국은 원격 의료 수요와 정책이 확대되고 있으며 만성질환자의 증가와 언택트 문화의 형성으로 우리나라에서도 머지않아 원격진료의 필요성과 수요가 증가할 것이라고 설명했다.

같은 세미나에서 뉴아인의 김도형 대표는 '불가능을 가능으로'라는 주제로 발표를 진행했다. 그는 전기 자극에 의해 신체가 어떻게 변화하는지를 주로 연구해왔으며 관련된 의료기기를 개발하고 있다고 뉴아인을 설명했다. 김도형 대표는 GSK와 베릴리 생명과학Verily Life Sciences이 만든 '갈바니GALVANI'라는 회사를 만들어 연구를 진행하고 있다고 밝혔다.

그는 "기존에 약물치료로만 가능하다고 여겼던 당뇨, 고혈압 같은 질병을 신경자극을 통해 치료할 수 있는 치료법을 연구하고 있다"면서 신경조절술에 대해 설명했다. 그는 "신경조절술이 이미 많은 분야에서 사용되고 있다"면서 제2형 당뇨, 고혈압, 요실금, 파킨슨, 치매와 같은 신경계 질환에 대한 연구가 진행되고 있음을 강조했다. 신경조절술의 시장 규모는 30조 원 이상이라는 것이 그의 설명이다.

김 대표는 뉴아인에서 진행하고 있는 혁신적인 의료기술 개발에 대해 강조하면서 신경 활동 조절, 조직 재생 유도, 세포증식 억제의 세 가지 사업 내용을 제시했다.

김 대표는 신경 활동 조절 기술을 통해 "신경계를 전기나 다른 물리적 자극을 통해 치료 효과를 볼 수 있고 수면치료나 신경계장애, 정신과 질환에 적용할 수 있다"고 설명했다. 또 조직 재생 유도를 통해서는 "신경 및 피부 손상, 수술 후 상처를 빠르게 회복하도록 도울 수 있다"고 했고 세포증식 억제 기술을 통해서는 "암세포와 같은 부적절한 세포증식을 줄이고 사멸에 이르도록 할 수 있다"고 강조했다. 뉴아인의 기술 개발을 통해 기존의 치료방식을 뛰어넘는 혁신적인 치료법이 나올 것이라는 게 그의 설명이다. 그는 향후 꾸준한 연구를 통해 비만과 같은 만성질환 문제도 치료가 가능할 것이라고 낙관론적 입장을 제시했다.

글로벌 항공 톱티어가 바라본 모빌리티의 미래

연사

● **스티브 노드룬드**　보잉 NeXt 부사장 겸 총괄임원

　스티브 노드룬드는 안전하고 지속가능한 미래 모빌리티 생태계 구축을 전담하는 사업부인 보잉 넥스트NeXt의 부사장이다. 보잉 넥스트는 차세대 공역 관리와 글로벌 공역 통합에 대한 보잉의 접근 방식을 주도하는 사업부이며, 자율 및 유인 항공기가 안전하게 공존하는 미래를 위해 규제 기관 및 업계 파트너와 협력하고 있다. 노드룬드 부사장은 화물 항공기 및 여객기를 포괄하는 보잉의 차세대 모빌리티 플랫폼 개발을 감독하고 있다. 현재는 텍사스주 오스틴에 소재한 AI 및 머신러닝 기술 전문 업체인 스파크코그니션SparkCognition의 이사회 의장과 국제무인시스템협회Association for Unmanned Vehicles Systems International, AUVSI 이사회의 이사를 역임 중이다.

좌장

● **에릭 존**　보잉코리아 CEO

Try Everything - Make it Possible

'Try Everything 2020' 연사로 참여한 스티브 노드룬드 부사장은 모빌리티의 미래에 대해 논의해 보겠다며 연설을 시작했다. 그는 "보잉에서는 미래 모빌리티를 이야기한다. 기본적으로 사람들과 사물이 3차원적으로 어떻게 이동할 수 있는지와 관련된 내용이다"라며 연설을 이어나갔다. 그는 "자율주행차뿐만 아니라 자율비행 기술도 발전하고 있기 때문에 모빌리티에 변화가 나타날 것"이라고 미래 상황을 제시했다.

노드룬드 부사장은 "자율주행과 자율비행에 대해 각 국가가 어떻게 관리하고 규제할 것인가를 고민하고 있다. 고민을 통해 안전하고 표준화된 방식으로 자율 비행이 가능해야 한다. 안전이 그 무엇보다 중요하다"면서 자율비행 기술에서의 안전성을 강조했다.

그는 날아다니는 자동차나 항공 플랫폼에 대해서 "전체 공급망이 성숙해야 한다. 그리고 실제 플랫폼을 구축하는 것은 쉬운 일이 아니다"라고 언급했다. 그는 "새로운 모빌리티 플랫폼을 만들기 위해서는 다양한 아이디어를 테스트해야 하며 테스트를 위한 생태계가 필요하다"면서 'Try Everything 2020' 행사가 기회가 될 것이라고 강조했다.

그는 모빌리티 생태계를 구축하는 데 있어서 필요한 여러 가지 요소들을 언급했다. 안전한 항공기 개발, 서브 시스템 개발, 생태계 유지를 위한 금융 모델, 자율비행에 대한 인간의 개입 정도, 영공의 안정성 유지, 사후 시장 지원, 항공에 대한 AS, 새로운 기업의 등장 등의 요소들이 고려되어야 한다는 것이 그의 설명이다.

그러면서 그는 보잉에서 모빌리티 생태계를 위해 다양한 접근을 하고 있다고 언급했다. 그는 보잉에서 "영공관리를 위한 합작투자Joint Venuture, 초고속 음속 비행기, 소형 비행기, 소형 드론, 에어 택시 등의 개발을 시도하고 있다"고 설명했다. 또한 "보잉은 항공기를 만들 뿐만 아니라 전략적 파트너십을 맺고 목표 달성에 기여하기 위해 노력하고 있다. 생태계 발전을 위한 모델링과 시뮬레이션도 진행하고 있다"고 설명을 이어나갔다.

노드룬드 부사장은 "무엇보다 안전에 대한 약속이 중요하다"면서 "안전을 달성할 수 있을지에 대해 매우 큰 초점을 두고 있다"고 보잉의 노력을 강조했다. 그는 "군사용, 민간용 항공 모두에서 세상을 바꾸고 시민들의 삶을 절약할 수 있을지 고민하겠다"고 언급했다.

대기업들이 자리 잡고 있는 산업에 스타트업 기업들이 진출할 수 있는 방법에 대해 묻는 존 에릭 대표의 질문에 노드룬드 부사장은 "생태계가 필요하다는 점을 이해해야 한다. 생태계는 진화하고 진화하는 생태계 속에서 기업마다 제시할 수 있는 차별점이 있다"고 설명했다. 그는 드론을 예시로 들면서 "드론 생태계를 확장해보면 정말 많은 기술이 들어가기 때문에 그 산업에서 차별점이 무엇인지를 찾아야 한다"고 설명했다.

강연의 좌장을 맡은 에릭 존 보잉코리아 대표는 "한국이 2025년까지 드론 택시에 몇 명의 사람들을 태우고 인천공항에서 서울로 이동할수 있도록 하겠다는 야심찬 계획을 세웠다"며 이에 대한 노드룬드 부사장의 의견을 물었다. 노드룬드 부사장은 "야심찬 목표를 세우는 것은 좋다. 그러나 보잉에서는 너무 구체적으로 목표를 세우지는 않는다. 안전한 비행을 위한 테스트가 중요하기 때문이다"라고 설명하면서 안전을위해 서두르지 않는 것도 중요하다고 의견을 제시했다.

노드룬드 부사장은 드론의 도입을 통한 화물 및 운송 부분의 발전속도에 대해 묻는 존 대표의 질문에 "화물 부문 드론 적용이 먼저 이루어질 것 같다"며 의견을 제시했다. 그는 "작은 비행체에 사람을 태우려면 신뢰가 구축되어야 하고 몇 가지 전제조건이 갖춰져야 한다"고 설명했다. 드론에 사람을 태우려면 안전 관련 기술이 필요하고 경제성이 있어야 한다는 것이 그의 설명이다.

존 대표가 자율비행에 대한 낙관적 전망이 있다고 언급하면서 어떤 관점을 가지고 있는지 묻자 노드룬드 부사장은 "지금도 이륙한 후에는 안정적으로 유지가 되기 때문에 조작이 필요하지 않다. 비행 환경은 자동차 운전 환경보다 더 안정된 운행 환경이라고 볼 수 있다"고 설명하면서 "다만 자율비행은 중력 이슈가 발생한다"고 설명을 덧붙였다.

그는 보잉과 스카이그리드SkyGrid의 파트너십을 사례로 소개하기도 했다. 그는 "작은 스타트업 기업과 대기업을 통합해서 혁신을 이룬 사례들이 굉장히 많고 이와 같은 방법으로 만들어진 제품에 대한 시장 수용성도 높다"고 파트너십의 중요성을 설명했다.

존 대표의 항공 산업에서 누군가와 파트너십을 맺어야 하는 것이 어렵지 않느냐는 질문에 노드룬드 부사장은 "항공 산업은 판매 사이클이 굉장히 길고 제품 개발 사이클도 길다. 스타트업은 긴 사이클을 견뎌낼 지속성을 확보하는 것이 어렵다. 그래서 대기업과 협력하는 것이 더 유리하다. 특히나 R&D 개발을 협력할 때 지속 가능성을 확보할 수 있다"고 항공 산업에서의 파트너십을 강조했다. 그러면서 그는 "다양성을 유지해야 한다. 한 가지만 잘하고 한 가지 기업과 파트너십을 맺는 것은 위험하다"며 다양성의 중요성을 언급했다.

존 대표가 개인용 비행체PAV가 IoT와 항공 우주 분야로 이분화해 발전할 것인지 묻자 노드룬드 부사장은 "공중에 떠 있는 모든 것이 아주 복잡한 IoT라고 생각한다. 그래서 두 가지 접근은 유사하다고 생각하고 플랫폼은 하나의 더 큰 네트워크라고 보면 된다. 이런 이유로 기술 회사들과 항공 우주 회사들 간의 시너지 효과를 위해 생태계를 만들 수 있다"고 설명했다.

혁신의 강도를 높이는 힘 '혁신클러스터'

정책 라운드테이블 #1 (혁신 클러스터)

연사
- **임재근** 서울시 경제정책과 경제정책팀장   ● **댄 허만** MyJupiter Inc. 공동창립자
- **김묵한** 서울연구원 시민경제연구실 연구위원

좌장
- **최지영** 코리아스타트업포럼 본부장

패널
- **김도년** 성균관대학교 교수
- **김용환** 차의과대학교 산학협력단 산학협력단장
- **김병조** 고려대학교 안암병원 신경과 교수
- **엄보영** 한국보건산업진흥원 본부장
- **이수영** 카이스트 인공지능 연구소 소장
- **최만범** 한국산업융합협회 회장
- **진승 리** 엔터프라이즈 싱가포르 글로벌 혁신네트워크 총괄
- **웨이 예 탄** 엔터프라이즈 싱가포르 한국지사장

Try Everything – Make it Possible

'Try Everything 2020'의 혁신 클러스터에 대한 정책 라운드테이블은 글로벌 톱10 창업도시 전략 구성과 서울시 6대 클러스터의 발전 방향을 모색하는 자리였다. 첫 번째 강연자인 김묵한 연구위원은 스타트업 클러스터와 클러스터 전략에 대해 발표했다.

김 연구위원에 따르면 2019년 서울은 창업생태계 가치 47조 원으로 세계 20위를 차지했다. 서울시가 스타트업 생태계에 많은 지원을 하고 있다는 증거다. 김 연구위원은 "지난해 제조업 분야를 비롯해 여러 분야에 대해 조사해보니 서울에서 두드러지는 클러스터로 동대문 인근 CBDCentral Business District, 강남, 여의도가 꼽혔다. 또 서울에서 가장 큰 센터를 보면 새로운 기업들도 들어서고 또 많은 발전이 이루어지고 있었다. 제조업 외에 뉴테크 분야와 서비스 분야의 성장이 두드러졌다"고 말했다.

김 연구위원은 이들 스타트업들과 관련된 수치도 함께 제시했다. 2020년 이 세 군데 클러스터를 통해 736개의 스타트업들이 활동하고 있으며 누적 투자액은 총 10억 원 이상이라는 것이다. 그런데 흥미로운 것은 서울에 있는 전체 스타트업 중 80%가, 또 그중에서도 50%가 모두 강남과 서초 쪽에 모여 있다는 사실을 확인했다. 스타트업들이 특정 지역에 치중돼 있는 것이다.

이 같은 현상에 대해 김 연구위원은 "진정한 의미로 클러스터가 된 스타트업 시스템이 한국에 있다. 아니, 서울 강남 지역에 있다"고 지적했다. 이를 개선하기 위해 서울연구원은 서울시정계획을 만들고 마포, 양재, 마곡, 홍릉 쪽에 혁신센터를 설립할 계획을 세우고 있었다.

김 연구위원은 "지난해 66개 혁신센터를 모두 다 조사해본 결과 총 투자액 말고도 어느 정도 혁신성이 있는가, 또 그 주변 환경은 어떤가 등등을 3차원적으로 표현할 수 있었다"면서 "이들을 모두 고려한 결과 디지털미디어시티DMC 와 G밸리(서울디지털산업단지가 위치한 가리봉동, 구로동, 가산동의 총칭)가 성숙된 클러스터였다"고 말했다.

하지만 이들 클러스터도 물리적인 부분은 완성돼 있었지만 네트워크 측면에서는 부족해 보였다. DMC와 G밸리 모두 아직 회사를 완전히 유치하지 못했고 마포와 양재의 경우에는 이제 막 시작했다고 꼬집었다. 김 연구위원은 "그런데 코로나가 발생했다. 코로나가 끝나고 나서 코로나 이후의 시대를 고민해야 한다. 어떻게 하면 조금 더 체계화할 수 있을까? 진정한 의미에서 보다 더 나은 1개, 각각의 혁신 클러스터가 아니라 결국 서울 전체를 하나의 혁신 지구로 만들기 위해 노력해야 한다"며 "강남과 서초에 몰려 있는 것을 확산시켜 서울 6개 지역에 고루 분포되도록 하고 서로 연결해서 버추얼한 혁신 클러스터, 포스트 코로나를 위한 혁신 클러스터를 연결할 방법을 찾아야 할 때"라고 강조했다.

서울에서 경제정책 관련 업무를 오랫동안 해온 임재근 서울시 경제정책과 경제정책팀 팀장은 혁신에 대해 "탁월한 아이디어가 있고, 그 아이디어가 제품이나 서비스에 적용돼서 그 제품과 서비스가 실제 시장으로 확산되는 과정"이라고 정의했다. 그러한 혁신을 만들기 위해서는 클러스터의 역할이 무척 중요하지만 정작 서울은 글로벌 파워시티 지수가 높고 ICT 기술이 많이 발전한 것과 반대로 행복지수가 낮은 도시라는 게 임재근 팀장의 설명이다.

임 팀장은 "서울은 근로시간, 실업률 같은 문제점을 가지고 있다. 또 급격한 사회 인구적인 변화를 겪고 있다. 서울은 고령사회가 되고 있고 경제활동 인구수가 줄어들고 있다. 또 서울의 불평등도 심각해지고 있다. 최첨단 기술은 지금도 수렴되고 있으며 동시에 확산되고 있다"며 서울의 불균형 요소들에 대해 짚어나갔다.

임 팀장은 지역간 균형발전도 클러스터 구성에 중요한 요소들이라고 강조했다. 아울러 서울시는 이와 같은 자료들을 바탕으로 2014년 '경제 비전 2030'을 발표하고 2018년에는 '혁신성장 프로젝트'를 발표했는데 이 프로젝트는 서울을 5개 구역으로 나눠 균형 발전시키는 것을 골자로 하고 있다.

도심지역인 CBD는 많은 대기업 본사가 위치한 곳이자 패션과 디자인 산업, 그리고 은행들이 많이 위치해 있다. 두 번째 구역인 동북 지역은 대학교와 연구소, 그리고 병원들이 많이 있는 홍릉 지역이다.

세 번째 구역인 서울의 남동부이자 서울의 새로운 경제 중심지다. 테헤란 벤처거리가 이곳에 위치해 2,000여 개 벤처 기업들이 사업을 구체화하고 있다. 젊은 세대 기업가들이 이곳에 모여 창업하고 있다.

네 번째 구역은 서울의 남서 지역이며 굉장히 독특한 곳이다. 한국 최초의 산업단지, 즉 'G밸리'가 설립된 곳이다. G밸리에는 현재 1만여 개의 IT·소프트웨어 기업들이 위치해 있다.

마지막 다섯 번째 구역은 서울의 북서 지역에 위치한 곳이다. 이곳에는 디지털미디어시티가 위치해 있으며 많은 미디어와 방송사, 콘텐츠 회사들이 자리 잡았다. 디지털미디어시티에는 서울혁신파크가 있고 그래서 소셜 벤처기업들이 많이 입주해 있다.

임 팀장은 추가로 마곡 지구의 성장에 대해 언급했다. 마곡은 새로운 연구산업단지이며 정보기술IT · 바이오BT · 나노NT · 환경GT 등 다양한 산업 주체가 모여 있다. 또한 LG사이언스파크도 마곡에 위치해 있다. 임재근 팀장은 "클러스터는 사실 기업들을 위한 물리적인 공간만을 의

미하는 것은 아니다. 많은 다른 요소들을 한 공간으로 모을 수 있는 곳을 의미한다"며 "서울의 클러스터들은 다른 지역과 연계하고자 노력하고 있다. 이제 인천시를 포함한 수도권과 연계하고 또 전국적으로 서울에 있는 클러스터들을 연계해야 할 것"이라고 조언했다.

다음으로 마이주피터 공동창립자인 댄 허만이 캐나다 연방정부에 조언을 해준 정책자문관으로서 경험한 것을 공유했다. 캐나다는 2015년과 2016년도에 혁신과 스킬이라는 계획을 수립하고 집행했다. 이는 연방정부 차원에서 진행을 한 것으로, 이 계획에는 세 가지 축이 있었다고 설명했다. 그 첫 번째 축은 바로 인재에 대한 접근이다. 국내 생태계를 개발하고 또 동시에 2차 기관으로부터 인재를 유치하기 위한 파이프라인이 포함돼 있었다. 그는 "여기에는 이민 정책도 포함돼 있어 외국에 있는 다른 이민자들도 빠른 속도로 캐나다에 와서 사회의 일원이 될 수 있게끔 했다"고 설명했다.

두 번째 축은 자본, 특히 그린 파이낸싱이었다. 성장을 요하는 스타트업들에 성장 자금을 많이 투자하며 기업들을 캐나다로 불러모았다.

댄 허만 창립자는 "시리즈A에 해당하는 기업들은 상당한 자금 조달이 가능하지만 후기 단계에 있는 기업들 같은 경우에는 자금 조달에 어려움을 겪곤 해서 그 문제를 정부 차원에서 해결하려 했다"고 말했다.

세 번째 축은 고객에 대한 접근이다. 이에 대해 그는 "정부가 전략적인 파트너로서 활용할 뿐만 아니라 정부가 바로 혁신적인 기술회사로

부터 직접 구입을 하는 것까지 포함이 되는 케이스"라며 "여기 포함이
된 것이 슈퍼 클러스터 이니셔티브"라고 덧붙였다.

이 슈퍼 클러스터 이니셔티브는 기존 클러스터보다 훨씬 규모가 크
며 4년에 걸쳐서 10억 달러 상당의 자본이 움직인다. 캐나다는 이 세 가
지 '사람', '공간', '자본'을 한데 묶기 위해 노력하고 있다고 설명했다.

기술친화적 도시를 디자인하는 방법

연사
● **제니퍼 스토이코비치** sf.citi 사무총장

제니퍼 스토이코비치는 에스에프시티sf.citi 사무총장으로 샌프란시스코의 테크 기업인, 정치인, 공동체 리더들 간의 협력을 도모하고 있다. 구글, 마이크로소프트, 페이스북 등 세계에서 가장 큰 테크 기업들을 대표하면서 소비자 권리, 새로운 기술에 대한 규제, 주택 구입에 관한 논의에도 앞장서고 있다. 국제적으로 유명한 서클 더 스쿨스 프로그램Circle the Schools Program을 통해 약 50개의 지역 학교를 테크 기업들과 연결해주는 해외 원조에도 참여하고 있다. 2017년에는 세일즈포스Salesforce 와 함께 이 캠페인을 독일, 영국, 아일랜드로까지 넓혔으며, 현재도 이를 캐나다로 확장하기 위해 노력하고 있다. 2020년 초에는 '비건 우먼 서밋Vegan Women Summit'을 시작했다.

"Try Everything 2020"에는 여러 전문가들이 참여하고 있지만 에스에프시티sf.citi 제니퍼 스토이코비치 사무총장은 샌프란시스코의 테크기업인, 정치인, 공동체 리더 간의 협력을 도모하고 있다는 점에서 더욱 특별하다.

스토이코비치 사무총장은 먼저 에스에프시티sf.citi를 "샌프란시스코에 있는 기술 기업들의 협회"라고 소개했다. 그는 "샌프란시스코 기술 기업들이 모범적인 기업이 되기 위해 협회를 만들었고 여러 가지 자선활동과 정부와 협력도 하고 있다"고 덧붙였다. 에스에프시티는 샌프란시스코가 기술친화적 도시가 될 수 있도록 노력을 기울이고 있다는 것이 그의 설명이다.

그는 샌프란시스코와 실리콘밸리는 동일하지 않다고 설명했다. "실리콘밸리는 샌프란시스코와 인접한 지역이라 도시와는 완전히 다른 생태계를 가지고 있다. 실리콘밸리에는 많은 학술 단체들, 학술 연구기관들이 엔지니어링 기술과 관련된 연구를 진행하고 있다"고 실리콘밸리의 현황을 언급했다.

그러면서 실리콘밸리가 거대한 기업 생태계를 가질 수 있었던 이유에 대해 "스탠퍼드대학교에서 학계의 연구 결과들이 부가가치를 창출할 수 있도록 기업 창업을 시작했기 때문"이라고 설명했다. 당시만 해도 학계의 연구자들은 기업의 창업이나 기업 생태계 구축에 활발하게 참여하지 않았으나 스탠퍼드대학교의 창업 시도가 오늘날의 실리콘밸리를 만들었다는 것이 그의 설명이다.

스토이코비치 사무총장은 "1970년대 실리콘밸리에서 벤처 캐피탈이 탄생했다. 당시에는 뉴욕을 중심으로 자금력이 집중돼 있었으나 미국에서 신생 기업들이 탄생하는 것을 목도한 사람들이 실리콘밸리에 벤처 캐피탈을 만들기 시작했다. 이 과정을 통해 오늘의 실리콘밸리 생태계가 만들어졌고 실리콘밸리를 중심으로 구글, 페이스북 같은 기업이 탄생하게 된 것"이라고 실리콘밸리 생태계 구축 과정을 설명했다.

스토이코비치 사무총장은 실리콘밸리에서 시작된 기술 생태계가 샌프란시스코까지 확대된 이유에 대해서도 언급했다. 그는 "인터넷 보급이 이뤄지기 이전에는 실리콘밸리 기업들이 하드웨어를 중심으로 기술을 개발했으나 인터넷이 보급되기 시작하면서 상황이 완전히 바뀌기 시작했다. 실리콘밸리의 기업들은 무궁무진한 기회와 아이디어를 가지고 또 다른 문화를 만들고 싶어 했다. 그 문화가 바로 기술에 예술과 창의적 요소들을 접목하는 것이었다"고 실리콘밸리에서 샌프란시스코로 기술 생태계가 확장된 이유에 대한 설명을 이어나갔다.

"샌프란시스코는 오랫동안 저명한 작가, 음악가, 사진가와 같은 예술가들이 활발하게 활동했던 곳이며 새로운 기술 기업들은 예술적이고 창의적인 사람들과 같이 일하기를 원했다"고 설명을 덧붙였다. 기술 기업들이 단순히 제조 생산 활동에만 몰두하는 것이 아니라 도시 근처에 위치하여 예술성과 창의성을 기술에 접목시키고 싶어 했고 샌프란시스코에 기업이 입주하게 되었다는 것이 그의 설명이다.

샌프란시스코가 새로운 기회의 땅이 되면서 샌프란시스코는 기술 기업을 도시로 끌어들일 수 있는 방법에 대해 고민했다면서 그는 관련된 몇 가지 정책적 지원을 소개했다. "도심에서 낡고 노후된 공간을 임대한 기업에 정부가 세제 혜택을 주면서 기업들을 도심으로 유인했고 전체 기업에 대해 실제 수익이 창출되면 세금을 내게 하는 방식으로 세금 제도도 바꾸었다. 스톡옵션에 대한 세금도 없앴다"고 설명했다. 더불어 그는 세제 개편 등의 노력을 통해 9만 명이 샌프란시스코 도심지로 이동했다고 정책의 성과를 제시했다.

그는 최근 발생한 코로나19 사태와 팬데믹이 샌프란시스코의 모습을 변화시키고 있다고 언급했다. 그는 팬데믹으로 인해 기존에는 생각하지 못하였던 원격근무라는 새로운 상황이 생겼다고 강조했다. 그는 서울도 마찬가지의 위기를 겪을 거라며 서울이 새로운 위기를 극복하기 위해 몇 가지 제안을 덧붙였다. 먼저 그는 "투자 관점에서 살펴보아야 한다. 도시 생태계는 기업과 다른 공간들이 함께 발전해야 한다. 그러기 위해서는 샌프란시스코가 과거에 기업들을 도심으로 유인하기 위해 했던 노력들을 해야 한다"고 제언했다.

또 그는 규제에 관해 언급하면서 "기술 발전과 규제의 속도가 항상 조화로울 수는 없다. 기술 개발 이후에 뒤늦게 정부가 규제하는 것들을 방지하기 위해 노력해야 한다. 그리고 너무 강한 규제는 새로운 기술 서비스 확대를 어렵게 만든다"며 기술친화적 도시를 만들기 위한 방법을 설명해 나갔다. 이에 덧붙여 기술친화적 도시를 디자인하는 방법으로 "신속하고 신뢰가 가능한 비자 업무 처리 프로세스를 마련해 세계 각국의 인재들을 포용해야 한다"고도 덧붙였다.

스토이코비치 사무총장은 코로나19 팬데믹 상황으로 시작된 원격근무가 가지고 올 새로운 변화에 대해서도 설명했다. 그는 "장기적 원격근무가 도시에 어떤 영향을 미칠지 정확히 예측하기는 어렵다"면서도 "기업들이 더 유리한 지역으로 본사를 이전시키면서 작은 허브와 같은 위성 사무실을 둘 것"이라고 강조했다. 여기에 그는 원격근무로 인한 기술 생태계의 변화가 새로운 변화의 기회가 될 것이라는 설명도 덧붙였다.

그는 "새로운 변화 속에서 전 세계 어느 지역에 있는 기업가들, 창업가들과도 손잡고 창업할 수 있는 기회를 얻을 수 있다. 원격근무를 할 수 있다는 것은 조합을 통해 전 세계 널리 퍼져 있는 창업가들과 함께 새로운 기업을 공동창업할 수 있는 기회가 될 것"이라며 낙관적인 전망을 제시했다.

팬데믹으로 인해 도시의 임대 사업자들이 어려움을 겪고 있는 상황에 어떻게 대처해야 하는지를 묻는 청중의 질문에 그는 창의적 접근이 필요하다면서 "사무공간을 서버를 설치하는 공간으로 사용하거나 콘도, 아파트 등으로 전환시킬 수 있다. 더 나아가 사무실을 여러 기업이 공유하는 공유 오피스로 전환하는 것 역시 대안이 될 수 있다"고 설명했다.

Try Everything
참여우수기업

진캐스트 GENECAST

GENECAST

대표 | 백승찬

홈페이지 |[영문] https://www.igenecast.com/ [국문] https://www.genecast.co.kr/

 진캐스트는 2016년 설립된 액체 생검 암 진단 기술기업으로 현존 세계 최고 검출 민감도를 구현하는 원천기술을 보유하고 있다. 현재 비소세포성폐암 유전자 EGFR 돌연변이 진단키트와 흑색종 및 갑상선암 유전자 BRAF 돌연변이 진단키트가 유럽 인증 CE-IVD 획득해 시판 중이며, 국내 체외진단업계 최초로 미국 FDA PMA 3등급 승인 절차를 진행하고 있다. 이는 액체생검 폐암 진단키트로는 세계 두 번째에 해당한다. 진캐스트의 암 유전자 진단 제품은 암 환자의 치료결정과 모니터링, 재발검사 등 다양한 진단 분야에 활용된다.

사운더블헬스 SOUNDABLE HEALTH

대표 | 송지영

홈페이지 | https://www.soundablehealth.com/

사운더블 헬스는 소리를 통해 건강 데이터를 수집, 분석하는 디지털 헬스 스타트업이다. 배뇨 건강을 측정하고 관리하는 'PRIVY UFM'과 'proudP' 서비스를 제공 중이다. PRIVY UFM은 FDA 등록 2등급 의료기기로 미국에서 자가 모니터, 원격 모니터링으로 활용되고 있으며, proudP는 개인 일반 건강관리 서비스로 한국에서도 앱스토어, 구글플레이를 통해 앱을 다운로드 받아 사용할 수 있다. 기존 의료용 저울, 계량컵으로 측정하던 배뇨양상을 모바일과 AI 기반 음향분석으로 측정, 관리하는 솔루션을 개발한 것이다.

뉴아인 Nu Eyne

대표 | 김도형

홈페이지 | https://www.nueyne.com

뉴아인은 새로운 시선으로 모든 고객들의 더 건강한 삶을 위해 끊임없이 연구하며 혁신하는 전자약 의료 기술 전문 R&D 기업이다. 2017년 의학 공학 전공의 의학 연구와 제품 개발, 영업·마케팅 등 경험을 보유한 리더들이 전자약의 미래 성장과 가치를 예상하여 국내 최초로 도입하였으며 다양한 질환에 대한 연구와 상품을 개발하고 있다. 뉴아인은 상당히 유의미한 관련 데이터들과 독보적인 상품 개발 기술력을 보유함으로써 국내외 지대한 관심과 기대를 받고 있으며 곧 뉴아인의 전자약을 만나볼 수 있을 것으로 기대된다.

코코넛사일로 Coconut Silo

대표 | 김승용

홈페이지 | https://coconutsilo.com/

코코넛사일로는 현대자동차 사내스타트업 출신으로, 2020년 3월 설립된 상용차·물류 특화 모빌리티 스타트업이다. 캄보디아, 라오스, 태국 등 아세안 시장을 아우르는 통합 모빌리티 플랫폼을 지향하며 현재 베트남을 타깃으로 하는 화물 운송 중개 플랫폼Coco Truck을 운영 중이다. 또한 국내 시장을 타깃으로 한 신규 플랫폼을 메르세데스 벤츠 코리아와 협력 개발 중이다. 빅데이터 분석을 기반으로 자동가격제안, 맞춤형 매칭 알고리즘 기술 등을 활용해 동종플랫폼 대비 높은 기술 완성도를 보유하고 있다.

포토메카닉 Photomechanic

대표 | 김종수

홈페이지 | http://www.photomechanic.co.kr

포토메카닉은 2016년 설립한 반도체·디스플레이 장비부품 스타트업으로 레이저Laser 응용분야, 영상 처리 분야, 광 신호 측정 및 분석, 정밀기계 신호 분석 및 제어 분야를 주력 사업으로 하고 있다. 모터 기반의 장비가 가지고 있는 진동에 대한 문제점을 인지하고 있었고, 해결점을 찾는 과정에서 현재 개발 제품의 기반 기술로 창업한 회사이며 2022년 코넥스 상장을 목표하고 있다. 주요 제품은 AVS-1000 Anti-Vibration Solution System으로 모터로 구동하는 장비가 움직일 때 발생하는 진동을 최소화하는 장치다.

플라스크 PLASK

대표 | 이준호
홈페이지 | myplask.com

플라스크는 2020년 설립된 인공지능 기반 애니메이션 제작 툴을 개발하는 팀이다. 오랜 시간 동안 애니메이터들의 수작업으로 완성되던 애니메이션을 AI로 쉽고 빠르게 제작 가능케 하는 것을 미션으로 삼고 있다. 보유 핵심기술은 3D Pose Estimation이란 AI 기술로, 영상 속 인물의 포즈를 3D로 구현해내는 기술이다. 기존에 필요했던 공간과 장비 대신 영상 하나 혹은 웹캠 한 대면 모션캡쳐가 가능해진다. 국내 유수의 애니메이션·게임 제작사들과 협력 중이며 네이버 D2 스타트업 팩토리와 스프링캠프로부터 투자 유치한 바 있다.

블루프린트랩 BluePrintLab

대표 | 신승식
홈페이지 |https://www.blueprint-lab.com/

블루프린트랩은 2017년에 설립된 AI·AR 솔루션 제공기업으로, 얼굴인식 및 가상착용 분야의 사업을 선도하고 있다. 사업 초창기에는 안경 가상착용 서비스만을 제공했지만 이후 가발, 주얼리 등 다양한 분야로 서비스를 확장하고 있다. 국내뿐만 아니라 영국 슈퍼카 제조사 맥라렌, 프랑스 패션브랜드 L'amy, 미국 안경 체인 MASQ 등 글로벌 브랜드와의 협업을 통해 솔루션을 제공 중이다. 또한 얼굴인식, AI, AR 기술 등을 활용한 가상피팅 솔루션 분야에서 높은 기술력과 축적된 많은 데이터 등을 바탕으로 시장을 선도하고 있다.

빌리오 Billyo Co., Ltd.

대표 | 안준혁

홈페이지 | https://www.billyo.co.kr

빌리오 Billyo는 2020년 설립된 기업으로, 창작자를 위한 공간 전문 예약 플랫폼, 빌리오 모바일 어플리케이션과 빌리오 플랫폼에서 공간을 제휴하는 분들의 전용 앱인 빌리오파트너스도 함께 운영 중이다. 국내 최다 제휴 연습 및 제작 공간 수를 확보하고 출시 5개월 만에 앱 다운로드 수 1만 5,000건 돌파, 누적 예약 건 수 3천 건을 돌파했다. 더 나아가 AI, IoT 기술을 활용해 개인별 맞춤 공간 매칭 서비스를 통한 앱 고도화를 진행 중이며 2024년까지 이노베이션 허브 형태의 플랫폼화 및 해외진출을 목표하고 있다.

브레싱스 BREATHINGS

대표 | 이인표

홈페이지 | https://www.breathings.co.kr

브레싱스는 지난 2018년 삼성전자에서 분사한 디지털 헬스테크 스타트업으로, 단 한 번의 호흡으로 호흡기 건강상태를 측정하고 관리할 수 있는 IoT 디바이스 'BULO'와 스마트 모바일 앱을 만들었다. BULO는 단 한 번의 호흡으로 폐활량, 폐근력, 폐지구력을 모두 측정할 수 있는 세계 최초의 제품이며 측정된 결과를 BULO AI가 분석하여 사용자에게 꼭 맞는 운동을 생성하여 제공한다 최근 미국 킥스타터에 제품을 런칭해. 목표금액 24배 이상인 12만 달러가 넘는 펀딩에 성공했으며, 미국과 유럽에 정식 런칭 준비 중에 있다.

디케이에코팜 DK EcoFarm

대표 | 홍의기

홈페이지 | https://www.dkecofarm.com/

디케이에코팜은 스마트팜 솔루션 업체로, 농업 분야의 복합 환경 제어 시스템을 농업의 과학화에 기여하고 있다. 국내 최초로 인공 육묘 재배 기술을 확보하여 연중 수시 생산이 가능하도록 전 공정 최적화를 완료하였고 현재는 로컬 제어 환경 기술을 클라우드 기반의 영농관리 플랫폼으로 고도화하는 작업을 진행 중이다. 스마트팜 시장을 일반 가정까지 확대하고, 2021년 해외 시장 진출을 목표로 하고 있다.

그리너지 Grinergy

대표 | 정병훈

홈페이지 | https//www.grinergy.co.kr

그리너지는 폭발 및 화재의 위험이 없고, 급속 충·방전이 가능하며 저온에서의 성능을 획기적으로 높인 고성능 리튬이차전지를 개발하는 이차전지 전문 기업이다. 특허받은 내부 특수 연결구조를 적용한 LTO 배터리 기술을 바탕으로 각종 애플리케이션에 최적화된 이차전지 솔루션을 제공하고 있으며, 전기자동차와 이차전지 업계에서의 오랜 연구개발 경험을 바탕으로, 고체 전해질, 리튬메탈전지 등 차세대 리튬이차전지의 연구개발에도 힘쓰고 있다.

에코라이프패키징 ecolife PACKAGING

대표 | 황규찬

홈페이지 | https://www.ecolifepka.com/

에코라이프패키징은 친환경 포장재를 연구·개발·생산하는 회사이다. 테이프가 없는 '날개박스', 수박용 택배박스 등 '비닐 완충재 없는 박스'를 개발했고, 온라인 유통 활성화로 인한 쓰레기 문제에 대한 근본적인 솔루션을 제공하고 있다. 제품의 제조 및 포장 과정에서의 쓰레기로 인한 환경문제의 근본적 해결은 물론, 고객의 편의성을 함께 고려하고 있다.

하이브랩 HivvLab

HivvLab

대표 | 김광현

홈페이지 | https://www.hivvlab.co.kr/

하이브랩은 교통카드, 스마트카드, 보안에 특화된 결제플랫폼사업자로서 교통카드, 하이패스시스템, 민자고속도로 청구시스템 등을 개발하고, 블록체인기반의 다양한 가상자산의 결제를 지원하기 위한 시스템을 개발 운영 중이다. 주요 고객사인 한국도로공사, 서울북부고속도로, 광주제2순환도로 등 도로관련 사업자와 자체 서비스인 paycrypto를 운영하고 있다. 하이브랩은 디지털 세상의 디지털 화폐의 결제 서비스 플랫폼 사업자로서 발전하고자 한다.

오가메디 OrgamediCo.,Ltd.

대표 | 권동엽

홈페이지 | http://www.orgamedi.com/

오가메디는 바이오 3D프린팅 회사로, 국내 최초로 자르고 봉합이 가능한 해부실습용 인체모델을 제작했다. CT, MRI를 기반으로 하여 장기이식이나 척추측만증 수술 계획을 위해 내부혈관을 구현한 장기, 뼈 등을 구현했고, 수술용 장기 질환모델은 분당서울대병원, 세브란스병원, 경희의료원 등에 납품하고 있다. 오가메디는 첨단 의료기술의 글로벌 회사로 도약할 수 있는 첨단기술과 미래형 AI 콘텐츠를 가지고 한국의료기기 산업의 구조를 탈바꿈할 선도 기업이 될 것이다.

아토즈소프트 atozsoft

대표 | 서호진

홈페이지 | http://halasz.fishing/

아토즈소프트는 해양 전문 IT 개발사로 '하라스'라는 브랜드를 운영 중에 있다. 열쇠고리 형태의 태그와 계측 알고리즘, AR 기술을 활용하여 앱에서 어류 측정이 가능한 계측 서비스 '하라스 태그'를 제공 중에 있으며, 계측한 이미지에 계측정보 및 조황정보(날씨, 위치, 물 때)가 자동 기입된 조황사진과 장소, 시간에 제약 없이 누구나가 참여 가능한 온라인 낚시대회 등 다양한 유형의 서비스를 제공하고 있다. 하라스는 IoT, AI, 빅데이터를 효과적으로 활용하기 위해 어종판별 기능과 낚시 큐레이션, 챗봇 서비스 출시를 목표로 진행 중에 있다.

순수바람 SOONSOO BARAM

대표 | 김민수

홈페이지 | https://www.soonsooi.com/

순수바람은 아이들에게 화상 등의 위험으로부터 안전하게 사용할 수 있는 헤어드라이기를 만들고자 하는 목적으로 설립되었고, 현재 미세먼지, 전자파, 라돈 등 유해물질을 차단해주는 두피드라이기를 개발하여 판매하고 있다. 유해물질을 차단하고 스트레이트너와 에어브러시가 원터치로 구현되는 헤어스타일러 및 Iot 제어 기술을 기반으로 한 공기정화와 빨래건조가 함께 가능한 올인원 제품을 2021년에 출시할 예정이다.

써드아이 로보틱스 THIRDEYE ROBOTICS

대표 | 임진구

홈페이지 | http://www.thirdeye.co.kr

써드아이로보틱스는 공공 및 산업 군사용 등에 적용 가능한 UAV무인비행장치를 기획, 개발, 제조하는 대한민국의 드론스타트업이다. VTOL UAV 제품개발을 먼저 시작했으며, 군사 건설, 농업, 해양, 에너지 등 다양한 산업분야에 활용 가능한 수직이착륙VTOL 고정익 드론을 제작, 운용하고 있다. 다른 UAV 개발자 및 제조업체와 차별화하는 주요 포인트는 설계, 프로토 타입 제작, 테스트, 비행, 교육, 기술 지원 등 원스톱으로 고객의 요구에 100% 맞출 수 있다는 점이다.

PART 3

스타트업 혁신과
성공적인 펀딩기술

성공적인 스타트업 투자 유치 전략

[코리아 스케일업1] 성공적인 투자유치 전략

연사
- **앤시 스트리클러** 킥스타터 공동창업자 겸 전 CEO
- **플뢰르 펠르랭** 코렐리아 캐피탈 창업자 겸 대표

좌장
- **유정호** KB인베스트먼트 본부장

오래되지 않은 신생 벤처기업을 뜻하는 '스타트업Start-Up'. 하지만 회사를 창업하고 비즈니스 모델을 만들어가기 위해서는 초기 자본이 필요하고 그렇기에 투자를 받는 것이 굉장히 중요하다. 많은 투자자들, 특히 기관 투자자들은 초기 스타트업들이 성공할 것이라고 믿지 않기에 쉽사리 투자해주지 않는다.

하지만 그렇다고 해도 투자금을 모금할 방법은 있다. 킥스타터 같은 크라우드펀딩Crowdfunding은 투자금 조달의 문턱이 상당히 낮다. 인디고고, 킥스타터 등 크라우드펀딩 플랫폼이 여러 가지 생겨나며 이제는 투자에 있어서도 주류화되는 모습을 보이고 있다.

이 같은 트렌드에 대해 앤시 스트리클러는 "일반 기관 투자사의 경우 창업자들을 만나서 실사를 하고, 얼마만큼의 수익을 벌어들일 것인지,

투자금 회수 시기를 언제로 할 것인지 등 결과에 초점을 맞춘다. 기관 투자사는 어느 정도 실행 가능성이 있어야만 투자한다"고 말했다. 반면 크라우드펀딩은 실사라든지 이전 실적이라든지를 그렇게 중요하게 여기지 않는 편이다. 앤시 스트리클러는 "킥스타터에서 진행한 대부분의 프로젝트는 어찌 보면 썩 좋지 않은 사업이다. 당장 수익에 초점을 맞추기보다 10배, 100배로 수익을 확장하지 못하는 기업에도 기회를 주는 편"이라고 말했다.

킥스타터는 재무나 투자자의 관점에서 접근하지 않았다. 쿨Cool 한 것, 에너지 넘치는 것, 그리고 많은 관심을 받는 것에 투자하는 경향을 보였다. 그런데도 사업 방향과 수익모델이 철저하게 검증되지 않았지만 '끼' 넘치는 것들에 투자한 것들이 예상 외로 호실적을 거두는 경우가 종종 있었다. 대표적인 킥스타터 출신 기업으로 펠로톤Peloton 을 꼽을 수 있다.

펠로톤은 미국 운동 장비 및 미디어 기업이다. 매달 구독료를 내고 원격으로 홈트레이닝에 참여할 수 있다. 특히 2020년에는 코로나19로 인해 실내에서 운동하는 이들이 증가하며 매출액이 폭발적으로 증가했다. 2020년 들어서 주가가 4배나 껑충 뛰었다.

앤시 스트리클러는 "펠로톤이 킥스타터를 통해 투자받을 무렵 킥스타터는 3,000~4,000만 달러의 투자유치를 이뤘다. 많은 벤처캐피털이 수익을 극대화할 수 있는 프로젝트, 많은 포텐션을 내포한 프로젝트에만 관심을 가지고 있지만 10대 소년이 좋은 아이디어만 가지고 차고에서 회사를 설립하기도 한다. 벤처 캐피탈이 투자하는 고수익 모델 외에도 많은 비즈니스 모델이 있고 킥스타터는 그런 부분에서 창업에 도움을 줄 수 있다"고 크라우드펀딩의 장점을 강조했다.

토론에 참석한 플뢰르 펠르랭 코렐리아 캐피탈 대표는 창업을 할 때 해당 국가에 따라서, 조준하고 있는 시장이 어디인지에 따라 투자가 가능한 프로젝트와 투자유치가 어려운 프로젝트가 있다고 말했다. 플뢰르 펠르랭은 "은행 등은 스타트업에 투자하거나 대출하는 것에 굉장히 많은 반감을 가지고 있고, 창업자가 크라우드펀딩 관련 법률과 규제를 잘 이해하지 못하는 경우가 많아 투자를 받을 수 있는 기회를 놓치는 경우도 많다"면서 현지 법률에 대해 잘 이해해야 한다고 조언했다.

무엇보다 벤처 캐피탈은 철저히 수익을 추구하기에 초기 투자를 지양하고 중단기 투자를 선호한다는 차이가 있다고도 설명했다. 플뢰르 펠르랭은 "벤처 캐피탈은 문서를 기반으로, 여러 가지 나타난 지표들을 바탕으로 투자를 할지, 말지를 결정한다"며 "스타트업의 사업 개요, 투자 조건, 사업 전망 그리고 매출이나 손실과 관련된 각종 지표들, 현금흐름 등을 모두 살펴본다. 또 팀 구성원들의 학력이나 프로젝트의 실행 능력도 평가하고 동시에 핵심적인 위험 요소들도 평가한다. 회사나 시장에서의 경쟁 리스크도 살펴보고 나서야 비로소 투자를 결정하게 되는데 이 투자도 짧게는 3년, 길게는 6~7년 정도의 기간을 두고 목표했던 수익이 발생하면 지분을 매각하게 된다"고 크라우드펀딩과의 차이점을 설명했다.

킥스타터 같은 크라우드펀딩 플랫폼은 벤처 캐피탈보다 투자를 받기가 쉽지만 벤처 캐피탈처럼 많은 투자금을 유치하기 어렵다는 차이가 있다. 크라우드펀딩 자체가 창업 초기 자금을 마련하는 목적이어서 투자금액 규모 자체가 매우 작다. 앤시 스트리클러는 킥스타터 재직 시절의 경우 평균적으로 1만 2,000달러 정도를 투자유치했다고 설명했다. 아무리 사업 초기 투자 비용이라 하더라도 1,300만 원대의 투자금은 작아도 너무 작아 보인다.

이에 대해 앤시 스트리클러는 "물론 프로젝트마다 규모 편차가 크다. 기술 기업의 경우 투자유치가 많이 됐지만 음악 사업이나 책 출간 등은 훨씬 작은 비용만 투자유치하는 경우가 많다"고 말했다 오히려 중요한 것은 1인당 투자비용에 따른 최대 참여자 수에 있다. '얼마나 많은 투자금을 유치해야 하는가'와 같은 질문은 크라우드펀딩에서는 '얼마나 많은 수의 투자자를 모집해야 하는가'와 같은 뜻이기 때문이다. 따라서 킥스타터에서 성공적으로 투자유치하기 위해서는 킥스타터를 통해 성공적으로 투자유치한 기업들을 살펴봐야 한다고 말했다.

코로나19로 인해 투자 생태계가 바뀌고 있는 점도 창업가라면 고려해야 하는 부분이다. 앤시 스트리클러는 "음악가들의 라이브 산업은 끝났다"고 단정지으며 "팬이 아티스트의 공연티켓을 사고 실제 공연장에

가는 등의 상호작용이 발생했지만 이제는 이런 것들이 새로 재정립돼야 한다. 아직 어색하지만 큰 변화가 있어야 한다"고 말했다.

그는 SNS를 통해 셀럽이나 인플루언서들이 직접 소규모 투자유치를 하는 경우가 종종 있는데 이것이 인터넷상에서 하나의 유행처럼 퍼져나가고 있다고 말했다. 투자유치 방법이 다양해지면서 모금 액수의 크고 적음을 떠나 사람들이 뭔가 새로운 것을 시도하려 한다는 것이다. 앤시 스트리클러는 "개인들의 스토리들을 기반으로 팬들을 끌어모으는 것, 이것이 향후 강해질 것이다. 어떤 플랫폼을 통해서 어떤 스토리텔링을 할 것인가가 갈수록 중요해질 것"이라고 예상했다.

이와 함께 성공적으로 투자유치를 하기 위해서는 타이밍도 중요하다. 너무 일찍 투자유치에 나서면 사람들에게 보여줄 수 있는 부분이 너무 없다. 프로젝트가 어느 정도 진행되고 있다면 가령 영화처럼 보이는 트레일러를 제작했다면 새로운 팬을 유치할 수 있을 것이다. 앤시 스트리클러는 "프로젝트가 어느 정도에 도달했는지에 따라 모을 수 있는 투자금액이 달라질 것"이라고 말했다.

플뢰르 펠르랭은 투자금을 모금하는 기업의 가치가 높을수록 창업가가 투자자를 선정할 수도 있음을 설명했다. 그는 "훌륭한 창업가일수록 투자자들을 선택할 수 있는 상황이 발생한다"고 말했다. 특히 유럽의 경우 수많은 펀드가 있기에 창업가가 펀드를 선택하는 경우가 빈번하다고 한다. 플뢰르 펠르랭은 "성장 가능성이 높은 초기 프로젝트에 투자금

을 대기 위해서는 펀드 스스로도 매력도를 키워야 하는 경우도 있다"고
말했다.

코스닥 상장 전 알아둬야 하는 것들

코스닥과 함께하는 스케일업

연사
- **이미현** 한국거래소 상장부장
- **이석준** 클리포드챈스 파트너 변호사
- **조인직** 미래에셋대우 이사

코스닥 시장은 IT, 바이오·헬스케어, 문화콘텐츠 등 미래 성장동력이 될 수 있는 유망 혁신기업들로 구성된 증권시장이다. 또한 세계 주요 신시장 중 가장 유동성이 풍부한 시장 중에 하나로, 상장을 통한 스케일업을 준비하는 유망기업들에게 매력적인 시장이다. '코스닥과 함께하는 스케일업' 세션에서는 한국거래소 코스닥 시장 본부에서 코스닥 시장 상장요건과 기술특례 상장제도 소개, 유망기업 상장주관 경험이 풍부한 IB에서 유망기업 상장을 위한 준비사항과 주의해야 할 점, 글로벌 증권시장 경험이 풍부한 법률전문가의 발표를 통해, 글로벌 IPO 시장 현황과 관련 이슈들을 살펴봤다.

먼저 이석준 크리포드챈스 변호사는 국내 기업들이 해외에 상장할 때 어떻게 하는지 사례 위주로 소개했다. 이 변호사는 "우리나라 기업들이 해외에 상장한다면 현재로서는 미국, 홍콩, 싱가포르에 가장 가고 싶어할 것이다. 그런데 미국은 많은 증권거래소들이 있다. 사람들이 잘 아는 뉴욕증권거래소NYSE를 포함해 나스닥도 있고 보스턴증권거래소도 있고 시카고증권거래소도 있다. 미국은 민간에서 운영하는 거래소가 여럿 있고 미국증권거래위원회SEC에 등록만 하면 거래소 기능을 할 수 있다. 반면 우리나라는 한국거래소KRX가 독점하고 있다"고 양국 간 증권거래소의 차이점을 설명했다.

이처럼 미국은 많은 거래소를 보유하고 있지만 미국 거래소들은 상장 요건이 굉장히 까다로워 실질적으로 미국 내 증권거래소에 상장하기는 무척 어렵다고 한다. 이 변호사는 "우리나라 스타트업들이 가장 선호하는 곳은 나스닥일텐데 나스닥에는 실제로 3개의 시장이 있다. 첫 번째로 나스닥 글로벌 셀렉트 마켓Nasdaq Global Select Market이라고 해서 그 3개의 마켓 중에서는 상대적으로 가장 큰 기업들이 상장을 하고 그것을 가리켜 블루칩 컴퍼니라고 부른다. 우리가 잘 아는 마이크로소프트, 애플, 페이스북 등의 회사들이 나스닥 글로벌 셀렉트 마켓에 상장돼 있다"고 설명했다.

현재 나스닥에 상장돼 있는 블루칩 컴퍼니 개수만 1,200여 개에 달한다. 그 아래 단계에는 나스닥 글로벌 마켓Nasdaq Global Market이라고 해서 중간 크기의 기업 1,400여 개가 상장돼 있다. 가장 작은 규모의 기업들은 나스닥 캐피탈 마켓Nasdaq Capital Market에 상장된다.

이 변호사는 "이처럼 마켓 기준에 따라 상장 요건이 점점 완화되지만 상장에 시간도 오래 걸리고 노력이 많이 들어가 2012년에 기술력을 인정받은 '신흥성장기업Emerging Growth Company' 자격으로 나스닥에 상장하는 방법이 신설됐다"고 말했다. 이 신흥성장기업은 전년도 매출이 10억 달러를 넘어가면 안 된다. 또 유가증권신고서를 심사받을 때 일반인한테 보여주지 않는 상태에서 비밀 심사를 받을 수 있고 내용 자체도 일반 나스닥 심사보다 간소화돼 있다. 재무제표의 경우에도 나스닥은 보통 3년치 재무제표를 요구하지만 신흥성장기업의 경우에는 2년치만 제출해도 되도록 편의를 봐준다.

국내 기업 중 나스닥에 상장된 기업도 상당히 많다. 이 변호사는 "2000년대 초반, 국내 기업들의 나스닥 상장 붐이 일었다. 먼저 반도체 장비 정밀기기업체인 미래산업이 1999년에 나스닥에 상장됐고 2003년에는 하나로텔레콤, 그리고 '뮤 온라인'이라는 게임을 만든 웹젠이라는 회사도 2003년 나스닥에 상장됐다. 또 그라비티라는 게임회사와 SK텔레콤 내 사업부였다가 스핀오프한 와이더댄닷컴이 2005년에 나스닥에 입성했다. 핸드폰에 들어가는 COMS 이미지 센서 제조사인 픽셀플러스도 2005년에 나스닥에 상장됐다"고 말했다.

물론 포스코, 신한은행, KT, 한국전력 같은 큰 기업도 나스닥에 상장돼 있다. 다만 나스닥에 상장됐더라도 높은 상장 유지비용과 각종 송사에 휘말리면서 주가가 하락하거나 상장 폐지되는 경우도 빈번해 실제 나스닥 상장 특수를 누린 기업이 많지 않다는 것이 이 변호사의 설명이다.

이 변호사는 "미래산업 같은 경우 2008년 스스로 나스닥에서 상장 폐지해 국내에만 상장돼 있고 웹젠도 나스닥 상장 후 내리막길을 걷다 나중에 NHN엔터테인먼트에 인수되며 나스닥에서 상장 폐지됐다. 또 픽셀플러스는 나스닥에 상장하자마자 매그나칩반도체로부터 특허 소송을 받는 등 큰 곤혹을 치렀다"고 상장의 대가에 대해 언급했다.

이미현 한국거래소 코스닥 시장본부 상장부장은 코스닥시장의 상장 정책 방향에 대해 소개했다. 이미현 부장은 "코스닥시장은 1996년 개설 됐고 지난 10년간 괄목할 만한 성장을 이뤘다. 시가총액 측면에서 보면 2009년 86조 원이던 것이 2020년 8월에는 322조 원까지 상승해서 약 3.7배 성장했고 주가지수도 400포인트 대에서 현재는 900포인트를 육 박하고 있다"고 코스닥시장의 성장세를 소개했다. 이는 코스피시장과 대비해도 성장 속도가 매우 빠르다는 것이다.

이 부장은 코스닥 시장이 코스피 시장보다 여러 가지 이점이 있다고 강조했다. 기본적으로 코스닥 시장은 굉장히 높은 밸류에이션으로 평가 받는 것이 대표적인 예다. 이 밖에도 이 부장은 "기업의 재무상태 대비 주가 판단지표가 되는 퍼PER, Price Earning Ratio 가 코스피 시장 대비 코스 닥 시장이 2배 이상 높은 퍼를 보이고 있다. 이는 코스닥시장에는 주식 가치를 굉장히 높게 평가받을 수 있다는 뜻이며 이는 해외시장과 비교해도 굉장히 높은 수준"이라고 덧붙였다.

상장을 하면 여러 가지 이점도 있지만 이 부장은 상장에 따른 부담도 커지는 점을 인지해야 한다고도 조언했다. 그는 "상장을 하면 상장기업으로서 각종 상법상의 특례에 따른 지배구조를 엄격하게 갖춰야 하며 다양한 공시사항이 의무로 부여된다. 이것을 위반하게 되면 그에 따른 책임도 져야 한다. 그리고 주식 분산에 따라 소액주주가 늘어나는 만큼 민원과 회계비용, 그리고 상장을 유지하기 위한 각종 비용 지출이 발생한다"며 "상장을 하는 것과 상장을 해서 지게 되는 부담을 비교한 후 상장할지 여부를 결정할 필요가 있다"고 조언했다.

조인직 미래에셋대우 이사는 상장 주관사의 입장에서 스타트업이 상장 전 어떤 것에 주안점을 둬야 하는지를 설명했다. 조 이사는 "대표 주관사라고 얘기를 하는데 대학 입시로 예를 들면 주관사는 일종의 학원이라 보면 이해가 쉬울 것이다. 가수 데뷔를 준비하는 이라면 JYP를 통해서 데뷔할 수도 있고 YG를 통해서, 혹은 빅히트엔터테인먼트를 통해서 데뷔할 수도 있다. 상장 주관사는 일종의 기획사 같은 기능을 수행한다고 생각하면 된다"고 설명했다.

그는 또 "코스닥 상장은 크게 나눠 일반 상장과 특례 상장이 있다. 일반 상장은 당장 돈을 못 벌고 있지만 잠재력이 우수한 기업을 상장시키는 것을 말한다. 예컨대 테슬라는 지난해 3분기부터 이익 공시를 했는데 이는 바꿔 말하면 지난해 2분기까지는 이익을 못 냈다는 뜻이다. 하지만 누가 봐도 전기차라는 새로운 패러다임이 도입되면서 돈을 많이 벌 것 같다고 생각한다. 그런 잠재력이 있으면 상장 도전을 할 만하다"고 의견을 냈다.

특례 상장에 대해서는 "기술평가 특례 상장이 2005년부터 도입돼서 2015년부터 좀 더 문이 넓어졌다. 간단히 말해 상장주선인의 성장성 추천이라는 게 있다. 상장주관사가 조금 더 보증을 서는 형태로 상장시키는 것이라 생각하면 된다"고 설명했다. 이 방식은 가령 공모가 1만 원에 상장됐는데 10% 이상 떨어지면 투자자들이 원할 경우 공모가의 90% 가격에 환불해주는 제도다. 조 이사는 "그만큼 주가가 떨어지지 않을 거라는 자신감이 대표 주관사에서 나와야 한다. 그런 것을 반영해서 성장성 추천 트랙을 하고 있다"고 말했다.

한편 조 이사는 미래에셋대우에서 4년 연속 20~30개 기업에 대해 기술성장기업으로 특례상장하고 있을 만큼 4차산업 관련 비즈니스들의 상장 문의가 두드러졌다고 최근 코스닥 상장 사례를 밝혔다.

스타트업의 성공 조건 :
마켓 사이즈, 시장 이해력, 새 포맷 창조

스타트업의 성공 조건

연사
- **이한주**　스파크랩 공동대표
- **김호민**　스파크랩 공동대표
- **김유진**　스파크랩 공동대표

Try Everything – Make it Possible

'Try Everything 2020'은 스타트업을 위한 다채로운 강연으로 꾸며졌다. 그중 '스타트업의 성공 조건'은 국내 액셀러레이터인 스파크랩 창업자들이 전하는, 이름 그대로 '스타트업의 성공 조건' 강연이다.

스파크랩은 한국 최초의 액셀러레이터라 불린다. 스파크랩은 일찌감치 데모데이(스타트업을 홍보해 투자, M&A, 구매, 채용, 홍보로 이어지는 기회를 제공하는 행사)를 개최하며 아이디어가 훌륭한 스타트업을 발굴해왔다. 김유진 대표는 지난 14개 데모데이를 떠올리며 "데모데이 자체가 '디지털 트랜스포메이션'의 방법을 물색하는 기업들, 정부기관, 또 투자처를 찾는 투자자들 등 다양한 이들이 모이는 행사다. 그만큼 창업을 염두에 두고 있는 이들에게는 데모데이가 어필하기 좋은 기회"라고 말했다. 특히 2020년에는 코로나19로 행사 환경이 바뀌고 있어서 버추얼 부스Virtual Booth 라든지,

라이브 방송이라든지, 인터랙션을 결합하는 형태로 좀 더 다양한 콘텐츠를 보여줄 수 있도록 준비하고 있다고 말했다.

이한주 대표는 데모데이 등과 관련해 "새로운 포맷이 등장하면 그 이전에 있던 포맷을 새로운 포맷에 맞게 재탄생시키려고 노력한다. 그러다 보니 새로운 포맷이 갖고 있는 장점을 제대로 살리지 못하는 경우가 많다"고 말했다. 특히 스타트업들이 대면 환경에서 투자를 받기 위해 준비했던 것들이 갑작스럽게 온라인 환경으로 바뀌고 나서 제대로 특징을 어필하지 못하는 경우에 대해 이 대표는 "모바일만 갖고 있는 어떤 환경, 컴퓨터 스크린에 나타나는 어떤 환경이 있는데 자꾸 옛날의 것들을 재구축하려고 하면 잘 안 된다. 항상 새로운 걸 제시할 수 있어야 한다"고 말했다.

김호민 대표는 게임회사에 재직한 경험 토대로 대화를 이어나갔다. 콘솔 게임을 만드는 이들이 PC 게임을 못 만들고, PC 게임을 만드는 친구들이 모바일 게임을 못 만든다는 것이다. 김 대표는 "콘솔 게임을 하는 사람들이 PC 게임을 만든다면 정교한 콘솔 게임의 경험을 PC 게임에 다 녹이지 못한다"면서 '비쥬월드'와 '애니팡'을 예로 들었다. "이 두 게임 이전에도 PC 온라인에서 유사한 퍼즐 게임이 있었고 예전 콘솔에서도 있었는데 모바일 게임 회사들이 모바일 환경에서 게임 특성을 잘 풀었기 때문에 큰돈을 벌 수 있었다"고 말했다.

이 대표도 테슬라 자동차를 예로 들었다. 그는 "바퀴 4개가 굴러가는 것은 똑같지만 테슬라는 모든 것을 처음부터 네이티브하게 해석했다. 엔진을 가져다 놓지 않고 모터와 배터리를 사용한 전기차를 만들기로 하니 트랜스미션이 필요 없게 됐고 부품 수도 대폭 줄일 수 있었다. 아직 하드웨어 부분은 타사보다 부족한 부분이 많다는 얘기가 있지만 배터리와 자율주행, 소프트웨어 부문을 수직계열화하고 잘 만들어 자동차를 새롭게 재구성할 수 있었다"고 설명했다.

스파크랩은 현재 우리나라가 비대면과 디지털 뉴딜정책을 펼치는 것과 관련해 클라우드, 특히 애플리케이션 관련 스타트업을 찾고 있다고 말했다. 스파크랩은 데이터를 기반으로 한 사업이 지속적으로 성장할 것으로 내다보며 그와 관련된 기업들을 눈여겨본다고 말했다.

이 대표는 "카카오뱅크의 자산 규모가 24조 원가량이다. 그런데 IPO 가면 시가총액이 30~40조 원은 될 것이란 얘기가 있다"면서 "자산 규모가 530조 원인가 되는 신한은행, 신한지주의 시가총액은 14조 원가량이다. 그 이유는 카카오가 소프트웨어를 더 잘하기 때문"이라고 소프트웨어의 중요성을 강조했다. 나아가 그는 또 다른 기업을 예로 들었다. 아마존이 월마트보다, 쿠팡이 신세계보다 시가총액이 높은 이유는 역시 소프트웨어를 더 잘하기 때문이라는 분석이다. 이 대표는 "이러한 예들이 아주 극명하고 객관적으로 나오고 있고, 시장은 그 사실을 인정하고 있다. 소프트웨어를 잘하면 데이터가 많이 쌓이고, 데이터가 많이 쌓인다는 것은 돈이 많이 쌓인다는 것을 의미한다"고 강조했다.

김유진 대표는 액셀러레이터 관점에서 가리는 분야는 없지만 오랫동안 스타트업을 관찰한 결과 창업 생태계가 갈수록 나아지고 발전하면서 팀원들의 경험치가 높아지고 있다고 설명했다. 투자를 원하는 스타트업을 보면 전과 다르게 삼성전자 출신이나 카카오, 넥슨 등에 몸담았던 이들이 스타트업을 창업하는 경우가 많다는 것이다. 김유진 대표는 "물론 그런 분들이 창업 초기이지만 비즈니스 관련 경험이 풍부하기 때문에 각각의 배경과 이력을 봤을 때는 전체적으로 창업을 하는 인재 풀이 좋아졌다"고 언급했다.

김호민 대표는 1인 기업에는 투자를 거의 안 한다고 말했다. 경험상 1인 기업의 투자 결과가 그리 좋지 않았다고 덧붙였다. "결국 좋은 팀이 성공할 가능성이 높은데 그러기 위해서는 대표의 미션이 뚜렷하고 의지가 있어야 한다. 또 같은 목적을 둔 팀원이 사명감으로 똘똘 뭉쳐야 좋은 결과를 낸다. 우리가 가장 중요하게 보는 것은 매출 몇 조 원 그런 것보다 대표, 그다음이 팀"이라고 조언했다.

이어 김 대표는 투자자 관점에서는 스타트업이 노리는 마켓도 굉장히 중요하다고 덧붙였다. 김 대표는 "가장 이상적인 마켓은 100조 원짜리 마켓 같은 대규모 마켓이다. 그 마켓이 매년 커진다면 어떻게든 성장할 수 있다. 두 번째는 1,000억 원짜리 마켓인데 지속적으로 빠르게 성장해서 3년 후에는 5조 원, 6조 원이 되는, 작지만 빨리 성장하는 마켓이다. 그다음으로 괜찮은 마켓은 화장품 마켓처럼 규모가 큰 마켓이다.

이 정도만 돼도 어떻게든 되겠다는 생각이 든다. 우리가 가장 꺼리는 마켓은 크지 않은 마켓에 진입하고자 하는 스타트업이다. 가령 마켓 규모가 1,000억 원이라고 하면 그 시장을 100% 차지하더라도 1,000억 원짜리 마켓에 그친다"며 마켓의 중요성을 강조했다.

스파크랩은 시장을 읽는 시야도 창업자에게 필요하다고 강조했다. 이한주 대표는 "〈월스트리저널〉이나 특정 산업 매체를 4년만 읽으면 그 산업의 흐름을 알 수밖에 없다. 정말 특정 산업 분야 뉴스를 4년 동안 끊임없이 읽게 되면 세상을 보는 눈이 달라진다. 〈파이낸셜타임스〉가 됐건 〈월스트리트저널〉이 됐건 〈이코노믹스〉가 됐건 큰 도움이 된다"고 말했다. 인스타그램이나 스냅챗만으로는 산업 트렌드를 다 파악할 수 없다는 설명이다.

마지막으로 김 대표는 스타트업에 자신감은 필수라고 강조했다. 김 대표는 "투자가들 앞에서 투자를 필요로 하는 스타트업 멤버들은 작아지곤 한다"면서 "하지만 투자는 돈이 필요한 사람에게 돈을 주는 것이 아니다. 돈이 필요 없는 사람들에게서 돈을 받게끔 하는 것"이라며 "투자가들을 만날 때 투자가가 돈을 싸 들고 내 앞에 오게끔 하겠다는 그런 자신감, 일종의 오타쿠 기질이 반드시 필요하다"고 조언했다.

올 어바웃 오픈이노베이션 All about Open Innovation

오픈 이노베이션 포럼

연사
- **한정수** 서울창조경제혁신센터 센터장
- **이재훈** 상생혁신팀 CJ 팀장
- **김형택** 한국조선해양 책임연구원
- **윤진효** 개방형혁신저널 편집위원장
- **이재일** 대구창조경제혁신센터 센터장
- **차완영** 마린이노베이션 대표

좌장
- **김진영** 더인벤션랩 대표

Try Everything – Make it Possible

기업 내부의 폐쇄형 혁신을 넘어, 내·외부의 집단지성을 활용해 문제를 해결하거나 새로운 아이디어를 창출하는 '오픈 이노베이션Open Innovation', 개방형 혁신의 중요성이 커지고 있다. 'Try Everything 2020'의 오픈 이노베이션 포럼에서는 국내외 오픈 이노베이션 현황과 더불어 2015년부터 오픈 이노베이션 프로그램을 공동 운영해온 창조경제혁신센터와 파트너 대기업의 그간 운영사례를 통해 대기업과 스타트업의 오픈 이노베이션 목적 등을 살펴보고, 상생협력 방안을 제시했다.

"요즘은 대기업과 스타트업 모두에게 오픈 이노베이션은 선택이 아니라 필수가 된 것 같습니다. 생물학에 따르면 한 종의 DNA가 너무 오랫동안 동일하게 변하지 않고 있으면 결국에는 환경의 변화에 적응하지 못하고 멸종한다고 합니다. 그래서 환경의 변화에 적응하기 위해서

DNA가 변해야 됩니다. 이런 관점에서 오픈 이노베이션은 대기업과 스타트업 모두에게 생존을 위해서 각자가 갖고 있는 강한 DNA를 서로 교환하고 이식시켜서 결국에는 상생하려는 노력을 말합니다."

서울창조경제혁신센터 한정수 센터장이 오픈 이노베이션의 필요성을 강조하며 강연을 시작했다. 그는 그러한 DNA 혼합처럼 전국에 위치한 17개 창조경제혁신센터가 6년에 걸쳐 파트너 기업과 일대일로 매칭돼 지금까지 수백 개의 오픈 이노베이션 사업을 실시했다고 강조했다.

윤진효 개방형혁신저널 편집위원장은 삼성전자의 '갤럭시노트 7' 화재가 기업에 끼쳤던 영향을 설명했다. 윤 편집위원장은 "오픈 이노베이션 패러다임 시대에 클로즈 이노베이션을 집중할 경우 발생할 수 있는 코스트를 놓치면 기업의 생계에 굉장히 치명적인 결과를 초래할 수 있다"면서 "당시 삼성전자가 클로즈 이노베이션 코스트가 크게 발상해 위험에 직면한 적이 있다. 다행히 그 코스트가 삼성전자 주요 중견 경영진에게 학습효과를 줬다"고 설명했다.

윤 편집위원장에 이어 강연을 맡은 이재훈 팀장은 CJ에서 자신이 맡은 업무가 크게 세 가지라고 설명했다. 첫째, 아웃-인 방식으로 외부 스타트업을 발굴하고 그 스타트업을 인큐베이팅해 스케일업해서 CJ그룹 각 사업에 시너지를 연계하는 역할이다. 두 번째는 인-업 방식이라 부르는 사내 벤처 추진 시 이를 지원하는 업무다. 마지막 세 번째는 그와 같은 플랫폼을 통해서 그룹 내 구성원들에게 진화혁신의 문화를 전파하는 역할이다. 이 팀장은 "기업은 지금 저성장, 디지털 트랜스포메이션, 뉴노멀 시대라고 얘기하고 있고 코로나까지 겹쳐졌다. 성장성과 수익성에 대한 고민이 커진 상태에서 이런 고민들을 외부 스타트업과 함께 풀어보기 위해 오픈 이노베이션을 하고 있다"고 오픈 이노베이션하는 이유에 대해 설명했다.

이어 이 팀장은 "CJ그룹 자체가 1996년에 기존 삼성그룹에서 스핀오프돼 나와 성장한 과정 자체가 벤처링이었고 오픈 이노베이션 과정이었다. 이 오픈 이노베이션 DNA를 사업 보급 정신에 근거해 외부 스타트업들과도 공유하고 싶다"고 덧붙였다.

이재일 대구창조경제혁신센터장은 삼성전자와의 대표적인 협력사업인 C랩에 대해 발표했다. C랩은 8년 전 삼성전자에서 시작된 사내 스핀오프 제도다. 삼성전자의 C랩은 초기 단계의 아이디어가 구현 가능하다고 판단되면 스핀오프한 후 실제 사업으로 키워나가는 과정을 밟게 된다. 대구창조경제혁신센터는 이를 사업으로 키우기 위한 아이디어 구체화, 교육, 자금 조달 등 다양한 지원을 한다.

이 센터장은 "삼성전자의 C랩은 세 가지 특징이 있다. 첫 번째는 미래형 수평조직제도로 운영되고 있다. 멤버 간 직급이나 호칭이 없다. 아이디어를 제안한 주 제안자의 연차가 낮더라도 리더를 할 수 있는 그런 조직으로 운영된다"고 말했다. 두 번째 특징은 성과 기반의 파격적인 보상을 제공한다는 점이다. 이 센터장은 "C랩 종료 후 평가를 통해 삼성전자 내에서 이관받아 육성하기로 결정하면 파격적인 인센티브를 제공한다. 또 스핀오프 제도를 통해 회사로 독립하게 되면 평균 5억 원 이상의 초기 창업자금을 지원받고 개인은 2년 치에 해당하는 연봉을 성공 및 창업 격려금으로 지원받을 수 있다. 독립한 스타트업이 성공했든 실패했든 5년 안에 본인이 희망하면 다시 회사로 복귀할 수 있는 특전도 주어진다"고 말했다.

세 번째 특징은 근무에 관한 재량권이 상당하다는 점이다. 이 센터장은 "C랩은 출퇴근 시간이나 근무 공간 등 여러 가지 형태에 대해서 독자적으로 운영할 수 있다. 또 삼성전자의 우수 연구원이나 부장급 전문 인력들을 통한 멘토링도 지원한다"고 밝혔다.

김형택 한국조선해양 책임연구원은 한국조선해양과 현대중공업이 어떤 관계가 있는지를 먼저 설명했다. 김 연구원에 따르면 현대중공업은 요즘 자동차와 마찬가지로 자율운항선박을 개발해 실제 운항을 준비하고 있다. 또 예전에 노동집약적 조선소의 이미지를 탈피하고자 스마트 조선소, 디지털 조선소 이런 콘셉트로 회사를 변모시키고 있다. 김 연구원은 "그런 모든 부분에서 스타트업과 함께하는 것이 오픈 이노베이션의 큰 기회가 될 거라고 생각한다"고 전했다.

현대중공업은 2015년부터 기술 공모전을 개최하며 협업할 수 있는 스타트업을 발굴·육성하고 있다. 김 연구원은 "AI 기반의 스마트 항만 등 자율운행 시스템을 만드는 스타트업 시드로닉스, 배 외관에 끼는 이끼를 제거하고 청소하는 로봇청소기를 만드는 타스 글로벌 등의 회사도 현대중공업과 관련 있는 스타트업"이라며 "현대중공업은 2018년부터 '디지털 트랜스포메이션Digital Transformation'이라는 키워드로 회사를 보다 더 효율적이고 스마트하게 변모시키기 위해 많은 노력을 기울이고 있다. 이를 위해 그에 맞는 회사들을 모집하고, 모집된 회사들과 매칭하는 작업을 거친 뒤 선정된 회사들과 함께 개발한 기술을 적용하는 노력을 기울이고 있다"고 중공업에서의 오픈 이노베이션 움직임을 설명했다.

차완영 마린이노베이션 대표는 환경 문제 해결을 위해 친환경 신소재를 개발하는 창업 2년 차 스타트업이다. 마린이노베이션은 무분별한 일회용 플라스틱의 사용으로 심해지는 환경오염, 그리고 목재의 사용으로 인한 지구온난화 문제를 해결하기 위해 친환경 용기를 개발하고 있다.

차 대표는 "마린이노베이션은 바다에 있는 해조류나 해조류 부산물, 나아가 식물의 부산물, 그리고 쌀과 커피 부산물을 활용하는 연구를 해왔다"면서 "우리 비즈니스의 가장 좋은 점은 플라스틱을 생산하지 않는다는 것"이라고 강조했다. 그는 각종 용기를 만들 때부터 근본적으로 친환경 소재로 만든다면 나중에 버려도 자연분해가 되는 만큼 소비자의 마음을 편하게 할 수 있다고 설명했다. 또 실제 친환경 시장이 계속 커지고 있어 마린이노베이션의 제품은 캄보디아, 프랑스, 베트남 등에 수출을 진행하고 있고 정부기관과도 협력하고 있다.

마린이노베이션의 이 같은 비전과 결과물을 접한 SK이노베이션은 마린이노베이션에 5억 원을 투자했으며 이외에 여러 창조경제혁신센터도 투자를 했다. 포장지, 용기 등 수요가 늘고 있는 친환경 분야이다 보니 롯데케미칼, LG, 한솔제지 등도 마린이노베이션에 많은 관심을 보이고 있다. 스타트업의 특허기술을 필요로 하는 대기업이 많아 두 기업 간 오픈 이노베이션이 활발히 진행되고 있다.

차 대표는 "저희가 도입하려고 하는 장비가 있는데 이 장비 가격이 50억 원 정도 한다. 이 장비가 들어오면 좀 더 본격적으로 친환경 제품을 생산할 수 있을 것 같다"며 대기업의 관심과 협조를 당부했다.

협업을 넘어 상생을 위한 도전

Connecting Dreams – 드림플러스의 오픈이노베이션을 향한 도전

연사

● **신미진** 한화생명 OI(Open Innovation) 제휴팀 헤드

신미진 드림플러스 강남센터장은 한화그룹 입사 후 2014년에는 한화생명의 라이프스타일 앱ZUMO을 기획 및 구축한 경험이 있으며, 한화호텔&리조트 계열사에서 근무경험을 쌓았다. 이후 디지털마케팅팀을 거쳐 한화생명 오픈 이노베이션 추진실에 합류해 국내 단일 규모로는 최대인 공유 오피스이자 오픈이노베이션 허브인 드림플러스 강남센터를 기획부터 구축을 주도적으로 추진했다. 현재 드림플러스 강남의 운영 및 액셀러레이팅을 총괄하는 센터장을 담당하며 스타트업뿐만 아니라 국내외 다양한 기업과의 오픈이노베이션 프로그램을 진행하고 있다.

Try Everything - Make it Possible

한화생명 드림플러스의 신미진 팀장은 간단하게 한화 기업에 대해 소개하며 연설을 시작했다. 그는 "한화가 오픈 이노베이션을 시작하는 것이 뭔가 어울리지 않는 것 아닐까 생각하시는 분들이 있다"며 "매일 경제에서 행사를 주최하면서 '다윗과 손잡고 일을 낸 골리앗들' 식으로 행사 기사를 게재했는데 오픈 이노베이션 시도를 하는 저희 한화그룹은 골리앗이 맞다"고 입을 열었다. 현재 한화그룹은 금융사뿐만 아니라 제조, 방산, 서비스 등 다양한 카테고리의 사업을 하고 있는 계열사가 60개나 되는 그룹사이며 2020년 우리나라 재계 순위 6위를 차지하고 있다.

신 팀장은 이처럼 거대 기업인 한화가 왜 오픈 이노베이션을 진행하고 있는지를 함께 언급했다. 그는 "모두가 아시다시피 현재 비즈니스는 초경쟁 시대다. 국가와 산업의 경계가 허물어지고 있다. 변화의 속도에 따라가기 위해서는 굉장히 열심히 움직일 수밖에 없다. 협업을 통해서 새로운 시너지를 내고 새로운 가치를 만들어내는 오픈 이노베이션이 중요하다"고 말하며 변화한 환경과 오픈 이노베이션의 관계를 제시했다. 빠르게 움직여서 오픈 이노베이션 생태계를 구축하고 그 안에서 새로운 것을 찾아내야 한다는 것이 그의 설명이다.

신 팀장은 초경쟁 시대에 대한 예로 카카오뱅크를 꼽았다. 그는 "카카오뱅크가 오래된 은행의 서비스보다 훨씬 친숙한 젊은 세대가 있을 텐데 이렇게 굉장히 빠르게 변화하고 있는 산업 세계에서 그 속도를 따라가기 위해서는 굉장히 애절하게 움직일 수밖에 없다. 예전처럼 R&D를 자체적으로 실시하는 것을 넘어 협업을 통해 타사와 손을 잡고, 시너지를 내며 새로운 가치를 만들어내는 오픈 이노베이션이 중요할 수밖에 없다"고 말했다.

그는 한화가 발 빠른 대처를 통해 얻어낸 것이 드림플러스라고 강조했다. 그는 드림플러스에 대해 "드림플러스가 가진 의미는 연결, 공유, 협업을 통해서 더 많은 사람들에게 기회와 꿈을 제공하고 새로운 가치를 함께 만들어가는 오픈 이노베이션 활동 브랜드"라고 소개했다.

신 팀장은 드림플러스를 설명하기 위해 꿈이라는 단어를 사용했다. 그러면서 그는 "조금 관념적이기는 하지만 수많은 사람들의 꿈, 그리고 원하는 방향성을 모아서 그것을 좀 더 시너지 있게 만드는 것"이라고 설명했다. 또 그는 "드림플러스를 통해 한화가 얻게 되는 것은 새로운 사업 기회, 새로운 투자 기회일 것"이라고 덧붙였다.

신 팀장은 드림플러스의 구축에 대해서도 설명했다. 그는 "디자인 콘셉트를 기본으로 해서 물리적인 공간을 구축하고 내부에서 다양한 플레이어들이 연결될 수 있게 구현했다. 물리적으로 플레이어들이 참여할 수 있는 플랫폼을 구축하고 있다. 그 안에서 플레이어들이 함께 어울리면서 협업하며 다양한 프로젝트를 진행한다"고 구체적인 설명을 했다. 그는 "이벤트와 아카데미, 그리고 프로젝트 프로그램이 마련되어 있고 개인도 참여할 수 있도록 디자인했다"고 덧붙였다.

그러면서 신 팀장은 "생태계가 선순환하려면 굉장히 많은 일반인들의 참여가 필요하다"며 많은 사람들의 참여가 필요함을 언급했다. 그는 "도전적인 업무나 새로운 프로젝트를 해보고 싶은 사람들, 영감을 주고받을 수 있는 기회를 얻고 싶은 사람들을 위해 아카데미를 일반인에게 오픈하여 진행하고 있다"면서 일반인의 참여가 가능함을 강조했다.

그는 드림플러스의 장점으로 파트너십에 대해서도 설명했다. "어렵게 구해야 했던 파트너십을 대기업이기 때문에 네트워크를 통해 굉장히 직접적이고 가장 적절한 연결 포인트를 찾도록 지원해준다"며 파트너십을 구축하고 매칭하는 데 있어 한화 드림플러스의 강점을 소개했다.

플레이어들이 드림플러스에 참여하여 얻게 되는 것으로는 "서비스나 상품을 업그레이드할 수 있고 운이 좋으면 파괴적 혁신도 발굴하며 기회를 모색할 수 있다. 투자자 역시 마찬가지다. 스타트업을 선택하려면 굉장히 많은 시간이 필요한데 수많은 업체를 한 번에 검토한 후 투자를 결정할 수 있다"는 점을 언급했다. 또한 스타트업 기업도 드림플러스를 통해 쉽게 투자의 기회를 확보할 수 있다는 것이 그의 설명이다.

신 팀장은 드림플러스가 한국은 물론이고 해외 글로벌 거점을 갖추고 있음을 제시했다. 그는 "미국, 일본, 중국, 그리고 동남아시아 쪽으로도 거점을 확대하고 있다. 미국 같은 경우 실리콘밸리 가까이에 거점을 마련하여 스타트업이 해외에 진출하는 것을 돕고 동시에 선진 기술이나 트렌드에 관한 정보를 얻는다"며 한화의 글로벌 진출 능력을 강조했다.

한국 내에서 드림플러스의 역할에 대해서도 언급하면서 그는 "강남에 20층짜리 건물 전부를 확보하고 있다. 여기는 플레이어들이 모일 수 있는 장소이자 프레임이다. 어떤 스타트업이든 입주할 수 있다"고 설명했다. 드림플러스 강남은 공유 오피스 사무실은 물론 공유 공간을 마련하려는 것이라는 게 그의 설명이다.

신 팀장은 물리적 공간을 확보해놓고 누구와 어떻게 활동할 것인지 고민하고 있다고 말했다. 온라인의 발달로 온라인 사업이나 온라인 협업도 발달하게 됐지만 신 팀장은 "함께 모여 같이 공유하고 설명을 들으면 더 좋겠다"면서 "한국에 2개의 플래그십 센터를 오픈하고 미국, 일본, 중국, 그리고 현재는 동남아시아 쪽으로도 글로벌 거점을 확대, 모색하고 있다"고 한화그룹의 오픈 이노베이션 공간 확대를 언급했다.

그러면서 벤처스튜디오에 대해서도 언급했다. 그는 "벤처스튜디오는 기존의 인큐베이터가 모두 혼합된 새로운 개념이다. 그냥 협업하는 것이 아니라 과제를 발굴하고 과제에 맞는 파트너나 스타트업 기업을 발굴한다. 그렇게 하나의 유닛을 만들어서 팀으로 활동하고 결과물을 만드는 프로그램"이라며 한화가 마련한 새로운 프로젝트를 소개했다.

그는 마지막으로 "작은 기회, 작은 기업은 없는 것 같다. 도전의 단위가 작을 뿐이지 모두 소중한 꿈을 가지고 있다. 한화와 드림플러스, 그리고 또 다른 네트워크와 여러분이 연결되기를 바란다"며 기대감을 나타냈다. 그는 "드림플러스를 통해 연결을 혁신하고 더 나은 세상을 만들어가는 브랜드로 성장하겠다"며 앞으로의 각오로 연설을 마무리 지었다.

더 나은 내일을 만드는 변화의 핵심: 혁신과 디지털 트랜스포메이션

더 나은 내일을 위한 기술, 혁신 그리고 비즈니스

연사
- **립부탄** 카덴스디자인시스템 CEO
- **라스 레거** NXP 부회장 겸 CTO
- **웬디 마스** 시스코 EMEAR 대표
- **모리스 레비** 퍼블리시스그룹 감사회 회장

좌장
- **손영권** 삼성전자 사장 겸 CSO, 하만 이사회 의장

손영권 사장은 팬데노믹스가 중요한 주제임을 언급하며 연설을 시작했다. 그는 "새로운 글로벌 공조를 모색하고자 이 주제를 선정했다"며 "우리는 진정한 융합의 시대로 진입하고 있다. 더 나은 경험과 해결책을 제공하고 또 새로운 기술을 활용해야 한다"고 강조했다.

통신 분야에서의 미래 변화를 묻는 손 사장의 질문에 웬디 마스 대표는 "코로나19 사태로 재택근무가 시작됐고 더 많은 일들이 클라우드에서 이뤄지고 있다"고 언급했다. 그는 "다양한 혁신 기술을 비즈니스 핵심 능력으로 바꿀 수 있어야 한다. 안전하고 신뢰할 수 있는 연결성이 중요하다"고 설명했다.

또 그는 디지털 전환 측면에서 "교육 부문은 디지털 전환이 매우 느리지만 헬스 부분에서는 매우 빠르게 디지털 전환이 이뤄지고 있다"고 말하면서도 향후 "교육 분야에서도 빠른 변화가 나타날 것"이라고 교육 분야의 성장에 대한 기대를 제시했다. 그는 정부 영역에서의 디지털 전환에 대해서도 언급하면서 "다양한 혁신을 통해 정부가 보다 효율적인 방법으로 시민들에게 서비스를 제공할 수 있을 것"이라고 설명했다.

립부탄 대표는 어려운 시기임에도 몇 가지 훌륭한 기회가 있다고 언급했다. 그는 "5세대 기술 흐름이 나타나고 있고 5세대 기술 흐름과 관련된 기회가 새롭게 등장했다"고 설명했다. 그는 이에 덧붙여 데이터 기술의 발달과 초고속 연결을 통한 데이터 전송이 새로운 투자 분야의 기회가 되고 있음을 강조했다.

립부탄 대표는 "코로나 팬데믹이 항공·호텔 산업에 타격을 입혔고 회복하는 데 시간이 오래 걸릴 것"이라고 말하면서도 "온라인 배송 관련 산업, 전자상거래, 클라우드 인프라 관련 수요는 늘고 있고 재택근무로 인한 초고속 네트워크의 중요성도 커졌다"며 새로운 혁신과 창업 기회에 대한 긍정적 전망을 제시하기도 했다.

5G의 활용으로 어떤 혁신이 가능한지 묻는 손 대표의 질문에 립부탄 대표는 "5G 동향은 굉장히 긍정적인 관점도 있고 현실적으로 조심스러운 관점도 있다"며 두 가지 견해를 제시했다. 재택근무를 할 때에는 5G가 필요하지 않다는 것을 발견했지만 5G 기술이 스마트 교통과 같은 자동화가 필요한 영역에서 그 역할을 다할 것이라는 것이 그의 설명이다.

라스 레거 부회장은 산업 4.0의 모습과 자율주행에 관해 묻는 손 사장의 질문에 "우리는 지금 온디멘드On Demand 세상에 살고 있다"며 "예측이 가능한 세상으로 옮겨가는 것이 제조업에서 이야기하는 산업 4.0"이라고 대답했다. 그는 "제조시설에서 일어날 다음 일을 예측하고 클라우드를 통해 관리할 수 있다. 이는 맞춤형 생산과 자동화를 가능하게 할 것이다"라고 설명을 덧붙였다. 자율주행에 대해서는 "운전보조 시스템을 이용해서 자율주행이 이뤄지고 목적지에 거의 도착했을 때 자율주행 차가 운전자에게 안내해주면 나머지 일부 구간을 사람이 운전하는 방식"이라면서 "자율주행을 도입함으로써 더 편리한 일상생활을 할 수 있을 것"이라고 설명했다.

손 사장는 모리스 레비 회장에게 프랑스에서 진행되고 있는 테크 포 굿Tech For Good이 어떤 이니셔티브이고 왜 중요한지를 질문했다. 이에 레비 회장은 "해당 이니셔티브는 마크롱 대통령이 주장한 것이고 자신은 지원하는 것뿐"이라며 이야기를 시작했다. 그러면서 "IBM, 우버, 로레알, 삼성, 기타 NGO 기관들이 열정적으로 참여했고 삼성의 도움이 절대적이었다"고 설명했다.

그는 코로나19 사태를 언급하면서 코로나19로 얻을 수 있었던 진전에 대해서도 언급했다. "교육 부문에서 100만 명의 학생을 교육하고자 노력하고 있다"고 언급했고 이에 더해 "업무와 관련하여 재교육을 통해 사람들을 세상에 적응시키고자 한다"는 말도 덧붙였다. 그는 "소수 계층과 여성의 참여를 통해 다양성을 키우고 불평등을 해소하는 것도 중요하다"고 설명했다. 그는 "코로나19 사태가 중요한 기회임이 당연하다"면서 "재택근무를 위해 리더들을 수년간 설득하지 않아도 코로나 덕분에 단숨에 재택근무가 이루어진 것은 놀랍다"고 견해를 전했다.

코로나 상황에서 기업을 어떻게 운영해야 할지, 어떻게 직원들과 소통해야 할지 묻는 손 사장의 질문에 레비 회장은 문화를 강조하며 "핵심성과지표KPI를 다시 검토하고 조정했으며 하루에 3~4번 정도 화상으로 만나 소통을 진행한다"고 설명했다. 그는 "일에만 집중하는 것이 아니라 직원들의 가족이 잘 지내고 있는지 건강이 어떤지 챙기면서 오히려 더 친밀하게 된 것 같다"고 원격근무의 장점을 제시하기도 했다.

레비 회장은 계속해서 변화의 핵심을 혁신이라고 설명했다. "어떻게 혁신을 할지가 중요하고 더 적극적으로 소비자들을 만나야 한다"고 이야기를 이어나갔다. 동시에 "다양성이 중요함으로 최고의 인재를 영입하되 다양성을 가진 인재를 영입하기 위해 노력하고 있다"면서 인적자원관리 차원에서의 노력도 소개했다.

웬디 마스 대표는 "문화와 기술 간의 연결고리가 그 어느 때보다도 강하다"면서 "어떻게 연결성을 이어나가게 될지가 중요한 관심사"라고 설명했다. 그는 시스코의 사례를 들어 "일주일에 한 번 모든 직원들이 화상회의를 통해 이야기를 나누고 있다"며 "회의 과정에서 직원들이 적극적으로 질문할 수 있고 대답을 들을 수 있다"고 원격근무의 장점을 강조했다.

립부탄 대표는 "매일 소통하는 것, 몇 분짜리 영상을 통해 회사의 이슈를 전달하는 것, 줌 회의를 통해 혼자 일하지 않는다는 것을 알려주고 있다"고 카덴스 디자인 시스템스의 상황을 설명했다.

2019년에 있었던 익스트림 챌린지에 대해 묻는 손 사장의 질문에 레거 부회장은 "문제를 예견하고 해결할 수 있는 것이 중요하다. 장애물을 없애서 모든 사람이 모든 기회에 참여하도록 하는 것이 중요하다"고 기회의 제공을 강조했다. 또한 그는 "글로벌 상황이 점차 현지화되고 있는데 여기에 어떻게 적응하느냐"가 중요하다면서 "각각 정치적 체제에 맞춰 제품과 과정을 변화시켜야 한다"고 직접적인 해결책을 제시했다.

레비 회장은 익스트림 챌린지에 대기업뿐만 아니라 여러 스타트업이 함께하고 있는 것을 칭찬했다. 그러면서 "스타트업 기업들은 정말 풍부한 아이디어를 가지고 있고 대기업에서 볼 수 없는 에너지를 가지고 있다. 젊은 세대가 세상을 바꾸려는 결의를 하고 있다"면서 익스트림 챌린지의 진행 상황을 칭찬했다.

더 좋아진 창업 환경, 지금 필요한 건 좋은 아이디어와 용기

How to Start a Startup

연사
- **마크 랜돌프** 넷플릭스 공동창업자
- **존 맥닐** 룰루레몬 이사, 전 테슬라 사장

좌장
- **김유진** 스파크랩 공동대표

사업을 꿈꾸는 이들은 많지만 막상 사업을 실행하는 이는 많지 않고, 다시 사업을 성공시키는 이는 그보다 훨씬 적다. 사업하기 앞서 해당 사업 아이템이 정말로 성공할 수 있는지, 그리고 해당 사업 아이템을 바라는 고객이 있는지, 그리고 경쟁자가 있는지 등 다양한 요소를 고려하고 분석해야 한다. 이번 강연에서는 스타트업에서 세계적인 기업으로 우뚝 선 '넷플릭스'와 '테슬라' 출신으로부터 스타트업이 실수를 대처하는 방법을 비롯한 여러 팁을 받았다.

먼저 사회를 맡은 김유진 스파크랩 공동대표가 과거와 오늘날의 창업 환경이 어떻게 다른지를 물었다. 그러자 마크 랜돌프는 "25년 전 넷플릭스를 시작했을 때 웹 사이트를 구축하려면 클라우드에 갈 필요가 없었다. 지불 결제의 경우도 직접 구축해야 했다. 모든 것을 자체적으로 해야만 했다. 하나의 아이디어가 좋은지 나쁜지를 테스트하는 데 많은 비용과 시간이 들었다. 과거에는 창업하려면 시간과 비용이 참 많이 들었다"고 대답했다.

그러면서 그는 "오늘날에는 기술이 많이 발전되었다. 아이디어를 테스트하는 것이 쉽다. 10~20달러면 아이디어를 테스트할 수 있다. 테스트에 필요한 기술도 쉽게 구할 수 있다. 결국 혁신적인 아이디어, 좋은 아이디어를 찾는 것이 가장 중요하다"고 오늘날 창업 환경에 대해 설명을 이어나갔다.

존 맥닐 이사는 여기에 덧붙여 "현재 창업가들이 활용할 수 있는 리소스가 많고 멘토링 기회도 많다. 정말 많은 사람들이 멘토링을 해주고 있다. 1990년대만 해도 책을 봐야 했다. 도움을 얻을 수 있는 곳은 책 한 권뿐이었다"고 현재와 미래의 상황을 설명했다.

마크 랜돌프는 "자금도 풍부해졌다. 과거에 비해 벤처 투자자들이 크게 늘었다. 과거에는 가족, 친구들로부터 초기 자금을 구했다. 그런데 지금은 벤처 캐피탈을 비롯한 투자자들이 많아졌고 초기 단계에 투자해주는 엔젤 투자자들도 많다. 굉장히 강력한 자금 네트워크가 구축되어 있다"고 현재 창업의 긍정적인 투자 상황을 제시했다.

동시에 그는 "창업에 대한 환상이 너무 크고 너무 많은 창업자들이 잘못된 동기를 가지고 있다. 창업가가 되는 것이 멋지다고 생각해서 창업을 시작한다. 멋있어 보이기 위해 창업을 하는 것이 아니라 문제를 해결하고자 하는 열정으로 시작해야 한다"고 현재 창업 상황에 대한 아쉬움을 드러냈다.

과거에 비해 변하지 않은 창업 환경에 대해 묻는 김 대표의 질문에 맥닐 이사는 "첫 번째는 굉장히 넓은 시장이 있다는 것이다. 넓은 시장에서 기회를 잡지 않으면 놓칠 수 있다. 두 번째는 시장이 충분히 매력적인 시장인가를 검토해야 한다. 시장이 크고 매력적인지 확신이 있어야 한다"고 설명했다. 이에 더해 마크 랜돌프는 "변하지 않은 것은 불확실성이다. 불확실성은 늘 존재한다. 창업을 한다는 건 과거나 지금이나 쉽지 않다"고 덧붙였다.

창업 아이디어를 얻는 방법에 대해 마크 랜돌프는 "아이디어는 유기적으로 발생하고 복잡한 과정이다. 그러면서도 단편적인 이야기를 가지고 큰 그림을 그리게 된다. 알고리즘, 비디오 산업, 마케팅을 아는 사람들의 아이디어가 모여 회사가 만들어졌다. 초창기 아이디어는 커져야 한다. 초창기 아이디어만으로 성공한 기업은 없는 것 같다"고 넷플릭스 창업 경험을 소개했다. 맥닐 이사 역시도 마크 랜돌프의 의견에 동의하면서 "작은 아이디어를 씨앗으로 삼아 갈고 닦았다. 아이디어는 하나의 시작점에 불과하고 이를 발전시키고 개선하는 것이 중요하다"고 언급했다.

스타트업을 혼자 할 수 있는지 묻는 김 대표의 질문에 마크 랜돌프는 "단독으로 창업한 적이 한 번도 없다. 공동 창립자가 있거나 다른 사람들과 함께 팀을 이룬 경험이 전부이다. 개인적으로 파트너가 필수적이라고 생각한다. 같이 짐을 짊어질 사람이 필요하고 아이디어를 함께 고민할 수 있는 정서적 지원도 필요하다"며 창업에 있어 파트너십을 강조했다. 맥닐 이사는 "혼자는 어떻게 할지 모르겠다. 팀을 이뤄서 시작하는 것이 효율적이라고 생각한다"고 마크 랜돌프의 의견에 첨언했다.

좋은 인재를 영입하는 방법과 좋은 역량을 유지하는 방법에 대해서 존 맥닐 이사는 "40~50%의 시간을 인적자원에 집중한다. 세계 최고로 일하는 사람을 구하기 위해 사방팔방 뛰어다닌다. 스타트업부터 시작해서 규모를 키우는 일까지 끊임없이 이루어져야 하는 일이다. 역량을 대체할 만한 것은 아무것도 없다는 것을 기억해야 한다"고 인적자원의 중요성을 강조했다. 여기에 마크 랜돌프는 "전적으로 동의하며 항상 영입이 필요하다"고 말했다.

스타트업 기업이 저지르는 공통된 실수에 대해서 마크 랜돌프는 "초점을 잃는 것이다. 모든 문제를 다 해결하고자 하는 것이 문제다. 모든 것을 다 잘해야 한다고 생각하는데 그러면 절반밖에 하지 못한다. 2~3가지 정도에 집중해야 한다"고 설명했다.

맥닐 이사는 "경제적인 부분을 오해하는 것이다. 경제적 상황을 잘못 해석하여 수지타산을 찾지 못하는 것이 문제다. 초창기에 경제적 부분을 제대로 이해하지 못하면 자금은 고갈되고 만다"고 설명했다. 여기에 마크 랜돌프는 "시작을 안 하는 것도 문제다. 아이디어가 세상을 지배하는데 머릿속에 그냥 둔다. 아이디어를 더 고민하다 보면 늦는다. 성공한 기업가들은 먼저 실천한다"고 첨언했다.

제품과 마켓의 조화 개념에 대해 맥닐 이사는 "사람들이 제품을 사기 위해 충분한 돈을 지불할 것인가를 생각하는 것이다. 스타트업은 이를 확인하기 위해 충분한 시간을 투자해야 한다. 중요한 것은 계속해서 개선하며 고객이 원하는 것을 찾아야 한다. 처음 만든 제품에 너무 애착하면 그 이상의 발전을 거두기 어렵다"고 설명했다.

방향의 전환을 실행할지 결정하는 방향 전환 순간에 대해 마크 랜돌프는 "극단적인 방향 전환은 위기일 수 있지만 기회를 찾는 것이라고 정의할 수 있다. 대부분의 기업은 안전하고 편하기를 원하고 바꾸려고 하지 않는다. 그러나 상황이 바뀌면 새로운 비즈니스 모델을 채택해야 한다"고 설명했다.

맥닐 이사는 "방향 전환은 간절함에서 시작된다. 현재의 수익 모델이 작동하지 않을 때 문제를 고민하면서 시작된다. 기업은 성장하면서 여러 가지 건강한 방향 전환을 겪어야 한다. 방향 전환은 극단적인 경우도 있지만 극단적이지 않은 방향 전환도 있다. 맥락에 따라 다르다"고 덧붙였다.

한국의 스타트업이 글로벌 진출을 해야 하느냐는 김 대표의 질문에 대해 존 맥닐 이사는 "한국 스타트업은 글로벌 진출을 하고 있다. 글로벌 비즈니스에서 중요한 것은 팀 빌딩이다. 현지 시장에 맞는 팀을 구축해야 한다. 그리고 그 지역에서 누가 리더의 역할을 할지 적임자를 찾아 적재적소에 배치해야 한다"고 인재 중용의 중요성을 설명했다. 여기에 덧붙여 마크 랜돌프는 "글로벌 시장 진출은 매우 주의해야 한다. 현지 시장에 집중해야 하고 더 나아가서 장기적 시각도 가져야 한다. 너무 빨리 글로벌화를 진행하면 초점을 잃을 수도 있다"며 한국 기업의 글로벌 진출 주의점을 제시했다.

스타트업 창업에 대한 정부의 관심 그리고 투자

정책 라운드테이블 #2 (민간 창업플레이어 혁신방안)

연사
- **이정동** 대통령비서실 경제과학특별보좌관, 서울대학교 교수
- **JF 고디어** 스타트업 지놈 대표
- **얀 고즐란** 크리에이티브밸리 회장

좌장
- **하미드 부시키** 솔브릿지국제경영대학 학장

패널
- **한정수** 서울창조경제혁신센터 센터장
- **김광현** 창업진흥원 원장
- **류창완** 한양대 창업지원단 단장
- **이장혁** 고려대학교 경영대학 교수
- **김홍중** 벤츠코리아 대외협력부 상무
- **오상훈** 럭스로보 창업자
- **김건수** KDB산업은행 벤처기술금융실장
- **나카야마 료타로** 마쿠아케 대표

Try Everything – Make it Possible

'Try Everyting 2020' 행사에서 민간 AV·VC 혁신 방안 및 위기 극복을 논의하는 '정책 라운드테이블'이 두 차례에 걸쳐 진행됐다. 두 번째 진행에는 대통령비서실 경제과학특별보좌관이자 서울대학교 교수인 이정동 교수, 크리에이티브밸리의 얀 고즐란 회장, 스타트업 지놈의 JF 고디어, 솔브릿지국제경영대학 학장인 하미드 부시키가 연사로 참여했다.

이정동 교수는 "스타트업은 아이디어를 가지고 시작하지만 아이디어가 모든 것을 제공해주지는 않는다며 계속해서 아이디어와 창업 모델을 업데이트하고 발전시켜야 한다"고 설명했다. 스타트업 기업이 성공하기 위해서는 시장에 나아가 직접 시행착오를 겪어보고 테스트를 해봐야 한다는 것이 그의 설명이다. 그는 "창업한 회사가 성장할 수 있도록 시장, 법규, 재원, 네트워크, 인프라를 제공하는 것이 정부의 역할"이라면서 기업 창업의 성공에 정부의 역할이 중요함을 강조했다.

이 교수는 한국 정부의 창업 지원 정책을 사례로 들어 정부의 창업 지원 중요성을 설명했다. 그는 "한국 정부가 창업 기업이 먼저 시장을 대상으로 테스트해볼 수 있도록 일정 기간 동안 기존 규제를 면제해주는 규제 샌드박스를 도입하고 있고, 자금을 지원하기 위해서 공공벤처 펀드를 제공해주고 있다. 또한 정부가 벤처펀드 기금, 연구개발 지원비 등을 통해 기술 인증에 대한 지원을 하고 있다"고 다양한 한국 정부의 창업 지원 정책을 제시했다.

이에 덧붙여 이 교수는 한국의 공공조달 비용이 연간 2조 달러에 달한다면서 한국 정부가 공공조달 비용으로 기업의 성장을 돕고 있다고 언급했다. 그는 "한국 정부가 창업 기업을 조달하기 위하여 네 가지 국정과제를 선정했다"면서 "이는 한국 정부의 창업 기업 지원 의지를 잘 보여주는 것"이라고 설명했다. 특히 그는 "중앙정부, 지방정부, 공공기관에 조달하는 모든 물건 중 1%는 반드시 벤처기업과 중소기업을 통해 구매하라고 권장하고 있고 국정감사 때 이를 면밀하게 감찰하는 정책을 선포했다"면서 장기적으로 한국 스타트업 기업의 지원이 적극적으로 이루어질 것이라는 기대를 드러냈다.

얀 고즐란은 "프랑스의 기술 관련 정책이 매우 성공적이고 2012~2017년까지 기술 기업의 규모가 두 배 이상 증가했다"고 프랑스 창업 생태계의 현황을 설명했다. 그는 프랑스 창업 생태계의 성공적 구축 요인으로 공동체 구성을 언급했다. 산업 차원의 협회가 아니라 민간 분야, 공공 분야가 함께 공동체를 형성해 기업과 정부가 함께 일할 수 있는 장을 마련했다는 것이 그의 설명이다. 그는 해외에 있는 프랑스 기업이 공동체에 참여할 수 있도록 장려하고 있다고도 덧붙였다.

얀 고즐란은 "프랑스 졸업생 중 3%만이 창업을 하고 있다"면서 청년들의 창업을 유인하기 위한 프랑스 정부의 노력에 대해서도 설명했다. 프랑스 정부가 창업의 모범 사례를 찾고, 대학생들을 대상으로 기업가 프로그램 강의를 진행했다는 것이 그의 구체적인 설명이다.

또 그는 한국과 프랑스의 공통점에 대해서 언급하면서 "한국과 프랑스 기업이 가진 가장 큰 강점은 기술적 부분에서의 숙련도이며 기업 성장을 위해 중요한 것은 투자를 확보하는 것"이라고 투자의 중요성을 강조했다. 그는 "프랑스 같은 경우 투자의 50% 정도가 외부 투자자이고 민간 투자자들도 투자를 많이 한다"면서 한국도 이러한 투자 생태계를 구축하면 좋겠다고 조언했다. 그는 투자뿐만 아니라 현직 기업들의 글로벌화를 위해 한국 정부가 많은 투자를 해야 한다고 덧붙였다.

JF 고디어는 창업을 위한 정부의 역할은 재정적 지원을 하는 것이라고 의견을 제시했다. 그는 최근 성공한 스타트업 기업 대부분이 스타트업 생태계를 충분히 갖춘 국가에서 배출되고 있다고 설명했다. 그는 "기업 친화적으로 창업 생태계를 만들고 경제적 도움을 줄 수 있는 것이 바로 정부이며 정부가 기업의 성장을 가속화시킬 수 있다"고 강조했다.

창업 기업이 혼자서 성장하는 것은 실패할 확률이 높을 뿐만 아니라 성장하더라도 오랜 시간이 걸린다면서 정부가 창업 기업을 지원해야 한다는 것이 그의 설명이다.

이장혁 고려대학교 경영대학 교수는 "스타트업 생태계에 있어 정부가 중요한 행위자로 개입할 수 있지만 가능하면 초기 단계에서는 기업 내부와 민간 차원에서 역할을 하는 것이 중요하다"고 의견을 밝혔다. 창업 기업이 내부 프로세스를 충분히 준비했을 때 정부가 시장 생태계에 뛰어들 수 있도록 지원해야 한다는 것이다.

이 교수는 또 "스타트업 교육은 대학생뿐만 아니라 사회인들에게도 이뤄져야 한다"고 창업교육의 확대를 강조했다. 이에 덧붙여 그는 "최근 조기 퇴직하는 분들이 많은데 좋은 아이디어를 가지고 젊은 청년들과 함께 창업한다면 크게 도움이 될 것"이라고 새로운 대안을 제시했다.

마지막으로 그는 "외국에서 온 기업 혹은 외국 투자가들도 정부 혜택을 받을 수 있어야 진정한 의미의 창업 생태계가 마련된다"면서 글로벌 창업 생태계 구축을 위한 한국 정부의 역할을 강조했다.

한편 온라인 패널로 토론에 참여한 나카야마 료타로 마쿠아케 대표는 "한국의 공공조달 제도는 정부가 직접 목표를 세워 창업 기업에게 인센티브를 주는 제도로 매우 좋은 제도라고 생각한다"며 한국의 공공조달 제도를 칭찬했다. 또 그는 "한국 스타트업 기업들은 코로나19 사태에도 불구하고 정확하게 수요를 파악하고 성공적으로 제품을 출시했다"고 언급하면서 한국 창업 생태계에 놀라움을 표했다. 그는 "마쿠아케가 새로운 사무소를 서울에 개소해 한국 창업 기업의 일본 진출을 돕겠다"며 한국 창업 기업의 일본 진출을 기대했다.

JF 고디어는 "한국의 창업 생태계에서 부족한 것은 글로벌 연계성"이라면서 이를 갖춰야 한다고 강조했다. 그러면서 그는 "자금 조달의 규모를 향상시키고 창업 생태계의 커뮤니티가 성공적으로 유지돼야 한다"고 구체적인 대안을 제시했다. 얀 고즐란은 JF 고디어의 생각에 공감하면서 "글로벌 창업 생태계를 마련하기 위해서는 대학뿐만 아니라 고등학교 때에도 다양한 문화를 접할 기회가 필요하다"고 덧붙였다.

참여우수기업

원티드 wanted

대표 | 이복기

홈페이지 | https://www.wanted.co.kr/

원티드는 2015년 설립된 커리어 플랫폼으로, 글로벌 5개국 1만 개 기업과 200만 회원을 매칭하고 있다. 오프라인에서 진행되던 지인추천 및 헤드헌팅 서비스를 온라인으로 구현하면서 비효율적인 채용시장에서 기업과 구직자의 어려움을 해결하는 AI 매칭기술 기반 솔루션을 제공 중이다. 현재는 직장인들의 커리어 성장을 위한 컨퍼런스 및 교육 서비스를 제공하는 커리어 플랫폼으로 서비스 영역으로까지 확대했고 글로벌 서비스 확장을 위해 일본, 홍콩, 싱가포르, 대만 등 아시아 4개국에 진출한 상태로 매년 2배 이상의 매출 성장을 지속하고 있다.

콜라비팀 collabee

대표 | 조용상
홈페이지 | www.collabee.co

콜라비팀은 재택근무 시 팀 커뮤니케이션의 어려움을 해결하고 실질적으로 협업의 효율성과 생산성을 높일 수 있는 기업용 메신저인 '콜라비 메신저'와 팀 협업툴인 '협업툴 콜라비'를 제공하고 있다. 콜라비팀은 '협업툴 콜라비'로 2016년 구글이 주관한 'Startup Grind Europe Top 10' 선정, 2017년 Paris&co 에서 우승하였으며 이후 Startup Sauna Batch 및 Slush에 선정되는 등 글로벌 시장에서 제품의 우수성을 인정받았다. 불필요한 시간 소모를 줄이는 것. 그래서 직장인들에게 의미 있는 시간을 돌려주는 것. 이것이 콜라비팀이 해결하고 싶은 문제이다.

코클리어닷에이아이 Cochl.

대표 | 한윤창
홈페이지 | https://www.cochlear.ai/

코클리어닷에이아이는 주변에서 들리는 다양한 소리를 사람처럼 이해할 수 있는 사운드 AI 기술을 만드는 회사이다. Cochl. Sens는 위급상황감지, 소리를 통한 사물인터넷 기기제어, 사람의 현재 상태분석, 실내맥락파악, 음악분석 등 다양한 기능을 제공하고, 또한 클라우드 API와 기기설치형 SDK 두 방식을 모두 제공하여 어떤 애플케이션에도 손쉬운 적용이 가능하다. 2020년 시리즈A 투자유치를 통해 빠른 성장을 거듭하고 있고 스마트홈, 보안, 자동차, 로봇, 음악서비스 등 다양한 산업군에 기술 적용을 확장시키고 있다.

센스톤 SSenStone

대표 | 유창훈

홈페이지 | https://www.ssenstone.com/

센스톤은 국내외 공신력 있는 기관과 전문가들로부터 기술력과 성장 가능성을 동시에 인정받은 인증보안 전문기업이다. 센스톤의 눈부신 성적의 배경에는 자체 개발한 원천기술인 OTAC One-Time Authentication Code 가 있다. 이 기술은 네트워크 연결없이 클라이언트에서 생성된 1회성 다이내믹 코드만으로 인증대상을 식별해 다차원 구조로 인증할 수 있는 사용자 식별 기술로, 그 동안 불가능으로 여겨졌던 인증 알고리즘을 해결한 혁신 기술이다. 현재 센스톤이 OTAC 관련 보유한 글로벌 특허는 130개가 넘는다.

올거나이즈 Allganize

대표 | 이창수

홈페이지 | https://allganize.ai/

올거나이즈는 2017년 미국 실리콘밸리에서 설립된 자연어이해 인공지능 전문 스타트업으로 NLU AI를 통해 기업 고객의 업무를 자동화할 수 있는 다양한 솔루션을 보유하고 있다. 기업 고객은 AI 답변봇의 형태로 직관적인 GUI 와 강력한 연동 노드로 고도화 및 개인화된 시나리오와 함께 사용 가능하며 그 외에도 기사용중인 협업툴, 메신저, 챗봇과도 연동하여 사용할 수 있다. 올거나이즈 솔루션의 이러한 강점으로 기업 고객은 어떤 경쟁 서비스보다 빠르고 스마트하게 NLU AI를 도입할 수 있다.

씰링크 Sealink

대표 | 이희장

홈페이지 | https://www.esealink.com/

씰링크는 반도체 증착 장비용 고진공 회전축 밀폐장치와 석유화학 교반기 무윤활 방식 회전축 밀폐장치를 설계 제조하는 회사이다. 일본, 미국, 싱가포르, 영국에 수출을 하면서 시장에서 품질과 상품성을 인정받고 있다. 무윤활 방식 회전축 밀폐장치에 IoT를 적용한 실시간 누출감지 모니터링 시스템을 양산화하여 누출 폭발 사고를 1/10로 줄여 생명존중에 기여하면서, 3년 후 코스닥 상장은 물론이고 나스닥에 상장하는 것을 목표로 하고 있다.

지니얼로지 Genealogy

대표 | 지훈

홈페이지 | https://www.genealogy.co.kr/

지니얼로지는 바이오인포메틱스 스타트업으로 유전자 예측 및 유전자 데이터 분석 AI 기술을 이용한 PaaS 서비스를 개발하고 있다. 특히 자체 AI 유전자 분석 기술은 2020년 〈네이처 커뮤니케이션즈〉에 게재되었다. 지니얼로지는 미국 현지 법인을 통해 유전자 정보, 나이, 식습관, 몸무게 등과 같은 건강데이터를 활용하여 각 사용자의 다양한 만성질병에 대한 위험도를 미리 예측하고 누구나 손쉽게 집에서 검사할 수 있는 진단키트 정기구독 서비스를 제공한다. 미국에서의 경험을 바탕으로 향후 캐나다, 유럽 시장으로 진출을 계획하고 있다.

에스비씨엔 SBCN

대표 | 손상현, 이승엽

홈페이지 | http://www.sbcn.co.kr/

에스비씨엔은 빅데이터, AI 기반의 금융투자 핀테크 기업으로, 금융투자 정보서비스인 '투자의달인' 브랜드로 B2B2C, B2C 사업을 영위하고 있다. 에스비씨엔은 개인투자정보 마이데이터 사업을 통해 흩어져 있는 투자자산을 효과적으로 통합관리할 수 있는 선도적 서비스 확장을 통해 금융소비자의 투자환경 개선에 기여하고 있으며, 고품질의 투자정보 서비스를 기반으로 다양한 사업모델 구축을 통해 사업성에 있어서도 두각을 나타내는 핀테크 기업으로 성장하고 있다.

더코더 The Coder Co., Ltd

대표 | 박행운

홈페이지 | www.thecoder.co.kr

더코더는 보안 인쇄 IoT 전문 기업으로, DoT Data on Things를 이용하여 정품 인증, 마케팅, 유통 추적 등 DoT 솔루션을 제공하는 기업이다. 2019년 보안분야 유일 NET 신기술 (국가기술표준원) '물성 특성을 고려한 소재별 망점DoT 기반 인코딩 및 위변조 방지 기술'을 획득한 기업으로 칩없이 표면 인쇄·가공 기술을 이용한 코딩과 SW 기술로 합리적인 비용에 스마트 서비스 플랫폼 구축하여 제공하고 있다. 현재 파키스탄, 스페인, 터키, 인도, 인도네시아 지사를 통한 해외 현지 영업 또한 활발히 하고 있으며, 미국 현지 해외법인 설립과 상장을 목표로 하고 있다.

아부하킴 AbuHakim

대표 | 유덕영

홈페이지 | https://www.abuhakim.com

아부하킴은 국내의 독보적인 중동 아랍 전문 스타트업으로, 국내 우수한 제품과 서비스의 중동 진출을 가능케 하는 풀스택 플랫폼Full-stack Platform이다. 중동 아랍국가의 언어, 문화, 결제와 배송을 탑재한 웹기반 커머스를 시작해 경험과 데이터를 쌓기 시작했고, 분석을 통해 중동 진출이 수월하도록 인사이트를 축적하고 있다. 아부하킴은 중동 진출 벨류 체인을 원스톱으로 연결하고 이를 표준화하여 플랫폼에 담기 위해 노력하고 있다.

페이민트 Paymint

대표 | 김영환

홈페이지 | https://www.paymint.co.kr/

페이민트는 매장용 지급결제 서비스를 제공하는 핀테크 회사이다. 사업 초창기 카카오페이, SK시럽페이, SSG 페이 등 국내 주요 대기업 간편결제 시스템을 설계, 개발 및 운영하였고 이후부터 직접 개발한 수수료 절감 코어 기술INSERT을 활용하여 결제선생, LINQ 서비스를 운영하고 있다. 페이민트는 2019년 금융위원회의 혁신금융서비스 사업자로 선정되어 국내 최초 유일하게 미국 아마존 본사와 기업간계약을 체결한 전자금융사업자이기도 하다. 일반 매장의 결제서비스뿐 아니라 다양한 금융분야의 지급결제 환경 혁신을 목표로 하고 있다.

인디제이 inDJ

대표 | 정우주

홈페이지 | http://indj.net/

인디제이는 인공지능을 기반으로 하는 음악 추천 서비스를 제공하는 음악플랫폼이다. 인공지능이 2만여 가지 이상의 개인화된 상황을 인공지능이 실시간으로 분석하고, 그에 맞는 음악, 콘텐츠를 추천한다. 사용자의 감정패턴에 따라 음악을 추천해주기도 한다. 음악플랫폼과 고유기술을 기반으로 자동차, 가전 산업 등과 연계하여 새로운 성장동력을 확보하고 있다. 2019년 글로벌 기업 등과 400만 달러 규모 이상의 인공지능 서비스 공동개발 업무협약을 체결하고, 전 세계 글로벌 기업들과 협력체계를 구축하며 확장해나가고 있다.

로켓뷰 RocketView

대표 | 김화경

홈페이지 | https://www.rocketview.io

로켓뷰는 2016년 11월에 삼성전자 사내벤처 C-Lab에서 스핀오프한 기업으로, 오프라인 매장에서 가장 쉬운 상품정보검색 서비스인 찍고 검색, '찍검' 서비스를 하고 있다. 오프라인 매장에서 가격표 속 상품명을 스마트폰으로 찍으면 인포그래픽으로 표현한 상품정보와 성분, 가격비교, 리뷰 등 구매에 필요한 정보들을 오프라인이라는 점을 감안해 빠르게 검색하여 합리적인 구매 결정을 가능하게 하는 모바일 서비스로, 오프라인 행동패턴 데이터 기반의 의사결정이 가능토록 상품 생산·유통·마케팅 분야의 혁신을 만들어 나갈 계획이다.

코딩로봇연구소 Coding Robot Lab

대표 | 최영준

홈페이지 | https://www.codingrobotlab.com

CODING ROBOT LAB

코딩로봇연구소는 2017년에 설립된 에듀테크 기업으로 코딩 교육을 위한 온라인 플랫폼을 제공하고 있으며 사용자 30만명 유치를 목표하고 있다. 사업 초기에는 초등학생을 위한 코딩교육 학습관리시스템을 KBS 등에 납품했으나 이후 '깜즈', '스웨팅' 서비스 제공을 통해 대학생 이상의 코딩교육을 위한 서비스를 제공 중이다. B2B 모델로는 학교, 학원 등에서 코딩교육을 진행할 수 있는 온라인 실습 환경과 학습관리시스템을 제공 중이며 B2C 모델로는 개인 누구나 코딩 실력과 경험을 공유해 이익을 낼 수 있는 플랫폼을 제공하고 있다.

아키드로우 Archidraw

ARCHIDRAW

대표 | 이주성

홈페이지 | https://www.archisketch.com/

아키드로우는 2004년에 설립된 올인원 인테리어 디자인 솔루션으로, 3D 모델링 하나로 홈플래너, 파노라마 3D, 4K 렌더링, 360HD 뷰어, AR 뷰어 등 다양한 기능을 자유롭게 이용할 수 있는 서비스를 제공하고 있다. 최근 코로나19로 언택트가 강조됨에 따라 변화하는 인테리어 시장에서 '아키스케치'를 활용, 비대면 홈스타일링을 위한 O2O 인테리어 디자인 서비스 '시숲'을 론칭했다. 아키드로우는 자체 개발한 3D 엔진을 바탕으로 클라우드를 통해 3D 모델링을 실사처럼 이미지화할 수 있는 유일한 국내 기업이다.

PART 4

글로벌 프런티어
: 한국을 넘어 세계로

아시아의 비상하는 스타트업

아시아 하드웨어 배틀

연사

- **스칸** CUE그룹 대표
- **홍상민** 열사람 대표
- **전광명** 인트플로우 대표
- **이준호** 플라스크 대표
- **임형택** 디솔헬스케어 대표
- **장윤석** 랩투마켓 대표
- **최민석** 무브 대표
- **김정한** 팀더블유 대표

'아시아 하드웨어 배틀'에서는 7개 스타트업이 참여해 기술과 아이디어를 뽐냈다. 아시아권 글로벌 기업인 말레이시아 개발사 업계 1위인 썬웨이그룹, 중국 심천의 중국 국가인증 창업지원기관인 대공방과 중국의 테크미디어 회사인 테크노드의 담당자 그리고 이번 대회의 진행을 주관하고 있는 엔슬파트너스의 담당자가 심사를 맡았다. 이들은 상품과 아이디어의 혁신성, 시장성, 사업성, 성장성, 디자인 등의 심사 기준으로 경연대회에 참가한 기업을 평가했다.

먼저 CUE그룹의 스칸 대표가 기조연설자로 나와 창업가의 즐거움에 대해 소개했다. 그는 실시간 AI 얼굴인식 열화상 시스템을 개발했으며 한국에도 진출해 코로나19 팬데믹 상황에서 큰 도움을 주고 있다.

CUE 시스템은 체온측정 오차가 0.3도 이내에 불과하다. 일반 체온

측정기 오차 0.5도보다 정확도가 높다. 게다가 얼굴인식 기능으로 의심 환자 추적관리가 용이하다.

스캔 대표는 수요가 있으면 시장이 생성된다는 생각으로 미국 실리콘밸리에서 생활하다 베이징으로 돌아와 창업했고, 이후 동네 마트에서 접이식 의자를 구비한 뒤 면접을 봤던 기억을 떠올렸다. 현재는 CUE그룹이 중국에 1,500명의 직원을 보유하고 있으며 중국 주요 섹터를 다 커버하고 있다고 한다. 그런 스캔 대표가 전한 메시지는 '창업의 즐거움'이다. 코로나19가 전 세계적으로 확대되자 바이러스와 맞서 싸우는 데 있어 디지털 솔루션을 활용하기 좋다고 생각한 그는 가방 3개와 여러 장비를 담은 2개의 박스를 가지고 아는 사람 없이, 한국어도 모르는 상태로 한국행 비행기에 탑승했다.

스캔 대표는 "저의 한국행은 올해 4월에 이뤄졌고 한국에 와서 5개월가량 일한 사이 CUE 한국 팀을 10명 정도 만들었으며 대구 시장님도 만났다. 저희 기술을 한국 정부에 지원해드렸고 한국 시장에서 저희 시스템과 기술을 판매하게 됐다. 이 모든 여정이 굉장히 흥미로운 경험이다. 오늘 여기서 스타트업 창업에 대해 얘기하는 것도 그러한 새로운 경험 중 하나"라고 소개했다. 그리고 그런 즐거움이야말로 기업가 정신을 꽃피우는 핵심 재료, 핵심 정신이라고 소개했다.

스캔 대표의 기조연설에 이은 첫 번째 발표자는 치과 보철물 인공사업을 진행하고 있는 디솔헬스케어의 임형택 대표다. 그는 치과 진료가

미용적인 부분을 상당히 많이 차지한다고 입을 열었다.

임 대표는 현재 치과용 디지털카메라 가격이 3,000달러나 되고 PC 소프트웨어를 이용해야 해 가격 부담이 높다고 설명했다. 임 대표는 "누구나 쉽게 제대로 치과 사진을 촬영할 수 있도록 하기 위해 스마트폰에 AI 기술을 더하고, 색상 일치를 위해 LED 조명을 개발했다"고 설명했다. 현재 디솔헬스케어는 AI 처리가 가능한 서버를 개발했으며, 서버와 스마트폰을 연결하는 애플리케이션도 이미 안드로이드와 아이폰용 두 가지 플랫폼을 개발한 상태다.

실제 디솔헬스케어는 치과에서 시제품을 테스트하고 있으며, 사진 촬영부터 분석까지 1분 이내에 완성할 수 있다고 장점을 소개했다.

임 대표는 "개발 초기부터 비즈니스 모델에 공을 들였다"며 유료 앱과 무료 앱의 차이를 소개했다. 치과 의료시장의 진입장벽이 높은 것도 관련 특허를 보유한 디솔헬스케어에게 유리하다고도 덧붙였다.

임 대표는 "전 세계적으로 약 3,000억 원의 수요가 있는 것을 확인했다. 처음부터 글로벌 시장을 염두에 뒀다"며 2021년 3월 독일에서 개최하는 덴탈 쇼에 제품을 론칭할 계획이라고 말했다.

반려동물 건강관리 IoT 기업 열사람의 홍상민 대표는 반려동물의 건강을 예측하는 IoT 시스템 '포그미'를 발명한 기업인이다. 홍 대표는 "전 세계 반려동물 중 60%가 비만으로 고생하고 반려동물 주인의 45%가 자신의 동물이 비만인지 아닌지 모르고 있다"고 지적했다. 그래서 홍 대표는 반려동물의 상태에 따라 영양과 사료와 비만을 관리해주고 앱을 통해 몸무게 등 건강을 관리해주는 시스템을 개발했다고 설명했다.

홍 대표에 따르면 포그미는 반려동물 중심으로 만들어졌다. 반려동물이 좋아하는 온열과 힐링 음악을 탑재해 자주 포그미 주변에 머물 수 있도록 했다. 반려동물의 체중을 측정하는 센서가 내부에 탑재돼 있어 반려동물이 포그미에 오가는 것만으로 몸무게를 측정할 수 있다는 설명이다.

홍 대표는 "포그미로부터 비만 정보와 추천 사료 정보가 들어오면 사료와 스낵을 섞어줘 반려동물 비만율을 낮추게 된다. 포그미는 지난해 와디즈에 론칭했고 평점 4.9점의 역대 최고치 만족도를 찍으며 10분 만에 완판됐다"고 설명했다.

홍 대표는 포그미의 수익모델을 묻는 질문에 대해 "유명 브랜드와의 콜라보레이션으로 해결했다"고 답했다. 세계적으로 인기 있는 라인프렌즈와 이미 계약을 했다고 한다. 열사람은 라인프렌즈 캐릭터와 함께 중국에서 가장 유명한 2개의 오프라인 매장에 제품을 입점시킬 예정이라고 설명했다. 또 샤오미와도 콜라보레이션을 준비하고 있다고 말했다.

반려동물을 많이 키우는 동남아시장도 라인프렌즈와 함께 우선 베트남에 진출하고, 이후 출시 국가를 늘려간다는 목표다. 무엇보다 전 세계 반려동물 시장이 약 100조 원으로 무척 크고, 펫 IoT 관련 디바이스 시장도 1조 원가량의 시장을 가지고 있는 만큼 시장성은 충분하다는 입장이다.

홍 대표는 "열사람은 이미 약 10만 마리의 반려동물의 나이, 종류, 지역에 따라 알고리즘을 만들어 비만도와 사료 등을 측정하고 추천할 수 있도록 기술을 구체화했다"면서 "2023년까지 약 1,000억 원의 매출을 만드는 것이 목표"라고 말했다.

세 번째 발표자는 자동물류 시스템 로봇 사업을 진행하고 있는 랩투마켓의 장윤석 대표다. 그는 수익구조가 나쁜 밸류체인 마지막 단계에서 비즈니스 모델을 찾았다.

장 대표는 "2018년 통계에 따르면 세계 인구의 54%가 도시에 거주한다. 2030년이 되면 전체 인구의 20%가 65세가 된다. 2050년에는 대부분 도심에서 살게 될 전망이다"라고 도시화, 노령화 현상을 언급했다. 도시로 인구가 몰리기 때문에 땅값은 비싸지고, 여기서 서비스할 수 있는 기술을 찾아내야 한다는 주장이다.

이에 대해 장 대표는 "많은 사람들이 고령화되기 때문에 표준적인 작업을 할 수 있는 교육을 하기가 쉽지 않다. 요즘 유통업계는 풀필먼트를 통한 라스트 마일 배송이 핫하다. 시장은 폭발적으로 증대하는데 이를 고용적으로 대응하는 방법밖에 없어 수익구조가 나쁘다"고 말했다.

랩투마켓은 이 프로세스를 보다 지능적으로 개선시키는 데 집중하고 있다. 장 대표는 "글로벌 스마트 팩토리 시장을 살펴보면 국내 시장은 5조 원, 세계 시장은 120조 원가량 된다. 풀필먼트 시장도 국내는 5.2조

원, 세계 시장은 60조 원 정도 된다. 그런데 재밌는 것은 아마존이 이 커머스에 33조 원을 투자했고 앞으로 더 많은 돈을 투자할 것이라는 점"이라며 해당 분야의 중요성을 설명했다.

장 대표는 "스마트 팩토리는 지금까지 공정 자체 생산효율을 올리는 데 집중했지만 앞으로는 생산 후 공정을 연결하는 물류 개선에 많이 집중할 것이다. 저희가 초점을 맞추고 있는 풀필먼트도 지금 컨베이어 쪽으로 투자가 되고 있는데 미래에는 로봇으로 투자가 많이 이뤄질 것"이라고 전망했다. 2050년이 되면 노인의 비율이 늘고 인구의 60%가 도심에 거주하게 돼 도시 집값이 상승하고 공간이 부족해지는 점을 이유로 꼽았다.

현재 랩투마켓은 마이크로 풀필먼트 기술을 개발하며 효율적인 이송과 피킹Picking을 만들어가고 있다. 또 물류창고 내 있는 컨베이어 로봇, 다양한 장비들을 유연하게 인터페이스하고 작업할 수 있는 기술을 보유했다고 강조한다. 현재 랩투마켓은 말레이시아와 태국에 마이크로 풀필먼트 시스템 자동화를 실시했으며 6개의 특허를 보유하고 있다.

인트플로우 전광명 대표는 스마트 안면 분석 키오스크에 대해 소개했다. 그는 자사의 제품이 코로나19 예방을 위한 검사 시스템이라고 말했다. 전 세계적으로 3,000만 명 이상 코로나에 확진됐고 100만 명 넘게 코로나19로 인해 사망하는 등 상황이 매우 안 좋다고 우려했다. WHO도 코로나19가 적어도 1~2년은 더 지속될 것이라는 어두운 전망을 내놓았다.

이로 인해 국내에서도 열감지 키오스크가 확산되고 있지만 전 대표는 이들 키오스크는 몇 가지 문제점이 있다고 지적했다. 가장 큰 문제는 체온을 측정하고 스크리닝해야 하는 기능, 즉 '체온 측정의 신뢰성'이 없다는 지적이다.

전 대표는 "인트플로우는 올해 1~2월부터 연구개발을 시작해 어찌 보면 다른 회사들보다 개발이 늦었지만 인트플로우의 페이스 섹션은 3m 거리 내에서 온도를 감지하고 정확한 조건을 만족하는 마스크 착용 여부를 판결한다. 게다가 키오스크 앞에 멈춰서 체크하지 않아도 되는 장점이 있다"고 설명했다.

인트플로우는 안면 검출 기술을 활용해 마스크를 착용했다고 판단되면 안면에 녹색 박스가, 마스크를 착용하지 않은 안면으로 판명나면 레드 박스가 나오도록 해 마스크 착용을 확인할 수 있도록 했다. 또 열감지 카메라와 사람 간 거리를 측정하고, 거리에 따른 온도를 환산해 훨씬 폭넓은 측정 환경을 제공한다.

전 대표는 "자사 열감지 시스템은 설치 위치가 바뀔 때마다 매번 튜닝해야 하는 어려움을 없앴고 웹, 스크린 구분 없이 사용할 수 있는 올인원 시스템"이라며 "다수의 알고리즘을 통해 타사보다 정확하게 측정할 수 있고 현재 서울, 경기권 시내버스, 유치원 등을 대상으로 테스트 중"이라고 설명했다.

무브의 최민식 대표는 프라이빗 차량 공유 서비스에 대해 소개했다. 그는 "전 세계를 다니다 보니 가장 불편한 점이 바로 공항에 내리고 나서부터 겪게 되는 이동 문제"라며 "한 번씩 짧은 구간을 이동하는 데에는 택시가 좋은 서비스지만 인천공항에 도착해서 수원을 가고, 대전을 가고 할 때는 택시가 좋은 해결책이 되기 어렵다"고 택시의 한계를 설명했다.

최 대표는 "이미 그랩이나 우버 같은 회사가 개인을 플랫폼으로 연결해서 택시 시장을 혁신했지만 무브는 전통적인 렌터카업체들과 협업해 기사가 포함된 차량 서비스를 한꺼번에 제공하고자 한다"며 기사와 차량을 동시에 제공하는 소규모 프라이빗 라이드 헤일링을 특징으로 내세웠다.

최 대표는 "기사가 포함된 라이드 헤일링 서비스는 내가 직접 운전할 필요가 없기 때문에 출장자에게 가장 좋은 서비스다. 하지만 해외에서 이용할 경우 기사들하고 대화가 안 돼서 불편하고 통상 요금이 비싸다는 문제가 있다. 무브는 이런 문제를 무브 플랫폼 하나로 해결할 수 있는 글로벌 통합 라이드 헤일링 서비스를 추구하며 렌터카 사업 면허를 보유하고 있는 업체들과만 파트너십을 맺고 있다"고 소개했다. 그랩과 우버는 합법적인 틀을 갖추지 않은 개인들을 플랫폼으로 모으다 보니 여러 가지 문제점도 발생하는데 무브는 렌터카업체들과 협력하는 것으로 해결했다고 설명했다.

AI 모션 캡처 애니메이션 툴 사업을 하고 있는 플라스크 이준호 대표는 게임이나 애니메이션 콘텐츠를 만들 때 가장 고된 작업은 애니메이션을 만드는 작업이며, 3D 모션을 대부분 수작업으로 만든다고 설명했다. 그는 "수작업 애니메이션 같은 방식은 굉장히 비효율적이고 비싸다. 미국 기준으로 평균 연봉이 7만 6,000달러 정도 되는 직업인데 회사가 이런 애니메이터를 20~30명씩 데리고 있는 경우가 많다"고 말했다.

이어 이 대표는 "프로세스가 비효율적이기 때문에 일주일, 한 달씩 만들어도 몇 초 분량의 애니메이션이 나오는 것도 흔한 일이다. 모션캡처 기술도 굉장히 비싸 대부분의 콘텐츠 제작자가 사용하지 못한다. 반면 플라스크는 AI를 통해 이를 해결하고자 한다"고 설명했다.

이 대표는 이미지 속 인물의 포즈 그대로 마치 모션캡처한 것처럼 관절의 좌표를 얻어내는 기술을 활용해 애니메이션을 손쉽게 만들 수 있게 고안했다. 활용처도 단지 애니메이션 작업에 국한되는 것이 아니라 손쉽게 만들고 수정할 수 있도록 해 동영상을 만드는 크리에이터나 유튜버들이 해당 툴로 영상을 손쉽게 작업할 수 있다고 말했다. 무엇보다 기존에 있었던 모션캡처 스튜디오와는 비교도 안 될 만큼 저렴한 가격으로 애니메이션을 제작할 수 있는 것이 플라스크의 강점이라고 덧붙였다.

챗봇 기반 스마트 오더 솔루션을 개발하고 있는 팀더블유 김정한 대표는 먼저 세 가지 언택트 소비 트렌드에 대해 설명했다. 첫 번째로 '키오스크' 같은 제품이 몇 년 전부터 맥도날드, KFC, 롯데리아, 버거킹 등을 통해 무인 주문 시스템으로 빠르게 확대됐다. 김정한 대표는 "이것은 인건비 절감이라는 장점이 있지만 사용자에게는 좋지 않다. 성인 남자를 기준으로 삼았기 때문에 휠체어를 탄 분이나 아이들은 사용이 불편하고, 주문하기 불편하다는 단점이 있다"고 설명했다.

김 대표는 두 번째는 스타벅스의 '사이렌 오더'와 같은 스마트 오더 시스템의 보급이다. 이미 스타벅스는 사이렌 오더 누적 건수가 1억 건 이상이고 주문 오더 25% 이상이 사이렌 오더를 통해 주문되고 있다. 다만 다른 대형 커피 프랜차이즈인 이디야 등도 스마트 오더를 도입했는데 사용률이 현저히 낮았다. 김 대표는 그 이유가 '모바일 앱'에 있다고 설명했다. 커피를 주문하기 위해 앱을 다운로드하고 회원가입을 하는 것에 대해 거부감이 있다는 것이다.

김 대표는 "스타벅스의 경우에는 스타벅스 앱에 사이렌 오더 기능이 들어간 것이다. 스타벅스 앱 사용자에게는 따로 앱을 추가하는 것이 아닌 셈이다"리고 스타벅스와 이디야 앱의 차이점을 설명했다.

세 번째 언택트 트렌드는 메신저 트렌드다. 많은 기업이 고객들과의 접점을 넓히기 위해 챗봇 서비스를 사용하고 있다는 설명이다. 김 대표는 팀더블유에서 메신저, 스마트 오더 서비스, 그리고 모바일 키오스크가 필요하다고 생각해 카카오톡을 통한 챗봇 기반 모바일 주문 서비스 '앤오더NOrder'를 선보였다고 소개했다.

앤오더는 주문관리 시스템, 프랜차이즈 본사에서 사용할 수 있는 매장 관리 시스템, 마케팅 툴로 구성됐다. 사용법도 카카오톡을 열고 돋보기 표시가 있는 검색 버튼을 누른 후 서비스를 찾아보면 모바일과 비슷한 사용자 인터페이스를 가지고 있다.

김 대표는 "지난해 잠실야구장에서 피자를 주문했는데 15분을 기다려 주문하고, 주문 영수증을 들고 또 15분을 기다렸다"면서 "알림톡을 받고 픽업할 수 있다면 얼마나 좋은 서비스가 될 수 있을까? 하고 생각한 끝에 탄생한 것이 '야구앤오더' 서비스다. 전체 55개 야구장 매장 중 54개 매장에 론칭했고 픽업 서비스도 시작해 고객 요청에 의해 예약, 픽업, 배달 서비스도 가능하다"고 서비스를 소개했다.

이 같은 서비스는 기획에 따라 활용처가 무궁무진하다는 설명이다. 가령 대학교에서 사용할 수 있는 오더, IFC몰 같은 데서 사용할 수 있는 오더, 프랜차이즈 매장에서 사용할 수 있는 프랜차이즈 오더 등 다양하게 활용할 수 있다는 것이다.

다만 카카오톡에서 스마트 서비스를 제공하려면 챗봇 빌더를 사용해야 하는데 그렇게 할 경우 자율성이 떨어진다고 생각해 직접 자율 챗봇 엔진을 개발했다고 밝혔다. 또 김 대표는 미국 진출을 목표로 하고 있으며, 미국에 있는 페이스북 메신저 등에 '야구앤오더' 기능을 추가하면 쉽고 빠르게 론칭이 가능하다고 장점을 소개했다. 김 대표는 "모든 메신저 플랫폼에 챗봇 서비스를 할 수 있다"고 글로벌 진출에 대한 자신감을 내비쳤다.

총 7개 기업의 발표 결과 4개 팀이 우수상을 받았다. 우수상을 수상한 팀은 중국 심천 생태계 탐방 및 대공방 IR 기회를 제공받는다. 우수상은 플라스크, 디솔헬스케어, 팀더블유, 무브가 수상했고 최우수상은 반려동물 IoT 사업 '포그미'를 하고 있는 열사람에게 돌아갔다. 대상은 랩투마켓이 차지했다. 최우수상과 대상을 수상한 두 팀은 아시아 핫 테크 배틀 본선에 진출한다.

터키, 스타트업에 필요한 매력적인 3요소 갖춘 국가

터키, 초기 투자의 목적지

연사

● **부락 달리올루** 터키 대통령실 소속 투자청 청장

좌장

● **김대진** 글로벌청년창업가재단 창립자 겸 명예이사장

Try Everything - Make it Possible

터키 투자의 전 과정을 담당하는 터키투자청의 부락 달리올루 청장은 매력적인 초기 투자 국가가 되기 위해서 갖춰야 할 요소를 세 가지로 정리했다.

먼저 그는 스타트업 생태계 시스템을 지원하는 분위기가 필요하다고 언급했다. 그는 10년 전 터키의 스타트업 생태계 시스템과 2020년 현재 스타트업 생태계 시스템을 비교하면서 현재에는 "현지 투자자, 국제 투자자, 기업 투자자가 스타트업 기업에 투자하고 있고 엑셀러레이터, 테크노파크, NGO, 정부가 스타트업 기업을 지원하고 있다"고 설명했다.

매력적인 초기 투자 국가가 되기 위해 갖춰야 하는 두 번째 요소로 그는 성공적인 엑시트EXIT 사이클이 있어야 한다고 언급했다. 그는 "스타트업 기업이 성공적으로 엑시트할 수 없다면 스타트업 생태계 시스템은 무용지물이다. 터키는 몇 년 전부터 성공적인 엑시트가 급증했다"고 설명했다. 부락 달리올루 청장은 미국의 게임기업 징가Zynga가 터키 게임업체인 피크게임즈와 터키 모바일게임 기업 롤링을 각각 18억 달러, 1억 6,500만 달러에 인수했다며 성공적인 엑시트 사례로 소개했다. 그는 계속해서 터키 스타트업 생태계에서 성공적인 엑시트가 지속될 것이라고 낙관적인 전망을 제시했다.

또 그는 매력적인 초기 투자 국가가 되기 위해 갖춰야 하는 세 번째 요소로 항상 투자 기회가 열려 있어야 함을 강조했다. 그러면서 "현재 터키 정부는 벤처 캐피탈 펀드에 적극적으로 투자하고 있고 터키 투자은행인 '펀드 오브 펀드Fund of Funds(재간접펀드)' 구조를 설립해 사모펀드와 VC펀드를 운영하고 있다. 투자자들은 이런 펀드에 참여하고 있다"고 설명했다. 앞서 설명한 세 가지 요소들을 터키가 갖추고 있기 때문에 터키가 스타트업의 초기 투자 목적지로서 매력적이라는 것이 그의 설명이다.

터키가 투자자들에게 제공할 수 있는 장점이나 혜택은 무엇인지를 묻는 사회자의 질문에 달리올루 청장은 "시장 규모가 크다. 터키 인구는 8,300만 명이고 인구의 80%가 30세 이하다. 6,000만 명이 인터넷을 사용하고 그중 5,200만 명이 페이스북과 인스타그램을 이용하고 있다. 또한 터키의 대학 졸업자 수는 90만 명에 달하며 졸업자 열 명 중 네 명이 공학을 전공했고 그중 1만 5,000여 명이 통신기술 전공자"라고 설명했다.

이에 덧붙여 그는 "터키가 가진 사회 · 경제적 배경에서는 기업가 정신을 잘 발휘하면 비용 대비 효과적으로 제품을 단기간에 개발할 수 있고 시장에서 테스트할 수 있다"면서 "제품이나 서비스가 성공하게 되면 터키에서 해외 시장으로 쉽게 진출할 수 있다"고 터키 시장의 장점을 강조했다.

그는 터키가 투자자들에게 세제 혜택을 제공한다는 사실도 언급했다. 그는 "투자자들이 VC펀드를 통해 투자하면 배당에 대한 세금을 내지 않아도 되고 투자금을 뺄 때도 세금을 내지 않아도 된다. 기관 투자자들의 경우에는 투자금액을 법인세에서 감면받을 수 있다. 또 투자자 개인에게 소득세를 공제하고 있다"고 답변했다.

터키에 진출하는 스타트업 기업의 우위점을 묻는 사회자의 질문에 대해 달리올루 청장은 "스타트업을 위한 기반은 모두 갖추고 있다"면서 자금 조달 및 지원, 훌륭한 인재 양성, 세제 혜택, 해외 시장 진출에 유리한 지리적 위치 등을 다시 언급했다. 그러면서 그는 "이스탄불의 규모는 유럽 최대 규모이고 경제 규모가 세계적으로 45위 정도에 해당한다. EU 내에서는 경제 규모가 13위에 달한다. 게다가 다문화 사회이고 정부 관계 부처들의 협력을 통해 창업을 적극적으로 돕고 있다. 터키는 글로벌 스타트업 기업들을 유치하고 싶고 필요한 조치들을 다 할 의사가 충분히 있다"며 스타트업 기업의 유치 의지를 강하게 피력했다.

터키에 진출하는 한국 스타트업 기업에게 조언을 해달라는 사회자의 요청에 부락 달리올루 청장은 "스타트업 기업들은 글로벌 시장을 고려해야 한다. 국내 스타트업 기업들이 국내 시장 이상으로 시장을 확장하지 않으면 이후 글로벌 기업에게 인수당하는 경우가 많다"며 스타트업 기업의 글로벌 시장 진출을 강조했다. 또 그는 "한국 창업자들의 30% 이상이 영어를 잘하고 글로벌 시장 진출을 염두에 두어 창업한다고 들었다. 한국 스타트업 기업들은 국제적 협력을 잘 해나갈 것"이라고 한국 스타트업 기업들에 대한 낙관적 전망을 제시했다.

그는 "터키의 예의범절 문화와 한국의 예의범절 문화가 매우 비슷해서 한국 스타트업 기업이 터키와 함께하는 데 어려움이 없을 것"이라면서도 "한국에서 미디어로 인해 무슬림에 대한 오해가 있는 것 같다"고 아쉬움을 드러냈다. 그는 "터키는 다양한 문화적, 종교적 배경을 가진 사람들이 살고 있고 문화적 배경에 따른 제약 사항은 없다"고 강조하면서 "한국 국민들이 터키를 방문하는 것을 항상 환영한다"며 한국에 대한 긍정적 감정을 표현했다.

터키와 한국 정부 간의 스타트업 커뮤니티를 위한 센터 설립 가능성에 대해 묻는 사회자의 질문에 부락 달리올루 청장은 "한국의 스타트업 센터를 터키에 설립하는 것은 매우 좋은 아이디어"라며 찬성 입장을 드러냈다. 그는 "한국 스타트업 센터는 유라시아 지역에 없다"면서 "(스타트업 센터가) 이스탄불에 설립되면 동유럽, 러시아, 중동, 북부 아프리카와 근접권에 놓이게 된다"면서 이스탄불에 한국 스타트업 센터를 설립하는 것의 장점을 말했다.

터키 투자청의 역할과 기능에 대해 묻는 질문에 대해서 달리올루 청장은 "터키 투자청 투자 환경을 조성하고 무료로 기업 컨설팅을 제공한다. 터키 투자자들에게 투자 환경이 유리할 수 있도록 환경을 조성한다"고 설명했다.

그는 또 코로나19 사태에 대해서 언급하면서 "터키도 사회적 거리 두기를 하면서 경제활동도 유치하기 위해 노력하고 있다"고 말했다. 또 "터키는 전면적인 봉쇄 조치를 하지 않았고 공장도 계속 가동하고 있다"면서 터키에는 투자가 끊이지 않고 있다는 점을 설명했다. 그러면서 그는 "최근 터키의 투자자금이 시장에서 이탈하고 있는데 이러한 문제를 인식하고 대응할 것"이라며 터키 시장의 안정성을 강조했다.

글로벌 위기 속 스타트업 성장 방향

Try Everything 2020 주제강연 1

연사
- **스테판 퀘스터** 스타트업 지놈 전략실장

좌장
- **제프리 존스** 김앤장 변호사

패널
- **마그너스 그라임랜드** 앤틀러 대표
- **사이드 아미디** 플러그앤플레이 대표

Try Everything - Make it Possible

'Try Everything 2020 주제강연 1'에서는 '스타트업 생태계가 주도하는 경제 회복'을 주제로 미국, 유럽, 아시아의 스타트업 대표 전문가, 분석가, 실제 스타트업 대표들을 초청해 코로나 19 위기 속 스타트업이 가질 수 있는 기회와 성장 방향에 대하여 토론했다.

첫 순서로 스타트업 지놈의 전략실장을 맡고 있는 스테판 퀘스터가 "코로나19로 세계가 심각한 위기에 빠진 상태에서 새로운 리부팅이 일어나고 있다"고 입을 열었다. 그는 "더 나은 기회를 모색하기 위해 좀 더 회복력이 높고 지속가능한 발전을 위해 노력해야 할 때"라며 "혁신과 기술, R&D, 연구 등에 리셋과 리부팅이 필요하다"고 주장했다.

그는 머잖아 코로나 팬데믹이 끝나면 경기가 회복할 것으로 내다보며 "그런 상황에서 스타트업, 에코 시스템이야말로 경기 위축을 극복하고 새로운 경기부양을 하는 데 도움이 될 것"이라고 강조했다.

이와 함께 세계는 디지털 기업가 정신이 확대되고 있다고 설명했다. 디지털 스타트업이 기후변화를 비롯해 여러 가지 당면한 문제들을 해결하는 데 도움을 주고 있다고 말했다.

헬스케어 부문에 대해서는 몇 년 동안 변혁을 시도했으나 잘 되지 않았는데 코로나19 위기를 경험하며 매우 빠른 혁신과 변화가 이뤄졌다며 위기를 기회로 삼아야 한다고도 덧붙였다.

스테판 퀘스터 전략실장은 또 여전히 스타트업에 대한 투자가 크게 지속되고 있다고 설명했다. 그는 "매년 〈GSER〉이라는 글로벌 스타트업 생태계를 조사한 보고서를 만드는데 보고서에 따르면 여전히 굉장히 큰 생산을 하고 있다. 약 2.8조 달러 정도의 가치가 창출되고 있다. 그중 거의 3,000억 달러 정도의 벤처 투자가 2019년에 이뤄졌다"고 말했다.

특히 "현재 전 세계 10대 대기업 중 절반이 테크 기업이며 현재 세계의 혁신을 테크 기업이 주도하고 있다"면서 "글로벌 스타트업 혁신으로 만들어지는 가치가 특정 분야, 특정 지역에 집중돼 있다. 이러한 집중도를 깨는 것이 우리의 미션"이라고 강조했다.

퀘스터 전략실장은 실리콘밸리가 스타트업의 중심을 차지하고 있지만 전 세계적으로 다양한 성공적인 벤처 생태계가 생겨나는 것, 지역 클러스터들이 나타나는 것에 대해서 긍정적으로 내다봤다. 특히 〈GSER 2020〉 보고서를 보면 아시아태평양 지역의 벤처 생태계 순위가 굉장히 높게 나타나고 있다고 평가했다.

그는 서울에 대해서도 "2025년까지 제대로 된 지원이 이뤄진다면 글로벌 톱 10 벤처 생태계에 진입할 수 있다고 본다"고 서울시에 높은 기대감을 내비쳤다.

좌장을 맡은 제프리 존스 변호사가 포스트 코로나 시대에 스타트업 생태계에 어떤 변화가 있을지 묻자 퀘스터 전략실장은 "아직 벤처기업 차원에서 걱정거리가 있다. 2009년 금융위기 이후의 상황과 비교해 보면 위기 상황에서도 벤처 캐피탈의 투자가 계속되고 있지만 코로나가 여전히 진행 중이기에 생태계 회복 가능성, 회복 탄력성을 높여야 할 때"라고 답했다. 아직 경제 위기가 본격적으로 닥치지 않았고, 경제 위기가 가시화되면 고용의 큰 부분을 담당하고 있는 벤처기업들의 위기에 대한 우려가 존재한다는 설명이다.

사이드 아미디 플러그앤플레이 대표는 스타트업의 혁신과 디지털 트랜스포메이션, 기술 발전이 연계될 수 있도록 스타트업과 대기업을 연결해주고 있다고 설명했다. 그는 "대기업도 이제는 보다 적극적으로 기술을 채택하기 위해 노력하고 있다"며 "헬스케어 기관을 예를 들면 과거에는 환자들을 온라인을 통해 관리하던 것이 약 5~7%였다면 지금은 50%가 넘는 환자들에게 온라인으로 서비스를 제공하고 있다. 이런 급격한 변화를 보면 기술 분야에서 정말 많은 기회가 등장하고 있다는 것을 알 수 있다"고 말했다.

아미디 대표는 헬스케어 외에도 전자상거래, 통신, 보험 분야에서도 급격한 변화가 일어나고 있다고 언급했다.

지금의 팬데믹이 스타트업에게는 어떠한 기회가 될 수 있는지를 묻자 마그너스 그라임랜드 앤틀러 대표는 "스타트업은 대부분 아무 것도 없는 상태에서 기업을 만들기 때문에 주변 환경을 보게 된다"면서 "그렇기에 스타트업에게 지금의 팬데믹 상황은 그 어느 때보다 기회가 크고 분야만 잘 고른다면 빠르게 성장할 수 있는 기회가 될 것"이라고 조언했다.

그는 또 "빠른 성장을 위해 각국의 정부도 혁신과 기술을 다르게 보고 있고 규제도 빠르게 바꾸고 있다"면서 "소비자들도 이제 다른 방법으로 일상생활을 영위하고 있는데 그중 일부는 임시적일 수 있지만 일부는 영구적으로 변화 속에 자리하게 될 것"이라고 예측했다. 그렇기 때문에 새로운 비즈니스를 시작하기에 최적의 시기인 점이 스타트업에게는 기회가 될 것이라고 말했다.

그라임랜드 대표는 구체적으로 농업과 식료품 업계가 지속가능한 방법으로 식료품을 만들기 위해 발 빠르게 움직이고 있다고 설명했다. 그는 "플라스틱 폐기물을 없애기 위해 다오, 엑슨모빌, P&G 같은 글로벌 기업이 동남아에 있는 1,000개 정도의 관련 스타트업을 살펴봤고, 프랑스에서도 1,000개 정도의 스타트업을 검토했으며 또 10개월 전에는 저희가 1,000개의 스타트업을 다른 허브에서 살펴본 뒤 각각의 허브마다 이사들이 상위 150개 기업을 추려 살펴봤다"면서 "이런 대기업이 얼마나 많은 시간을 들여서 이 50개 기업을 검토하고 심사해서 20개로 줄였는 지 그 노력에 놀랐다. 다양한 업계에서 이러한 전략을 짜는데 스타트업 은 큰 선박들이 일을 신속하게 할 수 있도록 돕는 쾌속선 같다"고 기업 의 발 빠른 대처에 대해 소개했다.

팬데믹 상황에 영향을 받는 스타트업이 10%가량 되지만 약 1/3의 스타트업이 팬데믹 상황에서도 성장하고 있다는 좌장의 말에 스테판 퀘스터 전략실장은 "예상할 수 있듯 온라인상거래, 교육기술, 헬스케어 등이 성장하고 있다" 답변했다. 더 이상 오프라인 활동이 어려운 상황이 어서 돈과 기술이 온라인으로 옮겨가고 있기 때문이다.

이어서 그는 "소비자들이 사이버 상에서 더 많은 시간을 보내고 있는 만큼 E헬스 솔루션이 앞으로 더 중요해질 것이며, 이는 특히 개발도상 국에서 더 활발해질 것"이라고 예측했다.

플러그앤플레이가 지원하고 있는 기업에게 나타나는 변화를 묻자 사 이드 아미디 대표는 "최근 의료진들에게 재택으로 서비스를 제공하는 힐리라는 스타트업이 창업했는데 지난 몇 개월 동안 2~3배 성장했다. 또 헬스 고릴라라는 흥미로운 플랫폼이 있는데 푸에르토리코에서 거대 한 허리케인이 발생하자 푸에르토리코는 시민들에게 의료 서비스를 제 공하기 위해 헬스 고릴라 플랫폼을 사용했다. 결과적으로 푸에르토리 코는 전 세계에서 가장 큰 헬스케어 데이터가 수집됐다. 이처럼 어쩔 수 없는 상황에서 데이터가 비약적으로 수집되는 사례가 많이 나타나고 있다"고 답했다.

서울에서, 한국에서 스타트업 창업을 위해 민간 부문에 어떤 일을 해야 할지를 묻는 질문에 대해 마그너스 그라임랜드 대표는 "먼저 규제 환경이 구축돼 있어야 하는데 그것은 비교적 구축하기 쉽다. 규제가 마련될수록 많은 비즈니스가 생겨날 것"이라며 "벤처 캐피탈로부터 투자받기 위해서는 인재 영입이 중요하다. 현지에서 구할 수 있는 최고의 인재를 영입하는 동시에 현지에서 구하기 힘든 탤런트를 외부에서 받을 수 있도록 해야 한다"고 답했다.

마지막으로 퀘스터 전략실장은 "팬데믹 같은 위기가 젊은이들에게, 스타트업에게 새로운 출발의 기회를 제공한다. 규모가 큰 기업일 필요는 없으며 양질의 서비스와 솔루션을 가지고 있고, 또 확장하려는 의지만 있다면 팬데믹 환경이 새로운 출발점이 될 것"이라고 조언했다.

스타트업 육성에 올인한 전략국가 '싱가포르' 활용법

싱가포르를 통한 동남아 시장 진출

좌장
● **오영록** 어썸벤처스 대표

패널
● **웨이 예 탄** 엔터프라이즈 싱가포르 한국지사장 ● **권유나** 쇼피 지사장
● **로드니 캘리** 코그니픽스 사업개발 담당 ● **존 킴** 유아이비 지사장
● **키브 콰** 틱택 대표

Try Everyting – Make it Possible

2020년 9월 열린 'Try Everyting 2020' 행사에서 '싱가포르를 통한 동남아 시장 진출'을 주제로 토론이 이뤄졌다. 싱가포르는 우리나라의 신남방 전략의 핵심국가다. 다양한 조세 혜택과 기업 지원 정책을 토대로 우리나라 스타트업이 해외 진출을 하는 데 있어 전략적인 교두보가 될 가능성이 높은 국가다. 이에 본 토론에는 엔터프라이즈 싱가포르의 웨이 예 탄 엔터프라이즈 싱가포르 지사장, 동남아 이커머스 플랫폼 쇼피Shopee의 권유나 지사장, 코그니픽스Cognifyx의 로드니 캘리 사업개발 담당, 유아이비의 존 킴 지사장, 틱택의 키브 콰 대표 등 싱가포르 창업 생태계 핵심 인사들을 초청해 우리 기업이 해당 시장을 진출할 때 어떤 전략을 세워야 하는지, 이 과정에서 받을 수 있는 지원이 무엇이 있는지에 대해 얘기를 나눴다.

먼저 웨이 예 탄 지사장은 싱가포르의 규제나 제도에 대해 묻는 질문에 "싱가포르의 스타트업 생태계와 기업 환경은 세계에서 가장 좋다고 알려져 있다. 기업을 설립하려면 몇 달러만 있으면 된다. 싱가포르 스타트업은 인재 확보, 허가 문제 등을 적극적으로 지원받을 수 있다"고 싱가포르 창업 지원 정책을 설명했다. 또 그는 "싱가포르는 아시아로의 진출에 있어 교두보 역할을 해줄 수 있다"며 싱가포르 시장의 매력을 강조했다.

로드니 켈리는 웨이 예 탄 지사장의 설명에 덧붙여 "서양인 입장에서 볼 때 싱가포르는 전 세계 진출이 가능한 시장이다. 국제 커뮤니티가 잘 돼 있고 싱가포르 사람들은 다양한 인종으로 구성돼 있으며 경험도 다양하다"고 언급했다. 동시에 그는 "싱가포르는 미래 인재를 잘 키우고 있고 외국 인재 유치도 잘하고 있다"며 싱가포르가 사업하기 좋은 국가라는 데 동의했다.

쇼피의 권유나 지사장은 "쇼피가 2019년도 70%까지 성장하며 높은 성장률을 보이고 있다"면서 "한국 정부가 동남아 등에 수출하고 진출하는 데 적극적으로 지원하는 것이 성공 비결인 것 같다"고 언급했다. 그는 "한국과 싱가포르는 서로 상생이 가능하며 싱가포르 시장은 다른 국가로 진출할 수 있을지를 시험하는 데 가장 적합한 시장"이라고 싱가포르 시장의 중요성을 언급했다.

한국 AI에 대해 평가해달라는 질문에 존 킴 지사장은 "한국 사람들은 지적재산권을 보호하는 데 너무 급급하다. 그래서 개발된 파격적인 기술을 계속해서 발전시켜나가지 못한다"고 한국 기술개발 시장의 한계를 지적했다. 한국 기업들은 개발한 기술을 상용화하지 않는 경향이 있는데 그 기술을 직접 응용해 상용화해야 한다는 것이 그의 설명이다.

웨이 예 탄 지사장은 "싱가포르는 이노베이션 플랫폼을 여러 기관들과 공동으로 만들어 기업의 문제 해결을 적극적으로 지원한다"면서 적극적으로 싱가포르가 창업하기 좋은 국가임을 강조했다. 그는 "싱가포르는 지정학적 위치가 좋고 수많은 R&D 센터가 존재하며 싱가포르에는 탁월한 인재들이 많다. 창업에 필요한 것은 싱가포르에 다 준비돼 있다"고 덧붙였다. 그는 또 싱가포르가 창업 기업을 위해 멘토링 프로그램, 재원 조달을 위한 재정적 지원, 기술 사용화를 위한 투자 연계, 지적재산권 보호를 위한 지원 등을 다양한 지원을 하고 있다는 점도 강조했다.

존 킴 지사장은 싱가포르 정부가 스타트업 기업에게 우호적임을 강조했다. 그러면서 그는 "싱가포르에서는 법인이나 회사를 설립하는 데 어려운 것이 없다. 싱가포르는 창업 기업에게 강력한 세제혜택을 주고 있다"고 설명했다. 그는 한국 시장과 싱가포르 시장을 비교하며 "한국 시장은 자금 조달 지원은 해주고 있지만 2~4년 이후에는 시장 상황이 불분명해진다"고 언급했다. 반면 한국 시장과 다르게 싱가포르 시장은 시간이 지나도 상황을 쉽게 예측할 수 있고 예측을 통해 기업이 환경에 더 잘 대처해 나갈 수 있다는 것이 그의 설명이다.

웨이 예 탄 지사장은 코로나19 상황 속에서 정부가 싱가포르 기업을 지원하기 위해 어떤 노력을 하고 있는지 묻는 질문에 "싱가포르 같은 경우 장기적으로 회복 계획을 가지고 있다. 의도적인 정책을 통해 디지털 경제로 전환시키려고 노력한다. 싱가포르 노동자와 근로자들은 디지털화에 대비하기 위해 기술을 배우고 있으며 정부는 GDP의 20% 정도를 싱가포르 시민을 지원하는 데 사용하고 있다"면서 장기적인 싱가포르 미래 사회 지원 계획을 밝혔다. 또 그는 "코로나19로 출장을 갈 수 없는 상황이기 때문에 아주 필수적인 기업의 출장이 가능하도록 한국과 같은 국가와 논의하고 있다"며 싱가포르 기업을 위한 정부 차원의 노력도 덧붙였다.

로드니 켈리는 싱가포르의 투명한 창업 생태계를 언급했다. 그는 "싱가포르는 법이 정말 투명하다. 한 마디로 안심하고 사업할 수 있는 기업 친화적 환경이 마련돼 있다. 누구나 안심하고 사업을 할 수 있다"고 말했다.

권유나 지사장은 "싱가포르 사람들과 관료분들은 굉장히 합리적이고 이성적이다. 게다가 법치주의가 잘 잡혀 있기 때문에 싱가포르 시장은 예측이 가능하다. 한국인들은 예측 가능성을 좋아하기 때문에 싱가포르 시장 진출에 유리하다"고 싱가포르 시장 진출의 장점을 설명했다. 그러면서도 "한국과 싱가포르의 의사소통 방식에는 차이가 있기 때문에 한국인들이 싱가포르에서 사업을 할 때에는 싱가포르 문화와 의사소통 방식을 배우는 것이 중요하다"며 문화 간 차이를 극복하기 위한 노력이 필요하다는 점을 강조했다.

마지막으로 웨에 예 탄 지사장은 "싱가포르는 최고의 아이디어와 최고의 인력을 적극적으로 환영하며 한국인들을 모두 환영한다"고 언급했다. 그러면서 그는 싱가포르와 한국의 협력이 더욱 활성화되기를 바란다며 구글 검색, 웹사이트, 직접 방문 등의 방법을 통해 엔터프라이즈 싱가포르에 관심을 가져달라고 촉구했다.

세계에서 가장 젊은 국가
베트남의 스타트업 생태계

베트남 스타트업 현황 및 효과적인 베트남 시장 진출

연사
- **응우옌 만 꾸엉**   베트남 과학기술부 남부지청ASA-MOST
                      (Agency Southern Affairs Of Ministry of Science and Technology Vietnam)
                      부청장
- **응우옌 하이 안**   농업첨단기술 비즈니스 인큐베이션 센터 센터장
- **추 쾅 타이**   전국 스타트업 지원센터 센터장
- **이승호**   JS Service Trading Investment 대표

Try Everything – Make it Possible

JS서비스트레이딩인베스트먼트JS Service Trading Investment의 이승호 대표는 20년간 축적한 현지 네트워크를 활용해 베트남 과학기술부, 서울 창업허브와 손잡고 한국 스타트업과 베트남 스타트업의 협력 프로그램을 만들고 한국 기업들의 글로벌 진출 프로그램을 지원하고 있다. 이승호 대표는 2000년대 초반 베트남에 JS서비스트레이딩인베스트먼트를 설립하고 무역과 마케팅 기업으로 시작했으나 최근 한국 기업의 현지 진출을 돕는 액셀러레이터로 발돋움했다.

이 대표는 "한국 스타트업에 대한 베트남의 관심이 뜨겁다"면서 "해외 진출을 위해서는 신뢰할 수 있는 현지 파트너사가 필요하다. 한국 기업이 믿을 수 있는 베트남 기업을 발굴해 적극적으로 매칭하고 있다"고 설명했다.

응우옌 만 꾸엉 부청장은 베트남 남부 경제도시인 호치민시를 주축으로 한 남부지역을 담당하고 있는 있는 베트남 정부기관의 부청장으로 재직하고 있다. 그는 오랫동안 한국과 베트남 기술연구소에서 일한 경험을 바탕으로 양국 간의 기술이전 및 교환을 통해 한국의 선진 기술을 베트남 창업 생태계에 도입하고자 노력하고 있다. 그는 베트남과 한국 스타트업 간의 기술 협력에 큰 관심을 가지고 있으며, 기술 협력과 관련한 외국 기관과의 글로벌 업무를 맡아 주관하고 있다. 특히 그는 서울산업진흥원(서울창업허브)과의 한국과 베트남 스타트업 협력 프로그램을 진행 중이다.

'Try Everything 2020'에는 여러 나라에서 온 스타트업 전문가들을 소개하고 있지만 응우옌 만 꾸엉 부청장은 좀 더 특별하다. 경제가 무섭게 발전하고 있는 베트남에서 베트남과 한국의 기술을 연결하고 있기 때문이다. 특히 베트남은 국가 수출액에서 한국 기업이 생산한 제품 비중이 35%에 달할 정도로 우리나라와 밀접한 관계다. 때문에 국내 스타트업 상당수가 베트남 진출을 염두에 두고 있다.

응우옌 부청장은 이 같은 양국의 긴밀한 관계를 바탕으로 연설을 이어나갔다. 특히 오픈 플랫폼을 통해 한국과 베트남 기업을 매칭한 이유에 대해 묻는 사회자의 질문에 연사인 응우옌 부청장은 "지난해 초 베트남 회사와 한국 창업회사를 연결해 지원하기 위한 오픈 플랫폼을 만들기 위해 노력했고 그 과정 중에 코로나19 사태가 발생했다"면서 당시 상황이 좋지 않았다고 설명했다.

그러면서 그는 프로젝트를 멈출 수 없었던 그와 스타트업 기업들은 오픈 플랫폼을 완성하기 위해 퍼블릭 오픈 플랫폼, 줌ZOOM, 스카이프 Skype 등 사용이 가능한 모든 네트워크를 수단을 활용했다고 당시의 상황을 회상했다. 그는 ZOOM이 아주 안정성 있고 사람들에게 익숙한 플랫폼이었기 때문에 온라인 오픈 플랫폼으로 ZOOM을 화상 회의를 도구로 사용하게 되었다고 설명을 덧붙였다.

창업 프로그램들을 어떻게 연결시킬 수 있었는지 묻는 질문에 대해서 그는 "스타트업 경험이 있거나 베트남에서 함께 일하고 싶다면 언제든지 연락을 달라. 얼마든지 여러분들의 파트너가 되어 도움을 드릴 수 있다"고 협업 가능성을 내비쳤다. 응우옌 부청장은 "솔직히 베트남은 여러분들이 진출하기 정말 쉽다. 한국인들이 베트남에서 창업을 원한다면 정부 차원에서 베트남 기업을 연결시켜드릴 수 있다"고 말했다.

또 응우옌 부청장은 "올해 베트남 정부에서 핀테크를 유망 산업으로 선정했고 ICT 분야도 유망산업이며 농업과 물류 쪽도 집중적으로 육성하고 있다. 한국 창업자들이 이 분야에 관심이 있다면 언제든 기업을 연결시켜 적임자를 소개해주고 직접 지원을 해줄 수 있다"며 베트남의 개방적 창업 지원 상황을 강조했다.

오픈 플랫폼을 통해 한국과 베트남이 어떻게 서로 도움을 주고받을 수 있는지를 묻는 질문에 대해서는 "어떻게 생태계를 만들 수 있는가"가 중요하다면서 몇 가지 지원 방안을 제시했다. 그는 "베트남 진출을 할 수 있도록 협력 방안을 찾아 도움을 드리기 위해 먼저 베트남 파트너를 찾아준다. 한국에 계신 유망한 창업자와 베트남의 유능한 창업자를 연결해주는 것이 첫 번째"라고 설명했다.

또 응우옌 부청장은 예를 들며 오픈 플랫폼 지원방안을 설명하면서 "컨설팅, 베트남 법에 대한 자문, 투자 규정에 대해서 알려드린다"고 전했다. 오픈 플랫폼을 통해 한국 기업의 베트남 진출이 수월하게 이루어질 수 있도록 법적 제도적 지원을 하고 있다는 것이 그의 설명이다.

그는 "베트남 사람들은 한국에서 오는 모든 것을 다 좋아한다. 그는 한국 영화, 한국 드라마, 한국 음악, 한국 화장품의 인기가 최고다"라며 베트남에서의 한국의 인기를 언급했다.

그러면서도 "한국 스타트업 기업에게 드리고 싶은 말씀은 베트남에 온다면 한국식으로 일을 진행하고자 밀어붙이지 말고 베트남 문화를 조금 이해해주기 바란다"고 아쉬움을 표현했다. 베트남은 한국을 사랑하고 다양한 문화를 받아들이고 있으니 한국인 역시 베트남에서 창업을 하려 한다면 베트남 문화를 이해해주기를 바란다는 것이 그의 설명이다.

더불어 그는 한국 창업자들이 베트남 문화를 이해할 수 있도록 지원하겠다는 설명도 덧붙였다. "베트남 문화를 이해할 수 있게 온라인 멘토링을 제공하고 베트남 문화 교육도 실시하겠다. 그러니 한국분들이 베트남 문화를 좀 이해해주기 바란다. 베트남에 대해 배우고자 하는 자세가 꼭 필요함을 기억해주시면 좋겠다"며 재차 당부의 말을 남겼다.

마지막으로 그는 "베트남에 관심을 갖고 진출을 희망하시면 언제든 도움을 드릴 수 있다"면서 한국인 창업자를 언제나 환영한다는 뜻을 강조했다.

응우옌 하이 안 센터장은 "농업첨단기술 비즈니스 인큐베이션 센터 AHBI는 호치민시에 소속된 농업첨단기술 스타트업센터"라고 설명했다. 이곳에서 첨단 농업기술 스타트업 기업들의 육성을 지원한다는 설명이다. AHBI는 2009년 말에 설립돼 2010년부터 활동을 개시했다. 이제 10년가량 된 농업 관련 스타트업 지원센터인 셈이다.

AHBI는 연구 결과물을 제품화, 현실화하고 이를 통해 시장 진출을 돕고 있다. 주로 농업 분야에 대해 2년 이하 업력을 가진 창업 기업들을 지원 대상으로 하고 있으며, 기존 제품을 혁신하고 발전시키고자 하는 기업들을 대상으로 한다.

응우옌 센터장은 "지난 기간 동안 주로 비료, 바이오, 채소, 꽃, 버섯, 전통의학에 쓰이는 버섯 등의 제품에 대해 가공 기술을 중점적으로 도와줬을 뿐만 아니라 초기 창업 기업 단계부터 법률, 회사 설립 절차, 지식재산권, 회계법 등과 관련한 교육 훈련을 진행해왔다"고 센터의 역할을 강조했다. 또 이 밖에도 기업들이 시장에 접근할 수 있도록 현지에 진출한 롯데마트 등 수많은 오프라인 시장과의 연결도 지원하고 있다는 설명이다.

AHBI는 단순히 스타트업만을 지원하지 않는다. 응우옌 센터장은 "기업들의 지적재산권 보호를 위한 지원도 하고 있다. 그간 우리는 60개 이상의 우수 농업스타트업 기업을 지원해왔다"면서 "한국의 우수한 스타트업의 참여를 기다린다"고 덧붙였다.

추 쾅 타이 전국 스타트업 지원센터 센터장은 NSSCNational Startup Support Center(전국 스타트업 지원센터)의 역할에 대해 소개했다. NSSC는 베트남 과학기술부 결정에 따라 2019년 3월 4일 설립됐다.

국가혁신창업축제TECHFEST라는 행사를 통해 국가 혁신 스타트업 생태계를 구축하고 베트남 스타트업의 네트워킹, 지원, 벤처 캐피탈 투자를 세계와 연결하는 가교 역할을 한다는 설명이다.

베트남 과학기술부 산하 기관인 NSSC는 주로 창의적인 창업 활동을 지원하고 창업 생태계의 발전을 촉진하는 기능을 수행하고 있다. 그런 NSSC의 주요 업무는 '연구개발을 통한 기업의 혁신', '혁신적인 스타트업 지원을 위한 솔루션 제안', '스타트업 생태계 개발 촉진' 등이다. 나아가 디지털 플랫폼 구축, 가상현실VR 및 증강현실AR 기술 발전을 위한 국내외 협업체 구성과 협회 조직, 혁신 산업 육성 지원에도 힘을 쏟고 있다.

추 쾅 타이 센터장은 "이 외에도 기술 이전을 위한 아이템 발굴과 이전 프로젝트, 혁신 스타트업 조직 및 개인의 역량 향상, 국제사회와 국내 혁신 스타트업 지원기관의 설립 및 연계 컨설팅 지원, 컨퍼런스와 세미나 개최 등 실로 다양한 종류의 지원을 하고 있다"면서 "국가혁신창업축제 개최와 2025년까지 국가 혁신 기업가의 날을 지원하는 국가 프로젝트 과제 수행과 글로벌 기술 동향 선전과 홍보활동까지 스타트업을 위한 토털 서비스를 제공한다"고 강조했다.

인터넷으로 허물어진 국가 경계, 글로벌 비즈니스만이 살길

코리아 고잉 글로벌 : Various Perspectives

연사
- **류잭** 슈퍼셀 아시아 대표
- **티나 웨이** 오션파인캐피탈 수석고문
- **유유진** LG전자 글로벌 오픈 이노베이션 실장
- **허진호** 세마트랜스링크 파트너

좌장
- **제프리 리** 노던라이트벤처캐피탈 공동창립자

Try Everything - Make it Possible

인터넷의 발달로 국가와 국가 간 경계는 거의 허물어졌다. 이제 기업은 로컬 비즈니스만을 생각하기 어려운 환경에 놓여 있다. 'Try Everything 2020'의 '코리아 고잉 글로벌: Various Perspectives'에서는 글로벌 마켓 리더가 된 사업가의 해외 진출 전략과 경험을 들을 수 있었다.

먼저 반도체 스타트업과 RF칩 관련 스타트업을 했던 노던라이트벤처캐피탈NLVC 공동창업자인 제프리 리는 브로드컴에 반도체를 납품하며 수십억 달러의 매출을 거둔 경험을 간직하고 있다. 그가 10년 이상 사업을 하면 배운 것 중 하나가 반드시 분명한, 체계가 잡힌 타깃을 설정하고 해외에 진출해야 한다는 것이다.

제프리 리는 "스타트업이 보유한, 혹은 개발하고 있는 상품이 한국 시장에 어떤 도전과제가 있는지 생각하지 말고 전 세계적인 도전과제를 생각해야 한다"면서 반도체를 예로 들었다. 그는 "지금 반도체는 핸드폰에서 너무나 중요하다"면서 "많은 이들이 삼성전자와 LG전자만 보는데 시각을 넓혀서 글로벌 시장을 봐야 한다. 한국에서는 주로 삼성전자와 LG전자의 공급망만 순조롭게 흘러가곤 하는데 이것을 글로벌 차원으로 확장하기 위해서는 시각을 넓혀야 한다"고 조언했다. 대표적으로 애플 같은 기업도 고객사가 될 수 있다는 설명이다.

이어 제프리 리는 "글로벌 시장을 나의 시장으로 보고 경쟁사 대비 나의 강점이 무엇인지를 잘 파악해야 한다. 너무 피상적이어도, 너무 순진해도 안 된다. 또 해외 시장을 공략하기 위해서는 기술적인 것뿐만 아니라 문화적인 지식도 간직한 사람을 곁에 둬야 한다"고 말했다. 여기서 말하는 문화적인 지식이란 해당 지역 사람들이 어떻게 구매하고 어떻게 물건을 소개하는지, 미국이나 캐나다, 중국 등 나라별로 지역별로 그 문화를 명확하게 이해하는 사람을 둬야 그 시장에 온전히 진출할 수 있다고 강조했다.

제프리 리는 해외에 진출하는 한국 스타트업과 설립자들의 강점으로 '높은 기술력'을 꼽았다. K-POP 등 'K-콘텐츠' 외에도 전 세계 어디서나 한국의 기술, 한국의 기업을 찾을 수 있을 만큼 5,000만 명 인구 이상으로 세계에 끼치는 영향력이 상당하다는 것이다. "분명 스타트업은 큰 조직은 아니다. 아직 대기업이 아니다. 하지만 한국은 지난 30여 년 동안 가장 빠르게 성장해왔다. 새로운 아이디어들을 받아들였고 새로운 소비를 이끌었다. 이러한 한국의 채택과 혁신 속도가 한국 스타트업이 가질 수 있는 강점"이라고 덧붙였다.

이어서 티나 웨이 오션파인캐피탈 수석고문이 미국 실리콘밸리와 중국에서 GP General Partner(펀드를 운영한 팀. 무한책임 투자자)와 LP Linited Partner(개인 및 기관 투자자. 유한책임 투자자) 모두를 경험하며 배운 노하우를 알려줬다. 그는 아이디어 하나로 비즈니스 모델을 만들고 투자금을 받은 뒤 미국에서 80억 달러 상당의 자산을 갖춘 기업을 일궜다고 설명했다. 티나 웨이 수석고문은 이후 홍콩에도 오피스를 만들고 아시아 시장에서 5년에 걸쳐 여러 나라에 진출했다고 말했다. 그 시기 동안 티나 웨이 수석고문은 각국의 시장에 대해 올바르게 이해하려고 노력을 했는데 아시아에서 미국에 진출하기 위해서 잠깐 동안 출장 가는 것으로는 충분하지 않다는 것을 깨달았다.

티나 웨이 수석고문은 "5년간 열심히 출장을 다니고 브랜드를 구축하고 포트폴리오를 만들고 나서야 나라별 상황을 파악할 수 있었고 그제서야 비로소 홍콩에서 아시아 사무소를 개소했다"고 말했다. 또 "제로에서 글로벌 회사로 성장하기 위한 공식이 있다면 포커스를 잘 맞춰야 한다. 시간도 많이 걸린다. 그렇기 때문에 굉장한 자제력이 있어야 한다"며 글로벌 진출은 단거리 경주가 아닌 마라톤임을 강조했다.

국제투자업체로서 한국을 도울 수 있는 방법이 있다면 어떤 것이 있냐는 사회자의 질문에 티나 웨이 수석고문은 "바람직한 좋은 투자가라고 한다면 시장에 실질적으로 진출할 수 있는 상세계획, 블루프린트를 제공해줘야 한다"고 언급했다. 또 스타트업에 투자할 때 해당 스타트업의 가치를 부각시켜줄 수 있는지를 고려해야 한다고 말했다. 마지막으로 해외 진출 경험이 없는 스타트업이 현지에 성공적으로 진출할 수 있도록 도와줄 수 있다고 말했다. 해외 현지의 까다로운 법규와 절차, 또 필요에 따라서는 인맥의 연결 등 실질적이며 로컬적인 도움을 줄 수 있다고 조언했다.

유은진 LG전자 글로벌 오픈 이노베이션 실장은 외부 스타트업과 협력해 혁신을 이끌어내는 '글로벌 오픈 이노베이션'이라는 부서가 있다고 말했다. 그러면서 "LG 차원에서 말씀드리자면 겸손하게 글로벌한 시각을 가져야 된다"고 강조했다. 해외 진출할 때 외부 전문가의 의견과 시각을 받아들일 준비가 돼 있어야 글로벌화가 가능하다고 덧붙였다.

유 실장은 10년 전 가전사업부에서 스마트TV 관련 업무를 담당했던 일화를 얘기했다. 지금은 흔하지만 스마트TV는 그 당시에는 꽤 새로운 기능이었다. TV가 와이파이와 연결되고, 그 상태로 스트리밍 서비스를 받을 수 있다는 점에 사람들은 스마트TV를 '차세대 스마트폰'이라고도 말했다.

유 실장은 "자체적으로 스마트TV를 위한 소프트웨어 개발에 많이 노력했고 결과도 좋았다. 하지만 글로벌 사용자들의 니즈를 충족시키기 위해서는 나라별로 다른 니즈를 충족시켜야 한다는 점을 깨달았다"고 당시의 경험을 떠올렸다. 이후 LG전자는 글로벌 UX에 대한 니즈를 보다 잘 이해하고 있는 HP로부터 '웹OS'를 인수해 스마트TV의 UX를 새로운 웹OS로 대체했다. 웹OS가 장착된 스마트TV가 해외로 판매되며 호평받았음은 물론이다.

유 실장은 "그때 얻은 교훈은 기존의 전략을 재검토할 수 있는 용기가 있어야 한다는 것이었다. 또 그 시장에 맞는 제품, 글로벌한 니즈에 맞는 제품을 만들 수 있어야 한다. 이런 모든 것을 할 수 있는 용기를 갖추기 위해서는 외부의 전문성을 인정하고 받아들일 수 있는 겸손한 자세가 요구된다"고 말했다.

류잭 슈퍼셀 아시아 대표는 "스스로 스타트업을 수년 동안 해왔기에 아직도 마음 깊숙이 자리한 생각은 여전히 스타트업이라는 생각을 갖고 있다"면서 "슈퍼셀의 글로벌 사명은 세계 최고의 게임 컴퍼니가 되는 것"이라고 말했다. 그는 전 세계 최고의 게임시장으로 중국, 미국, 일본, 한국을 언급했다. 그리고는 "이 모든 시장에서 1위를 차지하지 않는다면 절대로 1위가 될 수 없다. 그래서 정말 최고의 목표를 설정해 최고 게임시장에서 1위가 될 수 있도록 노력하고 있다"고 강조했다.

류잭 대표의 글로벌화 방식은 무척 심플했다. 해외 진출을 위해 장기적인 전략, 목표를 갖고 일을 하자는 것이다. 그는 또 "리스크를 줄이는 것을 두려워하지 말고, 실패를 두려워하지 말아야 한다. 단기적으로 '안전한 이것은 괜찮겠지' 식의 결정을 내리지 말고 장기적인 안목을 가지고 생각해야 한다"고 말했다. 또한 "슈퍼셀이 한국에서 성공할 수 있었던 것도 이처럼 한국 시장에 대한 전략을 세웠기 때문에 올바른 파트너를 찾았고, 올바른 장기 전략을 세울 수 있었다"고 말했다.

허진호 세마트랜스링크 파트너는 자신의 창업 경험과 투자했던 포트폴리오 비즈니스를 진행했던 경험을 바탕으로 "한국이라는 마켓과 글로벌에서 성공하는데 필요한 핵심 요소의 기본은 같다고 생각한다"면서 "다만 그 시장에 대한 적절한 이해가 있어야 되고 그러한 이해를 기반으로 여러 가지 난관을 극복해 나가야 한다. 실제 성공을 만들어낼 수 있는 인력과 시장에 대한 명확히 인지가 있어야 한다"고 조언했다.

그는 또 "여러 나라 마켓에서 비즈니스를 진행하다 보면 모든 시장에서 다 넘버원이 되기는 쉽지 않다. 어느 시장은 굉장히 잘 될 수 있고, 어느 시장에서는 상당한 실패를 경험할 수도 있으며 중요한 것은 기업이 보유한 역량과 리소스를 잘 분배하고 적절한 우선순위를 가지고 사업을 하며 전체를 합쳤을 때 성공적인 비즈니스를 만들어낼 수 있도록 해야 한다"고 시장에 따른 전략의 변화와 리소스 분배의 중요성을 강조했다. 어떤 시장에서 실패한 것에 너무 영향을 받아 좌절하는 것을 피하고 균형 잡고 전반적인 시장을 드라이브할 수 있는 마인드도 필요하다고 설명했다.

한국에 진출해 완벽하게 적응한 후 해외로 진출하는 것이 나은지, 한국에서 시장 리더가 되기 전에 해외로 진출하는 것이 좋은지를 묻는 사회자의 질문에 대해 유은진 실장은 "사업 본질과 회사의 성격이 중요하다. 만약 로봇회사, 기술회사라면 제조기반 시설을 해외로 쉽게 이전해 사업을 연장할 수 있다. 그런데 앱과 관련돼 소비자를 직접 대하는 회사라면 문화가 중요하다. 상품이 해당 시장에 맞는지, 그 고객들과 잘 맞는지를 먼저 보고 결정해야 한다"고 답했다.

류잭 대표는 "슈퍼셀은 핀란드 회사다. 핀란드는 시장 규모가 그리 크지 않다. 따라서 한국 기업가들은 한국 시장과 진출하려는 나라의 시장 규모를 먼저 보고 판단해야 한다. 그리고 슈퍼셀은 처음부터 내부 언어를 영어로 통일했다. 영어를 잘 하는 사람을 고용하는 것이 무척 어려웠지만 처음부터 세계화를 염두에 두고 영어를 공용어로 택했는데 그러다 보니 영어 능력이 굉장히 중요한 임직원의 자질이 됐다"고 조언했다.

4S Mapper

대표 | 이승호
홈페이지 | https://www.4SMapper.com/

4S Mapper

4S Mapper는 2016년에 설립된 공간정보 기반의 데이터 처리와 AI 기반의 데이터 분석에 특화된 기업이다. 위성, 항공, 드론 데이터 및 딥러닝 기술을 이용해 관련 솔루션을 개발 및 연구하고 있다. 도로 위 차량이미지 자동 제거 솔루션인 '카프리 Car-free Street Mapping'를 이용해 기존보다 정확하고 빠른 도로 상태 유지관리 시스템을 만들고 있다.

B2C, B2B, B2G 비즈니스 모델을 기반으로 사업 추진 중이며 2020년 3월에는 중국 법인을 설립했고 미국, 유럽 시장 진출도 준비 중이다.

로보라이즌 RoboRisen

대표 | 임상빈

홈페이지 | www.roborisen.com

로보라이즌은 한 종류의 모듈을 사용한 단일 무선 모듈형 로봇 핑퐁 로봇을 개발하고 제조하고 판매하는 회사이다. 로봇의 본질 '움직임'에 대해 끊임없이 탐구하고 다양한 영역의 크리에이터들과 함께 로봇에 대해 연구하는 연구중심 기업이며 하드웨어 설계자료, 로봇 프로토콜을 모두 공개하고, 대부분의 센서를 확장 사용할 수 있게 한 오픈 플랫폼으로 단 한 종류의 모듈로 세상의 모든 로봇을 몇 분 이내에 만들 수 있는 혁신 플랫폼 로봇이다.

모아이스 MOAIS

대표 | 이용근

홈페이지 | https://www.golffix.io

모아이스는 2019년에 설립된 인공지능 기술을 이용하여 스포츠 교육 및 연습에 도움을 주는 솔루션을 개발하는 회사이다. 골프픽스는 안드로이드 앱으로 인공지능 기반으로 골프 스윙 동영상을 분석하여 10초 이내로 약 50가지 문제점을 진단한다. 스윙 분석 정확도는 세계 최고 수준을 보유하고 있으며, 100% 자체 기술 개발을 통해서 이룬 성과이다. 나아가 인공지능 2차원 골프 자세 분석뿐 아니라 싱글·멀티 뷰 인공지능 3차원 자세 분석 기술도 보유하고 있어, 다양한 서비스로 확장을 여러 기업들과 함께 고도화하고 있다.

에코피스 ecopeace

대표 | 채인원

홈페이지 | http://www.eco-peace.com

에코피스는 담수시설의 수질을 전문적으로 관리하고 정화하는 기업으로 담수시설의 수질 보호 및 정화를 목적으로 하고 있다. 상수원, 호수, 댐, 저수지, 골프장 폰드, 양식장 등의 물을 가두어 두는 시설의 수질이 대상이며 녹조 제거와 수질오염 개선에 중점을 두고 있다. AI, 빅데이터, ICT 등의 4차산업 기술을 활용한 수질 정화 기술들을 지속적으로 개발 중이며, 수질 관리 서비스로는 수집데이터와 공공데이터를 가공하여 녹조 발생을 예측하고 무인 녹조 제거 로봇을 통해 녹조를 제거하는 솔루션을 보유하고 있다.

플레인베이글 Plain Bagel Inc.

대표 | 유진재

홈페이지 | http://pbagel.com/

플레인베이글은 디지털 네이티브들을 위한 새로운 미디어 서비스를 만들어가는 회사로, 한국 앱스토어 전체 2위를 달성한 메신저 기반 시뮬레이션 게임 Picka피카와 글로벌 450만 다운로드로 해외에서 먼저 인정받은 비디오 기반 영어학습 앱 Skippy스키피의 개발사이다. 피카로 메신저가 미디어 엔터테인먼트 플랫폼이 될 수 있다는 사실을 증명함과 동시에, 스키피를 자체 개발한 AI로 글로벌 출시 준비를 하고 있다. 플레인베이글은 엔터테인먼트와 에듀케이션을 모두 섭렵한 글로벌 뉴미디어 유니콘으로 성장하는 것을 목표로 하고 있다.

이즐 izzle inc

대표 | 정구휘

홈페이지 | https://www.izzle.net/

이즐은 게임 개발사로 게임의 아트 모델링, 연출, 음악 등 콘텐츠 개발에 필요한 요소들을 외부 의존 없이 자체 개발 하고 있으며 이렇게 자체개발 된 게임들은 다양한 외부적인 성과들과 유저들의 평가로 인정받고 있다. 이즐은 2020년 11월, 'QV'의 닌텐도 스위치 출시를 기점으로 콘솔 게임 개발이 가능한 멀티플랫폼 게임개발을 핵심 전략으로 기업의 정체성을 다져갈 전략을 세우고 있다.

고미코퍼레이션 GOMI CORPORATION

대표 | 장건영

홈페이지 | www.gomicorp.com(베트남 : www.gomistore.vn, 태국: www.gomistore.in.th)

고미코퍼레이션은 아세안 종합 커머스 플랫폼으로 대한민국의 뷰티, 리빙, 가구, 패션, 식품, 건강식품, 인테리어용품을 D2C Directly to Consumer 방식으로 디지털 마케팅과 접목하여 비즈니스를 펼치고 있다. 아세안 지역 최초로 퍼포먼스 마케팅을 통해 구매로 전환하는 방식의 'D2C' 온라인 유통 방식을 도입하였으며, 현재 150개의 기업이 고미를 통해 베트남, 태국으로 진출을 하고 있다. 또한 고미는 자체 IT 기술 인력을 바탕으로 'AI 개인상품추천', 'WMS Warehouse Management Solution' 기술 등을 효과적으로 활용해 종합 커머스 플랫폼을 제공하고 있다.

펫프렌즈 Pet-friends

대표 | 김창원

홈페이지 | https://www.pet-friends.co.kr/

펫프렌즈는 국내 최대 반려동물 전문 모바일 커머스로 펫 플랫폼 업계 1위를 지키고 있다.

서울 전 지역 2시간 내에 물품을 배송해주는 '심쿵배송' 서비스는 물론, 전국 배송 서비스를 운영하고 있으며, 24시간 상담 센터를 통해 반려동물 보호자들의 실시간 니즈에 대응하면서 반려동물 보호자들의 신뢰를 쌓아가고 있다. 최근, 다양한 반려동물 보호자들의 고객 행동 데이터와 반려동물 생애 주기 데이터를 수집해, 상품 추천뿐 아니라, 펫프렌즈 PB 브랜드를 R&D 생산하는 데 활용하고 있다.

바이젠 BYGEN Co., LTD

대표 | 김복성

홈페이지 | www.bygen.net

바이젠은 기후변화 대응 방안으로 교통수단의 환경규제 강화, 친환경 에너지 보급 확대와 같은 시대의 요구에 맞게 에너지 소모를 줄이는 등 EV전기차의 대폭적인 원가 절감을 통해 EV 가격을 엔진차 수준으로 낮출 수 있는 '초소형 EV 6단 자동변속기NHC 6AT:No Hydraulic & Clutch 6 Auto Transmission'를 개발함으로써 친환경 에너지 시대에 가장 부합되는 회사이다. NHC 6AT는 모터로 구동되는 모든 전기 이동수단인 오토바이, 자동차, 드론, 항공기, 선박 등과 풍력 발전기 등 다양한 분야에 적용이 가능하다.

마린이노베이션 Marine Innovation

대표 | 차완영

홈페이지 | https://www.marineinv.com

마린이노베이션은 친환경 소셜벤처로, 무분별한 벌목과 플라스틱 사용으로 심각해진 환경 문제를 해결하기 위해 만들어진 친환경 기업이다. 해조류 추출물과 해조류 부산물을 이용한 친환경 신소재를 개발해 플라스틱 및 목재 대체재를 생산한다. 마린이노베이션의 해조류 추출물로 제작한 제품으로는 생분해 친환경 봉투와 식품인 '달하루 양갱'이 있다. 추출 후 남은 해조류 부산물로는 계란판, 과일 트레이, 종이컵, 식품 포장용기, 패키징 등을 제작한다. 마린이노베이션은 현재 글로벌 신소재 회사로 성장하기 위한 양산화 준비로 시리즈A 투자 유치를 진행 중이다.

리하베스트 RE:harvest

대표 | 민알렉산더명준

홈페이지 | https://www.reharvest.net

리하베스트는 아시아에서 처음으로 글로벌 푸드업사이클 협회 UFA Upcycled Food Association 의 회원에 정식 선정된 국내 최초 푸드업사이클 전문 기업이다. 식품의 생산과정에서 발생하는 부산물을 수거하여 '세척–건조–분쇄'의 과정을 통해 원료화하는 핵심 기술을 보유하고 있다. 이를 통해 결과적으로 밀가루를 대체하는 원료인 '리너지 가루'를 만들었으며, 이를 활용한 B2C 간편대체식 제품 및 B2B 원료형 제품(생지, 도우 등)을 생산 및 유통하고 있다. 리하베스트는 지속적으로 부산물을 재수확 Reharvet 하며, 소중한 자원으로 만들어나갈 예정이다.

알파도 AlphaDo

대표 | 지영호
홈페이지 | http://www.alphado.co.kr

알파도는 반려동물 헬스케어 솔루션으로, 글로벌 반려동물 질병 및 건강 정보를 보유하고 있다. 알파도펫 헬스케어 솔루션은 눈, 치아, 귀, 피부, 소변, 행동심리상태, 내가 주치의 건강기록챠트 등 AI스캐너와 소변자가검사키트로 자가검사를 진행하고 분석 결과를 자가관리할 수 있으며, 6개월마다 고객맞춤 데이터 분석 보고서를 고객에게 서비스 제공한다. 알파도펫 지역 동물병원은 알파도펫 고객 건강정보를 수지로 모니터링하여 사이버 지역 주치의를 시행하여 질병 예방과 건강관리를 효과적으로 서비스하고 있다.

엘핀 Lfin

대표 | 주은정
홈페이지 | https://www.lfin.kr/

주식회사 엘핀

엘핀은 독자적인 위치인증 기술을 바탕으로 생체인증, 상호인증 등을 결합한 복합인증 솔루션을 제공하고 있다. 핵심기술인 위치인증 기술은 위변조 및 복제가 불가능한 이동통시기지국을 활용하고, GPS, WiFi 등 기존의 위치측위 방식을 보완적으로 결합하여 신뢰성과 정확도를 모두 갖춘 핵심기술을 보유하고 있다. 위치인증 기술뿐만 아니라 안면인식 기술 및 스마트 기기 간 근접 여부를 인증하는 상호인증 기술 등을 복합적으로 결합하여 고객사의 산업군 및 서비스 프로세스에 가장 최적화된 맞춤형 복합인증 솔루션을 제공한다.

살린 SALIN

대표 | 김재현

홈페이지 | https://www.salin.co.kr/

살린은 AR·VR 기술을 이용하여 원격지 사용자 간의 협업, 교육, 문화, 놀이를 지원하는 플랫폼을 제공한다. 지난 2017년 부터 XR 소셜플랫폼, EpicLive R&D를 시작해서, 2019년 상용화에 성공했다. EpicLive는 영화 킹스맨의 홀로그램 화상회의와 같은 기술을 제공한다. 원격 사용자는 이를 통해 가상·증강현실 공간에서 아바타로 등장하며, 현실처럼 대화하고 콘텐츠를 공유한다. 현재 일본의 소프트뱅크가 EpicLive를 이용해 5G 실감미디어 사용 서비스 중이며 태국, 베트남 등 동남아시아 진출을 목표하고 있다.

구루미 Gooroomee

대표 | 이랑혁

홈페이지 | https://www.gooroomee.com, https://www.biz.gooroomee.com

구루미는 2015년 설립했으며 구루미 Biz와 구루미 캠스터디 서비스를 운영하는 화상 플랫폼 기업이다. 전 세계 누구나 매일 사용할 수 있는 쉽고 편한 화상 서비스를 제공 중이다. 총 42만 명의 가입자를 보유하고 있으며, 누적 접속 수는 약 4,700만 명에 달한다. 구루미 Biz와 구루미 캠스터디(온라인 독서실 플랫폼)는 언택트 시대에 기업과 개인 모두에게 꼭 필요한 기능을 담은 비대면 화상 서비스다. 국내 최고 수준의 WebRTC 기술력을 확보하고 있으며, 웹을 통해 별다른 설치 과정 없이 FHD급 고화질 화상 소통이 가능하다.

브이케이프론티어 VKFrontier

대표 | 안희균

홈페이지 | https://www.anpol.co.kr/

브이케이프론티어는 광주연구개발특구 바이오헬스 연구소기업 제849호 이다. 지난 2년간 베트남 하노이에서 베트남 유통마케팅 플랫폼 VKF 비즈타운을 직접 운영하였고, 2020년 K-뷰티의 핵심 발효기술과 5가지 천연소재를 활용하여 아세안 기후와 현지인 피부타입 맞춤형 천연 발효 안티폴루션 '안폴 시크릿 멀티힐러 화장품'을 출시하였다. 현재 베트남 ANVY그룹 그리고 국내 유수의 식품 유전체학 연구센터와 함께 2022년 출시를 목표로 한국의 약용식물을 활용해서 혁신적인 '호흡기질환과 면역능력 개선 건강기능식품' 사업화에 박차를 가하고 있다.

휴먼톡톡 Human Tok Talk

대표 | 김철용

홈페이지 | http://www.humantoktalk.com/

휴먼톡톡이 출시한 '휴먼펜슬'은 전자펜과 교재로 구성된 체감형 놀이기구다. 학습교재에 그려진 그림에 전자펜을 갖다 대면 어떤 교재든 한국어, 영어, 중국어 단어나 문장을 들을 수 있는 것이 특징이다. 단어 놀이 중심의 헬로우 바나Hello Bana 어학 세트와 문장을 공부할 수 있는 렛츠고 베리Let's go Berry 어학 세트 2개를 출시했다. 휴먼톡톡의 제품은 해외시장을 목표로 가장 많이 사용되는 언어를 중심을 구성한 제품이다. 현재, 베트남 판매를 시작했고, 아마존, 쇼피를 통해 진출할 예정이다.

아르고스 KYC | Argos KYC

ARGOS.
KYC · AML · CFT

대표 | 이원규

홈페이지 | https://argos-solutions.io/

아르고스 KYC는 인공지능을 이용한 신분증 및 얼굴인식, OCR, 위·변조 이미지 필터링 기술 등 신원인증에 필요한 핵심기술 개발로 미래 인증기술 개발을 선도하고 있다. 소규모 기업도 간편하게 도입해 컴플라이언스를 준비할 수 있는 클라우드 기반 SaaS 형태의 인증 서비스를 제공한다. 아르고스 서비스는 국제 자금세탁방지기구FATF: Financial ActionTask Force의 국제 표준을 기반으로 설계되어 있으며, 현재 독일, 스위스, 싱가포르 등 해외 7개국에 수출되고 있다. 전 세계 200여 개국의 신분증 데이터베이스와 제1금융권 수준의 AML 데이터베이스를 보유하고 있다.

캐시멜로 Cashmallow

cashmallow

대표 | 윤형운

홈페이지 | https://www.cashmallow.com

캐시멜로는 글로벌 ATM 네트워크를 기반으로 B2C 서비스뿐 아니라 B2B의 환전서비스를 제공한다. 캐시멜로 서비스는 해외송금을 활용한 여행자용 환전 서비스이다. 별도의 해외 계좌나 카드 없이 캐시멜로 앱의 보안인증을 통해 현지에서 실시간으로 환전·인출이 가능하다. 한국 외 홍콩, 대만, 싱가포르에 자회사를 설립하여 현지 여행자 시장까지 타겟하는 글로벌 핀테크 기업으로, 현재 7개국 11만개의 인출 인프라 보유하고 있으며 추가로 유럽, 미주 주요 국가 12개국 ATM을 2021년 상반기 중에 서비스할 예정이다.

PART 5

빅테크 넘어설
룬샷 아이디어

넥스트 유니콘 전진기지 '한-아세안'

한아세안스케일업 with KDB 넥스트라운드, 한아세안센터

연사
- **플뢰르 펠르랭** 코렐리아 캐피탈 창업자 겸 대표
- **한상우** 센토벤처스 대표파트너
- **이정환** 마인드 에이아이 대표
- **아리에프 임란** SERV 대표
- **케빈 퉁 응우옌** JobHopin 대표
- **금창원** 쓰리빌리언 대표
- **에바 웨버** 2C2P 디렉터

좌장
- **마그너스 그라임랜드** 앤틀러 대표

Try Everything - Make it Possible

'한아세안 스타트업 경연대회 with KDB NextRound, ASEAN-Korea Centre'는 '아세안 스케일업'에 이어 대한민국 대표 시장형 벤처 투자플랫폼인 'KDB넥스트라운드'와 한아세안 경제 및 사회문화 분야 협력증진을 위한 국제기구인 '한아세안센터'의 지원으로 마련됐다. 한 아세안 스타트업의 혁신 제품과 서비스에 대해 알아보고 세션 마지막에 '넥스트유니콘' 시상식이 개최됐다.

본 세션의 심사자로 참여한 플뢰르 펠르랭 코렐리아 캐피탈 창업자 겸 대표는 네이버 창업자와 1990년대에 나눈 이야기를 공유했다. 당시 이해진 네이버 창업자는 "아시아와 유럽에는 정말 많은 인재가 있고 고 전적인 산업들도, 자본도, 자산도 있는데 가치사슬이라는 측면에서 봤 을 때 미국과 중국에 뒤처져 있다. 이런 상황에서 방안을 마련해야만 우리 인재들이 활약할 수 있고 훌륭한 기업이 탄생할 수 있다"고 펠르랭 대표에게 얘기했다. 이후 펠르랭 대표는 유럽과 동아시아의 역량을 결합하고 기술과 자본과 시장 접근을 활용하게 된다면 미국, 중국과 견줄 수 있는 경쟁력을 갖출 수 있겠다는 생각에 벤처 캐피탈 투자를 하게 됐다고 코렐리아 캐피탈 설립 배경을 언급했다.

또 다른 심사자인 센토벤처스 한상우 대표파트너는 동남아시아 10개국의 스타트업 현황에 대해 소개했다. 동남아시아 스타트업의 거의 100%가 7개 도시에 집중돼 있다는 특이점이 있다. 이 같은 특이점이 발생한 데에는 우선 시장의 규모가 압도적으로 큰 것이 작용했다. 이들 도시는 인구가 많고 경제활동 규모도 크다. 무엇보다 미국과 비교해도, 중국과 비교해보더라도 굉장히 빠르게 성장하고 있다.

한상우 대표는 "한국과 비교해도 동남아시아 스타트업이 훨씬 빠르게 성장하고 있음을 볼 수 있다"면서 "벤처 캐피탈 투자 역시 폭발적으로 늘어나 매년 80% 이상씩 투자액이 늘고 있다"고 말했다. 2019년에는 동남아시아 스타트업에 7,500억 달러가 투자됐다고도 전했다. 한 파트너는 "미국과 중국 같은 시장에 비해 아직 동남아시아는 훨씬 작지만 동남아시아의 GDP와 인구까지 고려해보면 잠재력이 엄청 크다는 것을 알 수 있고, 벤처 캐피탈 시장은 앞으로 더 커질 것"이라고 예측했다.

뒤이어 IR피칭을 맡은 마인드 AI 이정환 대표는 마인드 AI의 특징에 대해 간단히 언급했다. 이 대표는 "AI의 현황을 보면 보통 신경망을 기반으로 하고 있다. 많은 데이터, 슈퍼 컴퓨팅 파워를 기반으로 궁극적으로는 추측을 하는 것"이라고 설명하며 "그것은 자연언어를 이해하는 것이 아니라 계산을 통해서 가능성과 퍼센티지를 통해 추측하는 것"이라고 말했다.

이 같은 추측은 일부 영역에서는 잘 적용될 수 있지만 일부 영역에 맥락이 제대로 연결되지 않는, 논리력 결여 문제가 있다고 부연했다.

이 대표는 "미국 국방고등기획연구청은 3세대 AI를 추구하고 있다. 글의 맥락을 추구하고 투명성을 추구하고 있다. 그저 블랙박스 형태로 된 현재의 AI가 아닌, 어떤 이론을 사용해서 그러한 결론이 나왔는지 신뢰할 수 있어야 여러 산업에서, 의료 분야에서 적용될 수 있다"고 강조했다.

이 대표가 주장하는 마인드 AI의 강점은 '지능'에 있다. 새로운 상황 속에서 배우고 이해하는 능력을 갖췄다는 것이다. 결국 논리력을 지녔다는 것으로, 귀납법, 연역법, 귀추법이 통합된 형태라는 것이다. 이 대표는 "이 3가지가 같이 움직여야 한다. 처음 아무것도 없는 상태에서 13년 동안 연구해 지금과 같은 매커니컬 구조를 만들었다"고 얘기했다. 세 가지 논리를 갖고 있기 때문에 투명하게 트레이싱할 수 있다는 설명이다.

이 대표는 "오늘날 챗봇을 보면 한 가지 의도를 가지고 진행하고, 그 다음 의도를 만들기까지 굉장히 오래 걸린다. 사람은 다른 사람과 한 가지 주제에 대해 얘기하다가 바로 다른 주제로 얘기할 수 있고, 다시 원래의 주제로 돌아와 대화할 수 있지만 챗봇이나 현재의 다른 AI는 그렇게 왔다 갔다 할 수 없다"고 차이점을 설명했다.

이 대표는 "마인드 AI는 선형적이고 정성적인 논리를 사용한다. 정량적인 수치를 가지고 추론하는 것이 아니다. 실제 문장을 이해하고 문단을 이해하고 전체 페이지를 이해하는 접근을 한다. 어떤 언어든 상관없다. 국제언어인 영어에 집중하고 있지만 한국어도, 중국어도, 프랑스어도 상관없이 적용할 수 있다. 우리는 '마인드 익스프레션'이라는 상용화제품을 통해 대화 기반 AI 엔진을 제공하려 한다"고 밝혔다. 이 같은 챗봇을 버라이즌이나 SK텔레콤, KT 등 어떤 통신사든 제공해 비즈니스 모델을 만들 수 있다고 강조했다.

아리에프 임란 서브serv 대표는 새로운 모빌리티 프로그램에 대해 발표했다. 임란 대표는 "많은 사람들이 차량 소유에 대해 오해하고 있다"면서 "차량을 새로 구입하고 등록을 마치면 끝난다고 생각하지만 차량을 소유한다는 것은 차량 운행을 관리하는 것을 의미하고, 차량과 관련된 여러 가지 서비스를 받아야 한다"고 설명했다.

임란 대표는 "차량 소유자 입장에서 단일 차량 소유자가 각각의 서비스를 위해 사용하는 앱이 여러 개 있지만 이를 모두 편리하게 사용할 수 있는 슈퍼 앱이 없다"며 "차량 관리 서비스의 투명성까지 더하고 여러 솔루션들을 하나로 통합한 슈퍼 앱이 있으면 좋을 것이다. 서브는 그러한 것을 지원해줄 수 있는 차량 관리 슈퍼 앱"이라고 설명했다.

임란 대표가 만든 서브 앱은 차량과 관련된 모든 요소들이 통합됐을 뿐만 아니라 가격적인 부분이 모두 투명하게 공개된다. 차량 관리 서비스의 여러 다양한 가격들이 소비자들에게 투명하게 제공되는 만큼 소비자들은 보다 손쉽게 원하는 서비스를 선택할 수 있다는 장점이 있다. 임란 대표는 "차를 구입하면 적절한 시기마다 관리를 해줘야 하는데 알림 서비스가 유용할 것이다. 의무적으로 해야 하는 관리와 점검을 잊지 않게 해준다"고 장점을 강조했다.

슈퍼 앱으로서 주목할 만한 점은 찾아오는 서비스를 구현했다는 점이다. 현장출동 서비스를 연결해 별도로 어떤 정비소에 가지 않고도 현장에서 정비 서비스를 받을 수 있으며 또 사용자가 원하면 정비소를 방문해 정비를 받을 수도 있다. 임란 대표는 "이 두 가지 기능을 통해 매출을 발생시키고 있다"고 설명했다. 특히 방문서비스의 경우 매출의 5~15%를 공유하는 방식이고, 서비스센터를 방문할 경우에는 방문 시마다 수익의 2%를 공유하도록 설계됐다.

임란 대표는 "무엇보다 우리의 차량 관리 앱이 좋은 점은 젊은 세대만 사용하는 것이 아니라 모든 세대가 사용한다는 것"이라며 "나이가 많은 분도 저희 앱을 통해 차량을 디지털로 관리하는 모습을 보고 보람을 느꼈다"고 말했다.

서브 앱은 또 수많은 자동차 관련 업체들과 파트너십을 맺고 있다.

일례로 부스트 같은 앱은 말레이시아에서 가장 큰 전자지갑 앱인데 그 안에 서브의 앱이 탑재됐다고 임란 대표는 강조했다.

베트남에서 온 잡호핀JobHopin의 케빈 퉁 응우옌 대표는 버니 AI가 자동으로 데이터를 분석해 빠르게 일자리를 찾아 연결해준다고 설명했다. 구인하는 곳에서 일일이 구직자의 이력서를 읽을 필요가 없이 AI가 자동으로 데이터를 분석해 적절한 인재를 찾아주는 기능을 갖췄다. 케빈 대표는 "해당 AI가 매일 5만 명의 프로필을 읽는다고 볼 수 있다"며 "지난 4년 동안 AI 기술을 활용해 채용 플랫폼을 개발했다. 이 채용 플랫폼을 통해 자동화된 방식으로 구직자들을 검토하고 채용할 수 있게 도와주는 것으로 채용 프로세스가 한결 스마트해질 수 있다"고 강조했다.

이미 잡호핀은 그 AI의 성능을 인정받아 많은 벤처 캐피탈 투자를 받았다. HR 분야의 대기업을 비롯해 일본의 대기업에서도 지원받은 경험이 있다. 응우옌 대표는 이런 여러 차례 투자를 바탕으로 AI 기술을 더욱 발전시켜왔다고 강조했다.

응우옌 대표는 "이미 서비스를 출시한 상태인데 구인을 해야 하는 기업들 입장에서는 적은 수수료를 지불하고 인재를 채용할 수 있어 3,000곳 정도의 기업들이 잡호핀을 통해 인재를 채용할 수 있었다"고 말했다.

한국의 쓰리빌리언도 AI 기술을 사용하는 기업이다. 쓰리빌리언은 AI를 통해 희귀질환을 보다 손쉽게 진단할 수 있도록 노력하고 있다.

금창완 쓰리빌리언 대표는 희귀질환에 대해 "2,000명당 1명에게 미치는 질환을 의미한다"고 설명했다. 그와 같은 희귀질환은 알려진 것만 7,000개나 된다고 한다. 또 이 희귀질환 가운데 80%가량은 유전질환이다. 그래서 쉽게 초기 진단하기 어려운데 쓰리빌리언은 희귀질환 중 유전질환을 집중해서 진단할 수 있는 방법을 개발하고 있다.

금 대표는 "내가 가지고 있는 질환이 어떤 질환인지 발견하는 데만 평균 5년이 걸리며, 그러한 희귀질환자 중 30%가량은 5년이 지나도 제대로 진단을 받지 못하는 것이 현실"이라고 설명했다.

그와 같이 진단을 제대로 받지 못하는 이유 중 하나는 금전적인 부담 때문이다. 평균 5번 정도 검사를 하는데 검사 비용이 대략 3만 5,483달러나 되기 때문이다. 그는 "2만 개의 유전자를 모두 읽어서 희귀질환을 한 번의 테스트로 진단하는 기술을 개발하고 있다. 이 같은 방법을 통해 시간도, 비용도 절감할 수 있다"고 강조했다.

다만 희귀질환은 변이가 많다는 문제가 있는데 이 변이들을 계속 해석해야 해 환자별로 10만 건 이상의 유전자 변이를 발견하고 있다고 금 대표는 덧붙였다. 여기에 AI 기반 제도를 도입해 변이를 해석하는 시간과 비용을 99% 이상 줄일 수 있다고 주장한다.

금 대표는 "10만 건 이상의 변이를 검사하는데 과거에는 20~40시간이 걸렸다면 이제는 5분 이내에 해석할 수 있게 됐다"면서 "이러한 변이 해석에 딥러닝이 사용되며 다양한 모델을 도입해 딥러닝을 통한 변이 예측 정확도를 현재 82.4%까지 높였다. 이는 현재 최고의 AI 기술보다 14$ 이상 향상된 방식"이라고 기술 완성도를 언급했다.

마지막으로 싱가포르에서 온 지불결제 관련 스타트업 2C2P의 에바 웨버 이사는 "올해로 2C2P가 창립 17주년이 됐다"면서 "기술 벤처로 시작해 온라인 지불 결제에 일찍 진입했다"고 설명했다. 초반 투자를 받고 상품을 개발하며 가맹 기업들을 늘리면서 2년 전 흑자 전환에도 성공했다고 말했다. 에바 이사는 "다양한 업종으로 확장해야 성장할 수 있다는 것을 깨달았다"면서 전자상거래, 유통 쪽으로도 확장했다고 말했다.

지난 몇 달 동안은 코로나19로 인해 다양한 가맹점을 확보할 수 있었고 2C2P에는 다소 유리하게 작용했다는 설명이다. 웨버 이사는 "저희 비즈니스는 미얀마와 태국에서 시작했지만 다른 국가들에게도 기회가 있다는 것을 깨닫고 동남아시아 지역으로 확장했다. 이제 다양한 국가에서 하나의 플랫폼으로 활용할 수 있게 됐다"고 장점을 언급했다.

현재 2C2P는 단순 거래 매입 관련 서비스 외에도 지불, 송금 등으로 솔루션을 확장했다. 지불결제 관련해 규제를 맞추는 것이 어렵지만 해당 지역의 정부기관으로부터 인허가를 받아야 다양한 파트너십 네트워크를 구축할 수 있기에 우선적으로 규제요건을 충족시킨다고 웨버 이사는 설명했다.

웨버 이사는 "현재 2C2P는 은행들, 유통업체들, 그리고 우체국 등 굉장히 다양한 파트너 기관들과 네트워크를 구축했고 현재 약 30만 개의 로케이션을 보유하고 있다. 지역별로 인재를 모으고 로컬 팀을 꾸려 시장의 니즈를 빠르게 파악하고 빠르게 현지화해 제공하는 것이 성공의 열쇠였다"고 말했다.

5개 기업의 스피치 종료 후 대회의 우승자로 호명된 기업은 쓰리빌리언이었다. 쓰리빌리언은 XTC 결선진출권, KDB 넥스트라이즈 진출권, 상금 200만 원을 받았으며 나머지 네 팀에게는 KDB 넥스트라운드 국내외 본선 진출권이 전달됐다.

지속가능개발목표(SDGs)를 실현하는
스타트업의 '소셜임팩트' 도전기

2020 XTC 한아세안 경연대회

연사

● **반기문** 전 UN 사무총장

외교통상부 장관을 지낸 후, 2006년 제8대 UN 사무총장으로 2016년까지 활동했다. 2018년 반기문 세계시민센터를 설립했으며, 2019년부터는 보다 나은 미래를 위한 반기문재단 이사장과 미세먼지 범국가기구 위원장을 역임하고 있다.

● **김영덕** 더웨이브톡 대표   ● **미얏 투** 사이버킹 대표
● **김세훈** 어썸레이 대표   ● **이준호** 코액터스 공동창업자
● **고재성** 같다 설립자 겸 대표   ● **김건홍** 니나노컴퍼니 대표
● **토미 마틴 홍** 코알라 최고운영책임자 ● **서인식** 센시 대표
● **안드레 스톨즈** 에코워스테크놀로지 대표 ● **김주윤** 닷 공동창업자

좌장

● **박창하** KDB 산업은행 차장

Try Everything – Make it Possible

세계 최대 사회혁신 스타트업 경진대회인 '익스트림테크챌린지XTC, Extreme Tech Challenge' 한아세안 지역 컴피티션이 세계지식포럼 겸 'Try Everything 2020'에서 공동 프로그램으로 진행됐다. 이번 세션은 한국의 스타트업 7곳과 일본, 미얀마, 싱가포르 스타트업을 포함한 총 10개의 스타트업이 UN의 17가지 지속가능한 발전목표SDGs에 기반한 카테고리(농업기술, 환경기술, 교육, 활성화기술, 핀테크, 헬스케어, 스마트시티)를 가지고 IR피칭을 실시했다.

특히 IR피칭에 앞서 반기문 전 UN 사무총장이 연사로 나와 UN의 지속가능한 발전 목표에 대해 강조했다. 사무총장 재직 당시 진행했던 SDGs Sustainable Development Goals 야말로 UN이 전 세계인에게 제시했던 목표 중 가장 대규모이며 야심 찬 목표였다고 강조했다.

반 전 사무총장은 "우리는 2030년이 되면 빈곤에서 사람들이 탈출하고 학교를 다니지 못하는 자가 없고 그리고 그 누구도 예방 가능한 질병으로 인해서 사망하지 말아야 한다는 것을 주장해왔다. 그리고 과학, 기술발전, 혁신, 4차 산업혁명 등 가용한 모든 도구를 가지고 있다"고 말했다.

그는 또 "도시가 스마트하게 바뀌는 것만으로는 부족하다. 부유층에만 혹은 젊은 층에만 혜택을 준다면, 혹은 비장애인에게만 혜택을 준다면 그 도시는 지속가능하지 않을 것이다. 도시가 지속가능하려면 미래 도시는 포용성을 담보해야 한다. 나이와 성별, 부의 정도를 막론하고 이민자, 원주민 등 모두에게 포용성이 있어야만 지속가능한 도시가 만들어질 수 있다"고 덧붙였다.

XTC 한아세안 경연대회 글로벌 파이널에 참여한 10개의 스타트업은 도시의 지속가능한 성장을 돕는 기술을 들고 나왔다. 더웨이브톡은 스마트폰과 레이저 센서를 연결해 어디서나 손쉽게 박테리아와 바이러스를 측정할 수 있는 물 센서를 개발했다. 해당 센서는 시중에서 수천 달러에 달하는 센서 대비 훨씬 빠르게 측정 결과를 확인할 수 있고 가격도 300달러로 저렴하게 책정됐다. 미얀마의 사이버킹은 모바일 기술과 클라우드 기반 기술을 결합해 손쉽게 기업 자원을 관리할 수 있는 주도JUDO ERP 솔루션과 미얀마 온라인 엑스포 플랫폼을 소개했다.

인도네시아의 코알라는 많은 국가에서 럭셔리 상품으로 간주되고 있는 보험 상품의 확산을 위해 오프라인 중심인 보험 환경을 온라인으로 확장해 쉽고 빠르게 보험에 가입할 수 있고 보험금을 지급받을 수 있는 인슈어테크 상품을 소개했다. 어썸레이는 세계 최초로 탄소나노튜브 CNT 기반 디지털 엑스레이 튜브로 공기 중 미세먼지 농도를 낮추고 박테리아와 바이러스 균을 감소시키는 기술을 선보였다.

같다는 갈수록 심각해지는 무단 투기 쓰레기와 폐기물을 줄일 수 있는 앱 서비스를 소개했다. 앱 하나로 대형 폐기물을 간편하게 버리거나 협력업체가 대형 폐기물을 돈 주고 매입해 2차 시장에서 판매할 수 있는 서비스를 제공한다. 정부 및 지자체와 협력이 용이하고 기존 쓰레기 매립 시스템을 체계화해 고용 창출 효과도 있다고 설명했다. 싱가포르에서 온 에코워스테크놀로지는 탄소섬유로 만든 에트로젤을 통해 물속 폐기물, 오염물질, 미세먼지 등을 대거 흡수해 폐수를 효율적으로 정화할 수 있는 기술을 선보였다.

니나노컴퍼니는 100kg 이상의 물류를 수직 이착륙할 수 있는 고중량 드론을 통해 나르는 물류 혁신 드론 사업을 소개했다. 스마트 솔루션과 결합해 물류 운송비용을 절감할 수 있을 뿐만 아니라 소방형 드론 등으로 활용 범위를 넓힐 수 있다는 설명이다. 센시는 시각장애인을 위한 점자책 출판을 빠르고 저렴하게 만들 수 있는 변환 소프트웨어를 공개했고, 코엑터스는 청각장애인이 운행하는 '고요한택시'를 서비스하며 청각장애인의 소득을 100% 증가시켰다. 마지막 발표 기업인 닷은 텍스트를 손쉽게 점자로 변환할 수 있는 소프트웨어와 닷 워치 등 시각장애인을 위한 IT 기기를 선보였다.

심사위원들은 이들 스타트업의 발표 후 2021년 프랑스 파리 비바테크에서 열리는 XTC 글로벌 파이널리스트 진출권을 거머쥘 기업 두 곳으로 어썸레이와 닷을 선정했다.

Try Everything Now: 전 국민 창업오디션

연사

● **손연재** 리프스튜디오 대표

  현역 시절 리듬체조 요정으로 불렸던 손연재 대표는 2012 런던 올림픽 개인종합 5위, 2016 리우데자네이루 올림픽 개인종합 4위의 성과를 거뒀다. 또한 2014 인천 아시안 게임 개인종합 금메달리스트이자 단체전 은메달리스트이기도 하다. 2017년 2월 18일 공식 은퇴 이후 리듬체조 스튜디오 '리프스튜디오'를 설립하고 수강생들을 가르치고 있다. 종종 청소년 대상 강연에 나가기도 하며 초청코치 자격으로 국내외 리듬체조 대회를 참관하기도 한다.

박상욱(리플렉스) | **유지현**(치주염 살균소독 전자동치실) | **고은석**(능동형 브레이크 어시스트 모듈)
임송빈(자기공진기술 무선 충전 서비스) | **옥주현**(씨어터온) | **최연호**(얼리버디) | **임 건**(팀프앙)
한승조(LITER) | **김지윤**(코우스) | **정상엽**(웃뜰) | **이윤근**(D) | **송치경**(습식공기정화부가 구비된 태양광 공기청정기) | **안진섭**(중앙도서관) | **안지환**(UOUM) | **이상휘**(빌리스벳) | **김영표**(AMU)
서왕규(DETOK) | **김키라**(올유아카데미) | **신동녘**(Around) | **이현우**(Krene)

'Try Everything 2020'에서 'Try Everything Now: 전 국민 창업 오디션' 행사가 진행됐다. 행사 시작에 앞서 손현덕 매일경제 대표의 개막사가 진행됐다. 손현덕 매일경제 대표는 "스타트업은 미래의 글로벌 대기업이다. 스타트업 다음에는 규모를 키워야 하고 이후에는 사업 영역과 범위를 넓혀야 한다. 그래야 품격이 달라진다"고 언급했다. 그러면서 "창업에 도전하는 모든 사람들을 칭찬한다. 자신과 용기를 가지기 바란다"는 응원의 메시지를 전달했다.

본 행사의 심사는 글로벌청년창업가재단의 김대진 명예 이사, 디캠프의 이가윤 팀장, 코웰의 곽정환 회장, 한국청년스타트협회의 황수민 사무처장, 더넥스트랩의 유채선 대표, 엑트너랩의 배지은 팀장이 진행했다.

첫 연사로 연단에 오른 이는 리프스튜디오 손연재 대표다. 그는 불과 몇 년 전까지 '체조요정'으로 불렸던 국가대표 리듬체조 선수이며 현재는 리프스튜디오 대표를 맡고 있다.

아직 앳된 모습을 간직한 손 대표는 비교적 어린 나이에 창업한 어엿한 기업인이다. 손 대표는 "리우올림픽 이후 선수생활을 은퇴한 뒤 1~2년 정도 학교생활을 했고 그때도 진로에 대해 고민을 많이 했다"고 밝혔다. 전국적인 스타였던 터라 방송 출연 요청도 많았고 무엇보다 손 대표가 참여하지 않는 사업 제안도 많이 들어왔다. 그러던 때 그는 창업을 결심했다.

손 대표는 "내가 어떤 일을 잘 할 수 있고 내가 하는 일을 통해서 어떤 가치를 창출할 수 있는지에 대해서 고민했다"면서 "앞으로 10년, 20년 후의 손연재를 그려봤을 때 지속가능한 일을 해야겠다고 생각해 리프스튜디오를 설립했다"고 창업 배경을 설명했다.

당시 톱스타에 준하는 인기를 누렸고 실력도 갖췄던 만큼 손 대표는 국가대표 감독의 자리도 제안받았다. 하지만 엘리트 체육인을 키워내는 일보다 스스로 어린 시절 리듬체조 선수를 하며 느꼈던 좋았던 점들을 직접 가르치고 싶다는 소망이 컸다. 인내심, 끈기, 그리고 무언가를 할 때 포기하지 않고 버텨낼 수 있는 정신력을 배웠던 자신의 경험을 많은 사람들, 많은 아이들에게 전하고 싶었기에 손 대표는 리프스튜디오를 열고 키즈 클래스를 오픈했다.

손 대표는 "리듬체조는 올림픽 종목이라는 생각에 일반인이 다가가기 힘들어한다"며 아쉬움을 토로했다. 그래서 손 대표는 리듬체조를 필라테스나 홈트(홈 트레이닝), 춤과 같이 하나의 문화로 자리 잡고 대중화할 수 있도록 리듬체조를 가르치지 시작했다.

리프스튜디오는 역사가 짧지만 '리프 챌린지컵'이라는 대회를 개최하며 인지도를 높여가고 있다. 손 대표는 "주니어 선수들이 무대에 서서 수많은 사람들 앞에서 긴장감과 부담감을 이겨내는 것 자체가 성장에 큰 도움이 된다고 생각해 리프 챌린지컵을 개최하기 시작했다"고 말했다. 2020년 2회 개최한 리프 챌린지컵은 가을 이후 코로나19로 아쉽게 진행되지 못했지만 이미 2019년 7개국 어린 유망주들이 참여할 만큼 성공적인 대회로 발전하고 있다. 손 대표는 "앞으로 10년, 20년, 30년 리프 챌린지컵을 이어나가 이 대회에 출전했던 아이가 올림픽에 나가는 꿈을 꾸고 있다"고 기대감을 나타냈다.

물론 국가대표 메달리스트 출신이라는 경력과 업적을 간직했기에 비교적 창업부터 현재까지의 과정이 순탄했지만 그래도 손 대표 역시 여느 창업가들처럼 부담감을 안고 있다. 손 대표는 "사업을 진행하는 것에 대해 아직 배울 것이 많고 어려움도 많지만 운동과 똑같다고 생각하기로 마음 먹었다. 무언가 내가 원하는 일이 있고 진짜 하고 싶다는 마음이 든다면 어떻게 해서든 적응하게 된다"며 운동선수의 마음으로 리프스튜디오의 가치를 높여나갈 것이라고 강조했다.

리플렉스의 박상욱 씨는 "AI 기반의 중고 명품 진·가품 판결 및 위탁 판매 서비스를 준비하고 있다"고 기업을 소개했다. 그는 "리플렉스는 전문 감정사의 감정 없이도 실시간 데이터를 기반으로 가죽 제품에 한해 진·가품을 판결하도록 돕는다"고 서비스 내용을 제시했다.

치주염 살균소독 전자동 치실을 개발하고 있는 유지현 씨는 "치주염 살균소독 전자동 치실은 좌우 왕복 운동을 변형해 치아와 치아 사이에 사용할 수 있고 치실을 전자동으로 되감을 수 있으며 소독약을 흡수해 치주염 부위를 치료해주고 LED 조명으로 밝은 시야를 확보한다"며 제품의 특징을 설명했다. 그는 해당 제품이 "사회적 측면에서 치주염을 예방할 수 있고, 치료비를 낮추어 예산 부담을 줄일 수 있고, 플라스틱 치실 사용을 줄여 폐기물 처리 비용을 절감할 수 있다"고 제품의 효용성을 강조했다.

능동형 브레이크 어시스트 모듈을 개발한 고은석 씨는 "아이들이 타는 킥보드의 브레이크가 수동으로 작동하기 때문에 위험하다"면서 능동형 브레이크 어시스트 모듈이 "기계적 제어로 브레이크 스스로 속도를 30% 정도 빠르게 감속시켜줄 수 있도록 개발하고 있다"고 언급했다. 그는 "마케팅, 제품 개발, 특허 등록 등 각 분야에서 전문가와 협업 시스템을 이루고 있다"면서 사업화 계획을 제시했다.

무선 전력 전송 시스템을 개발한 임송빈 씨는 "송신기가 있고 수신기를 장착하면 송신기가 수신기에 전력을 주고 수신해주는 무선 충전 방식을 개발하고 있다"며 개발하고 있는 기술을 소개했다. 그는 "국민 중 20%에게 1,000원의 요금을 부과할 경우 연간 1,200억 원 정도의 매출을 예측할 수 있다"며 기술의 시장성을 강조했다.

씨어터온에 대해 발표한 옥주현 씨는 "연극 뮤지컬 온라인 플랫폼을 통해 공연계의 돌파구를 찾고자 한다"며 기술 개발의 목적을 밝혔다. 그는 "기존의 OTT Over The Top 서비스와는 차별화된 공연 플랫폼을 제공하고자 한다"면서 해시태그 기반 검색 서비스, 이용자의 편의성을 강조한 UI·UX 디자인, 장면별 데이터베이스화, 장면별 저장 서비스, 공연관련 아웃트로 제공 등을 플랫폼의 특징으로 강조했다.

얼리버디에 대해 발표한 최연호 씨는 "얼리버디는 일정 내용을 채우고 저장하면 모든 일정 관리를 스마트폰에서 처리할 수 있다"고 설명했다. 그는 얼리버디가 사용자 욕구에 맞게 버스 관련 정보를 제공하고 맛집 등 다양한 정보를 제공한다고 소개했다. 그는 "API를 유기적으로 활용하고 있고 커스터마이징 기술을 통해 새로운 알고리즘을 구현하여 차별화를 시도하고 있다"고 언급했다.

팀프앙에 대해 발표한 임건 씨는 "대학생들의 니즈를 충족할 수 있는 서비스를 개발했다"면서 "팀프앙이 팀플 시간 정하기부터 마무리까지 지원해 팀플을 더 편리하고 즐겁게 할 수 있도록 지원한다"고 소개했다. 그는 "단순히 팀플 진행 서비스가 아니라 팀원들이 새로운 아이디어를 만들어 공유할 수 있도록 돕는 협업의 가치를 추구한다"며 기술 개발의 의미를 강조했다.

리터에 대해 발표한 한승조 씨는 "커피를 마시는 소비자가 카페의 포인트 적립 방법을 효과적으로 사용할 수 있도록 포인트를 한곳에 모으는 솔루션"이라며 리터를 소개했다. 리터와 제휴를 맺은 카페라면 언제 어디서든 포인트를 적립해 사용할 수 있다는 것이 그의 설명이다.

코우스에 대해 발표한 김지윤 씨는 "코우스는 인테리어 서비스의 대중화를 비전으로 가진다"며 비전을 먼저 소개했다. 그러면서 그는 "홈 인테리어 니즈가 있는 소비자들에게 쉽고 값싼 맞춤형 1:1 인테리어 서비스를 제공한다"고 언급했다. 그는 향후 "AI 서비스를 도입하여 소비자의 선택을 편리하게 도울 것"이라고 미래 계획을 제시했다.

옷뜰에 대해 발표한 정상엽 씨는 "옷뜰은 세 가지 서비스를 소비자들에게 제공한다. 첫 번째는 전문업자가 아닌 개인들이 C2C로 거래하는 중고 거래 플랫폼이고, 두 번째는 온·오프라인 빈티지 전문 업체들이 소비자와 거래하는 B2C 빈티지 플랫폼, 세 번째는 패션에 대해 자신의 생각과 아이디어를 공유하는 패션커뮤니티"라고 애플리케이션을 소개했다. 그는 수익 구조에 대해서 "옷을 빨리 팔 수 있는 확성기 제품과 광고 수익을 고려하고 있다"면서도 "의존형 플랫폼 수익 구조를 탈피하고 싶다"고도 언급했다.

D에 대해 발표한 임윤근 대표는 "D는 올바른 자세 교정 서비스"라

고 소개했다. 그는 "사용자와 붙어 다니면서 나쁜 자세를 취하면 진동을 줘 나쁜 자세를 취하지 않도록 한다. 손가락 두 마디 크기의 소형 웨어러블이고 피부에 부착하거나 주머니에 삽입할 수 있다"고 제품의 작동 원리를 제시했다. 그는 D의 경쟁력에 대해서 "6개의 모션 센서를 도입했다"고 설명했고 수익 모델에 대해서는 "1차 수익은 애플리케이션 광고이고 2차 수익은 제휴 업체로부터의 월 구독 방식"이라고 설명했다.

중앙도서관에 대해 발표한 안진섭 대표는 "중앙도서관 서비스는 유통비와 인쇄비 등의 절감을 통해 3분의 1까지 가격을 낮출 수 있다. 다양한 전자기기와의 호환성을 통해 가격을 낮춘다"고 소개했다. 그는 뷰어 화면을 강조하면서 "하이라이트, 필기 기능 등을 추가할 것이며 또한 다양한 인덱스를 통해 내가 필요한 부분을 바로 찾아서 보는 것을 가능하도록 만들 예정이다. 저작권 보호를 위해 방지 프로그램도 가동시키도록 하겠다"고 밝혔다.

UOUM의 안지섭 씨는 "UOUM은 유압 시스템을 적용한 솔루션 기구"라고 소개했다. 그는 MNP에 대해 소개하면서 "최초로 MNP를 헬스 기구에 접목했다"며 자사의 경쟁력으로는 "낮은 단가, 편리함, 안전성, 트렌디함"이라고 강조했다. 또 그는 "헬스케어 시장을 선도하면서 제품 개발 및 안전성을 위해 힘쓸 것"이라고 포부를 드러냈다.

본 행사에서 장려상으로는 중앙도서관 안진섭 씨가 수상했고, 우수상은 코우스의 김지윤 씨가 수상했다. 최우수상을 수상한 참가자는

UOUM의 안지섭 씨였다. 마지막으로 D의 이윤근 씨가 영광의 대상을 수상하면서 행사가 마무리됐다.

코리아 챌린지 아이디어

코리아 챌린지 경연대회

연사
이상훈(팩트얼라이언스) | **김현일**(디스에이블드) | **신동찬**(펫이지) | **차상훈**(위플랫)
이규현(베스텔라랩) | **이재준**(크레스콤) | **김승용**(코코넛사일로) | **임미진**(퍼블리시)

좌장
● **이종욱** 파워PT 원장

패널
● **이은세** 테크스타즈 코리아 매니징 디렉터　　● **김종윤** 야놀자 대표
● **임정욱** TBT 파트너스 공동대표　　● **한나라** 하나원큐애자일랩 글로벌파트 과장
● **한재경** 창업진흥원 글로벌사업부 차장

Try Everything – Make it Possible

국내 창업 분야 발전과 지역 스타트업 참여를 통한 경연대회 '코리아 챌린지 경연대회'가 9월 18일 'Try Everything 2020'에서 펼쳐졌다. 본 경연대회는 패널들에게 코로나19 시기의 스타트업에 대한 의견을 묻는 것으로 시작됐다.

코로나19 시기에 기업 상황이 어떤지 묻는 사회자의 질문에 김종윤 야놀자 온라인 부문 대표는 "글로벌 진출이 중요하다고 생각하며 서울시 스타트업 지원 정책이 유효하다"고 언급했고 임정욱 TBT 파트너스 대표는 "스타트업 기업들에 도전의 시기이자 기회가 되는 것들이 많다"며 기회를 잘 잡는 것이 중요하다고 강조했다. 이은세 케크스타즈 코리아 매니징 디렉터는 "코로나19 상황에서도 변화에 적응하는 기업들은 살아남기 때문에 기업의 기본적 본질은 변하지 않은 것 같다"고 의견을 제시했다. 한재경 창업진흥원 차장은 "요즘도 호황인 스타트업 기업들이 많으니 두려워하지 말고 계속해서 도전해야 한다"며 스타트업 기업들을 응원했다.

포스트 코로나 시대의 핵심 사업이 무엇인지 묻는 사회자의 질문에 김 대표는 "로컬 콘텐츠의 부각, 치솟는 비용을 감내할 수 있는 언택트 프로그램, 언택트 솔루션"을 제시했다. 한 차장은 "건강에 대한 관심이 높아질 것"이라고 하였고 이 매니징 디렉터는 "어플리케이션 비즈니스와 B2B 영역"이 기회라고 설명했다. 한나라 하나원큐애자일랩 과장은 "e러닝을 넘어서 어댑트 러닝 쪽이 유망할 것"이라고 설명했다.

스타트업에 대한 패널들의 의견 제시 이후 8개의 스타트업을 소개하는 경연이 본격적으로 시작됐다. 첫 번째 기업으로는 퍼블리시가 호명됐다. 퍼블리시의 임미진 팀장은 "퍼블리시는 블록체인 기술을 이용해 언론의 신뢰성을 높이고 언론 플랫폼을 고도화한다. 이를 통해 독자와 언론사가 상생할 수 있는 방안을 개발했다. 20여 개의 미디어 회사를 고객으로 확보했고 기술 특허 2건도 받았다. 마케팅 전략으로는 MOU를 통해 고객을 확대할 생각이다"라며 퍼블리시를 소개했다.

스타트업 기업인 코코넛사일로는 화물 중개 플랫폼을 개발하고 있다. 코코넛사일로의 김승용 대표는 "코코넛사일로는 화물 중개 플랫폼으로 국내 시장이 아닌 브라질, 인도, 중국에서 활발하게 활동하고 있다. 유통 과정에서 모바일 애플리케이션을 기반으로 화주, 기사들을 하나로 묶어 비즈니스 모델을 구축하고 주류, 정비, 보험서비스, 상품 세일즈로 수익을 내고 있다"며 코코넛사일로를 소개했다.

크레스콤은 AI 기반 의료 영상 자동 판독 분석 솔루션을 제공하는 기업이다. 크레스콤의 이재준 대표는 "AI 기술로 의사는 더 신속한 판단을, 환자는 더 정확한 진료를 받을 수 있다. 크레스콤은 세계 수준의 정확도를 자랑한다. 다수의 특허 등록, 국내외 특허, 식약처 의료기기 허가를 받아 신뢰성이 높다"고 기업을 소개했다. 그러면서 그는 "20년 이상의 재능 있는 팀원들이 함께하고 있고 병원과 공동연구를 진행하고 있다"며 기업의 전문성 측면을 강조했다.

베스텔라랩은 스마트시티와 자율주행 연계, 주차 시스템을 제공하는 스타트업 기업이다. 베스텔라랩의 이규헌 매니저는 자율주행의 마지막 핵심 요소는 1마일 내외의 상대적으로 짧은 구간에 적용되는 통신 기술인 라스트마일을 언급했다. 그는 "베스텔라랩에서 라스트마일 문제를 해결하고 있다. 베스텔라랩은 세계 최대 정밀 기술을 가지고 있고 특허도 냈나. 인공지능-대차량통신v2x 주차 시스템으로 주차 문화를 혁신하고 주차, 자율주행차, 스마트시티 시대를 선도하겠다"며 포부를 드러냈다.

위플랫은 지능형 누수관리 서비스를 제공하는 기업이다. 위플랫의 차상훈 대표는 "AI, 빅데이터 기술을 이용해 누수관리 비용을 30%까지 절감할 수 있다. 지능형 플랫폼을 만들기 위해 해외와 협력하고 있고 새로운 사물인터넷을 개발하고 있다. 해당 플랫폼을 이용하면 비전문가도 누수 지점을 쉽게 찾을 수 있다"고 설명했다. 그는 "개도국의 누수를 저감하면서 전 세계의 물 문제를 해결하겠다"며 기업의 비전을 강조했다.

펫이지는 애견미용과 호텔을 비대면으로 예약하도록 돕는 스타트업 기업이다. 펫이지의 신동찬 대표는 "반짝이라는 애플리케이션은 견주들을 위한 비대면 예약 서비스를 제공한다"고 설명했다. 그는 오프라인 업무를 줄여 펫숍의 효율성을 높이고 있고 펫숍의 마케팅과 상담에도 기여하고 있다는 점을 강조했다.

디스에이블드는 발달 장애인 종합 예술 작품의 서비스를 대행하고 광고하는 기업이다. 디스에이블드의 김현일 대표는 "국내 발달장애인의 수가 매년 증가하고 있다. 발달장애인들은 보호작업장에서 일하면 6만 원대의 임금을 받는다. 장애 때문에 스트레스와 우울증도 심각하다. 발달장애인들은 예술성이 뛰어남에도 예술 활동을 할 수 없다는 것을 알고 이를 지원하고 있다. 아티클 서비스, 렌털, 제품 생산, 제품 인테리어, 교육 서비스를 진행한다"고 기업을 소개했다.

팩트얼라이언스는 AI 기술로 발전기, 변압기, 중전기기(重電機器)를 시험하는 컨설팅 회사다. 팩트얼라이언스의 이상훈 대표는 "사람의 검진과 마찬가지로 중전기기 관리도 중요하다"는 말로 발표를 시작했다. 그는 "AI를 통해 데이터 전송, 자동 보고서 작성 등을 총 2분 내에 할 수 있다"며 기업 기술의 효율성을 제시했다. 그러면서 "국내 발전소를 시작으로 하여 세계 시장으로 진출하는 것이 목표이며 향후 AI 플랫폼 사업에 주력할 것"이라며 뚜렷한 미래 계획을 제시했다.

8개의 스타트업 기업이 참여한 코리아 챌린지 경연대회에서 베스텔라랩이 우수상을 수상했다. 최우수상은 위플랫이 수상했으며 크레스콤이 대상의 영광을 안았다.

더 나은 삶을 만들어주는 기발한 스타트업

Create a Better Life with Startups

연사

- **장동하** 교원그룹 기획조정실장
- **권택준** 네오코믹스 대표
- **김현배** 딥파인 대표
- **방준영** 비빔블 이사
- **홍상민** 열사람 대표
- **양순모** 하비풀 대표
- **이승규** 스마트스터디 이사
- **송다훈** 데이터뱅크 대표
- **반은정** 매치 대표
- **김사라** 서치스 대표
- **방현우** 엔비져블 대표

'Create a better life with startups' 행사는 교원그룹 장동하 기획실 장의 환영사로 막을 열었다. 본 행사에는 9개의 스타트업 기업이 참여했으며 딥체인지 리그에서 총 6개 팀, 미라클 리그에서 3개 팀이 참가하였다.

심사위원으로는 컴퍼니케이파트너스 정성민 팀장, 베이스인베스트먼트 김승현 이사, 프라이머 사제 파트너스 권오상 대표, 교원 기획조정실 장동하 실장, 교원 디지털융합사업본부 신영욱 전무, 교원 경영관리부문 장정현 상무, 교원 AI 혁신센터 이규진 상무가 포함되었다.

딥체인지 리그의 발표는 네오코믹스의 권택준 대표의 발표로 시작되었다. 그는 "콘텐츠는 AI로 더 빠르고 저렴하게 만들어지고 있다. 책한 권을 오디오북으로 바꾸는 데 30일, 8,000달러가 들어가지만 저희는

80달러에 3시간이면 만들 수가 있다"고 개발 중인 기술을 소개했다. 네오코믹스의 주요 프로젝트는 출판화된 만화의 웹툰화, 출판화된 만화의 영상화, 텍스트의 음성 변환이라고 설명했다.

개인 학습용 AI 디지털 휴먼 비빔블의 방준영 이사는 "비빔블은 고품질 디지털 휴먼을 대중화시키기 위해서 설립되었다"고 스타트업의 목적을 먼저 밝혔다. 그는 "AI 기반의 캐릭터인 듀이를 만들게 되었다. 개인이나 조직이 디지털 휴먼의 잠재력을 알아보고자 한다면 듀이를 활용할 수 있다"고 설명했다. 그러면서 "듀이의 강점으로 모션을 시각화하고 AI를 이용한 텍스트 투 스피치 그리고 음성을 텍스트로 변환하는 것, 또 인간만이 할 수 있는 감지 능력 등을 구현할 수 있다. 챗봇 AI, 챗봇 프로그램을 이용해서 사람들과 상호작용이 가능하다"고 강조했다.

엔비져블의 방현우 대표는 "어린이를 위한 콘텐츠를 만들고 있다"고 기업을 소개했다. 그는 "상호작용이 가능한 시네마를 만들었다. 상호작용이 가능한 미디어 갤러리로써 어린이를 위한 공간이고 디지털 네이티브를 위한 공간이다"라며 설명을 이어나갔다. 또 그는 "쌍방향의 미디어 콘텐츠는 늘어나고 있다. 모든 콘텐츠를 모바일 플랫폼에서 사용할 수 있도록 특허받은 머신 엔진을 사용하게 되었고 이 머신 엔진을 가지고 복잡한 신체의 동작을 탐지할 수 있다"고 기술적 측면을 강조했다.

매치의 반은정 대표는 "남성의 탈모 고민을 해결하고자 한다"면서 스타트업 목적을 먼저 제시했다. 그는 "패션을 중시하는 젊은 남성을 타깃으로 가발 패턴 10개를 서로 다른 카테고리로 만들고 있다"고 설명했다. 그는 "단지 단순한 가발업체가 아니라 패션 솔루션업체"라며 남성 패션을 바꾸겠다"고 포부를 드러냈다.

열사람의 홍상민 대표는 "미국 애완동물 주인의 절반가량이 애완동물이 비만인지 모른다"며 문제를 먼저 제시했다. 그러면서 그는 브로드펫을 소개했다. "브로드펫은 적절한 사료 주기 위해 개인 맞춤화하고 앱을 통해서 건강을 계속해서 볼 수 있다. 브로드펫은 종합적인 IoT 솔루션이다. 빅데이터를 기반으로 애완동물 상태에 따라 사료를 혼합하고 몸무게를 재고 면역력을 높여주고 노래를 틀어줄 수도 있다"며 브로드펫이 가진 차별점을 강조했다.

온라인 취미플랫폼 하비풀의 양순모 대표는 "취미를 위한 저렴한 솔루션을 제공한다"며 관련 영상을 제시했다. 그는 "아티스트들이 취미 클래스를 공급할 수 있도록 돕고 취미 클래스 키트를 제공하여 간단한 취미 활동을 즐길 수 있도록 돕는다"고 말했다. 그는 한국의 취미 시장이 30억 달러 정도라고 언급하면서 "하버풀이 취미를 위한 원스톱 솔루션을 제공한다"고 다른 기업과의 차별성을 소개했다.

미라클 리크의 발표는 데이터뱅크의 송다훈 대표가 진행했다. 그는 "토플 시험을 준비하는 데 시간과 비용이 많이 든다"며 AI 토플 학습 플랫폼을 소개했다. "토플 뱅크는 다른 오프라인 수업 대비 90% 이상 저렴하고 말하기와 쓰기를 채점하는 것이 수일 걸리는 다른 서비스에 비해 10초 정도밖에 걸리지 않는다"고 기술의 유용성을 강조했다. 그는 "마케팅 비용을 들이지 않고도 매월 160%씩 성장하고 있다"며 "유료 버전 출시를 위한 투자자가 필요하다"고 언급했다.

스마트 글라스를 활용한 언택트 플랫폼 딥파인의 김현배 대표는 기존의 스마트 글라스 산업은 여러 문제가 있었지만 "스마트 글라스 시장이 빠르게 성장하고 있다"고 언급했다. 그는 "산업용 보이스 AR를 갖추고 있는 스마트글라스를 개발했다. 이를 통해 사고율을 70% 줄일 수 있다. 클라우드를 기반으로 하며 월간 정기 구독료만 내면 B2B 서비스를 제공받을 수 있다"고 설명했다. 더불어 그는 "활발한 광고 활동을 통해 약 400만 달러의 상업 기금을 모집했고 독일 정부로부터 인정받았다. 훌륭한 엔지니어 인재들과 경영 능력, 재무 능력이 있다"면서 투자자들의 투자를 촉구했다.

데이터 탐색 포털 서비스 서치스의 김사라 대표는 "시간 집약적이면서 데이터 사이언티스트의 도움이 필요하다"면서 인스파일러를 소개했다. 인스파일러는 누구나 사용할 수 있는 데이터 파인더라는 것이 그의 설명이다. 그는 "인스파일러는 사람들에 대한 인사이트를 인구학적 특성을 기반으로 분석한다. 시각화를 통해 전달되며 마이크로 정보, 또 구체적인 행동에 대한 인사이트가 담겨 있다"고 인스파일러의 기능을 강조했다. "데이터 수집 방법이 단순하지 않다. 공공기록과 SNS, 민간 데이터도 사용한다"며 기술의 차별점을 제시하기도 했다.

한편 초청 연사로 참석한 이승규 스마트스터디 이사는 자사의 〈아기상어〉 노래에 대한 에피소드를 소개했다. 영어 제목 'Baby Shark Dance'인 〈아기상어〉는 3년 넘게 1위를 지키던 미국 가수 루이스 폰시의 〈Despacito〉를 제치고 현재 유튜브 누적 조회수 1위를 달성했다.

이승규 이사는 "처음 아이폰을 보고 이상한 직감이 들어 스마트스터디를 2010년 설립했다"고 말했다. 그는 게임회사에서 일했던 경험을 바탕으로 아이폰용 교육 관련 앱 콘텐츠를 만들었는데 아이들에게 한 시간 이상 스마트폰을 주는 게 무리라는 것을 경험으로 깨닫고 '교육콘텐츠'를 '엔터테인먼트'로 변경했다. 그와 동시에 귀에 쏙쏙 들리는 재밌는 노래와 움직이는 애니메이션을 결합한 뮤직비디오를 발표하기 시작했는데 그것이 현재 유튜브 누적 조회수 1위의 역사를 썼다고 설명했다. 이승규 이사는 "무료 콘텐츠보다는 양질의 유료 콘텐츠로 승부해 누적 앱 다운로드 2억 회 이상, 월 사용자 1,000만 명 이상을 확보할 수 있었다"고 기존 시장의 틀을 깬 일화를 소개했다.

2020 교원 넙체인지 스타트업 프라이즈 행사에서 딥체인지리그의 최우수상은 매치 팀이 수상했다. 매치 팀에게는 상금 1,200만 원과 4억 원 이상의 투자금이 수여됐다. 딥체인지리그의 딥체인지상은 엔비저블 팀이 수상했다. 이로써 엔비저블 팀은 상금 1,200만 원과 6억 원 이상의 투자금을 지원받게 됐다.

네오코믹스 NEOCOMIX

대표 | 권택준

홈페이지 | http://www.neocomix.com/

네오코믹스는 2018년 설립된 AI 종합 콘텐츠 테크 기업이다. AI 기술을 콘텐츠 제작에 접목해 제작비용과 시간을 최대 1/100 절감시킬 수 있다. 네오코믹스는 AI 기술로 표정이나 동작 등 움직이는 이미지를 자동 생성하며 이렇게 제작된 애니메이션은 2020년 12월부터 IPTV에서 방영될 예정이다. 이뿐만 아니라 AI 목소리로 마치 사람이 읽는 것처럼 오디오북을 제작하고 있고 300페이지 분량의 오디오북을 단 3시간 만에 제작·감수 가능한 기술을 보유하고 있어 현재 출판문화산업 진흥원 및 유명 출판사들과도 협업하고 있다.

같다 gatda Corp.

대표 | 고재성

홈페이지 | www.gatda.com

같다가 운영하는 종합 폐기물 수거 서비스 '빼기'는 대형폐기물, 재활용폐기물을 포함한 다양한 폐기물 관련 수거서비스를 운영하는 웹·앱 서비스다. '빼기'는 민간 및 지자체 폐기물 서비스를 통합한 국내 최초 통합 서비스를 운영하고 있다. '빼기'는 국내 최대 폐기물 수거 서비스로 가장 많은 고객을 보유하고 있는 앱이기도 하다. 같다는 2021년 하반기 아시아 국가를 대상으로 시장 확장을 준비 중이며, '빼기' 외에도 리사이클링 사업, B2B솔루션 등 다양한 연계 서비스를 통해 폐기물 및 재활용 시장의 강력한 게임체인저Game-Changer를 목표하고 있다.

베스텔라랩 VEStellaLab

대표 | 정상수

홈페이지 | https://www.vestellalab.com

베스텔라랩은 AIoI기술을 융합한 정밀 내비게이션 솔루션을 사업화하는 기업으로, 30여 개의 핵심특허를 기반으로 스마트 시티와 자율주행차 산업을 혁신하고 있다. 워치마일은 베스텔라랩의 대표 서비스로 GPS신호에 의존하는 기존 내비게이션 서비스의 한계를 극복했다. 운전자에게 최종 목적지인 '주차면'까지 최적의 경로를 추천하고 해당 주차면까지 안내한다. 복잡한 주차장 내 구조물 정보를 담은 정밀 디지털 맵을 생성하고, CCTV 영상을 기반으로 실내 공간의 상태를 실시간으로 파악하고 분석하는 AI 영상인식기술을 적용했다.

펫이지 PetEasy

대표 | 신동찬

홈페이지 | http://www.banjjakpet.com/

반려생활의 새로운 라이프스타일을 개척하는 펫이지는 ICT기술을 활용하여 반려생활을 쉽고 편리하게 하기 위해 애견미용예약 O2O플랫폼인 '반짝'을 서비스 하고 있다. 반려생활의 단짝이라는 의미의 '반짝'은 국내 유일의 비대면 애견미용·호텔 예약 O2O서비스로 출시 2년 차에 누적예약 10만 건, 거래액 30억 원, 입점샵 800개를 달성하며 예약문화 혁신을 주도하고 있으며, 펫샵 운영에 필수적인 기능을 제공하는 플랫폼으로 성장하고 있다.

위플랫 WI.Plat

대표 | 차상훈

홈페이지 | www.wiplat.com

위플랫은 K-water 사내벤처로 시작한 스타트업으로 IIoT, 인공지능, 클라우드 기술로 지구촌 누수 문제를 해결하는 '지능형 누수관리 플랫폼 서비스' 전문 회사이다. 이 기술을 활용하여 수도관 누수 문제로 고통받고 있는 개발도상국이 적은 비용으로 높은 수준의 누수 관리를 가능하게 함으로써 글로벌 물 공급 효율화에 기여함과 동시에, 그린 뉴딜·디지털 뉴딜 정책에 적합한 4차 산업혁명 서비스 개발을 통해 국가 환경산업, 특히 물 산업 글로벌 진출의 교두보로서의 역할이 기대되는 임팩트 스타트업이다.

에이엔티홀딩스 Art&Technology Holdings

Art & Technology Holdings

대표 | 고경환

홈페이지 | http://www.ant-holdings.com/

에이엔티홀딩스는 데이터 기반의 LIFE 플랫폼 회사이다. 소프트웨어 업계 최초로 모바일 기반 수출유망 중소기업 인증을 받았다. 유전자 분석 기반 질병 예측 및 교육 프로그램 DNA BANK 서비스를 제공하고 있다. DNA BANK 서비스는 유전체 빅데이터 정보를 기반으로 머신러닝 알고리즘을 통해 주의력결핍 과잉행동장애ADHD 예측 서비스와 다중지능이론 기반 학습 능력 분석서비스를 제공하는 것이다. 앞으로 게임, 디지털 교육 프로그램 등 질병을 예방하고, 학습 능력을 향상시킬 수 있는 디지털 치료제를 개발하여 영역을 확대해나갈 예정이다.

퍼블리시 PUBLISH

PUBLISH

대표 | 권성민

홈페이지 | https://www.publishprotocol.io/

퍼블리시는, 언론사로부터 시작한 기술 미디어 회사로, 언론 산업의 다양한 문제를 기술적으로 해결한다. 세계 최초로 언론사가 사용하는 콘텐츠 관리 시스템CMS에 블록체인을 적용했다. 언론사의 콘텐츠를 블록체인에 공증하여 내용의 무결성과 콘텐츠의 저작권 증빙, 언론사의 신뢰도 확보를 할 수 있다. 건강하고 자생할 수 있는 뉴스 생태계를 구축하여 진정한 저널리즘을 회복하는 것이 퍼블리시의 미션이다.

팩트얼라이언스 PACT-Alliance

대표 | 이상훈

홈페이지 | http://pact-alliance.com/

팩트얼라이언스는 중전기기 절연진단 시험 및 기술컨설팅을 제공하는 스타트업으로, AI 기술을 이용한 설비진단 플랫폼을 개발하고 있다. 플랫폼은 중전기기 시험데이터를 인공지능 분석 및 전문가 컨설팅을 바탕으로 최적의 설비관리 솔루션을 제공하며, 실시간 데이터 입출력 기능, 위치기반 시험 중개, 시험결과 해석 서비스, 보고서 자동 생성 서비스를 통해 사용자 편의성을 향상시킨다.

하비풀 hobbyful

hobbyful

대표 | 양순모

홈페이지 | https://www.hobbyful.co.kr

하비풀은 2016년 설립된 온라인 클래스 서비스로 전문적인 취미 크리에이터를 통해 영상클래스를 제작하고 글로벌 원부자재 소싱역량을 바탕으로 한 취미키트를 통해 국내에서 가장 합리적인 가격에 취미생활을 즐길 수 있는 방법을 제안하고 있다. 대면 취미생활이 어려운 오늘날 현대인들의 취미생활에 좋은 대안으로 주목받고 있으며 키트 제작 과정에 고용취약계층의 일자리를 창출하고 있어 사회적 가치 극대화를 위한 성장에 몰입하고 있다. 국내뿐만 아니라 전 세계의 취미생활을 집에서 즐길 수 있는 플랫폼으로의 도약을 꿈꾸고 있다.

엔비져블 envisible

대표 | 방현우 허윤실

홈페이지 | https://www.funtory.house/

엔비져블은 미디어아트, 기계공학, 교육, 게임 분야의 전문가들이 모여 2014년 설립된 어린이 종합 콘텐츠 개발 전문 회사이다. 사업 초기부터 꾸준하게 연구·개발해 온 인터랙티브 기술을 활용해 약 50여 개의 어린이 콘텐츠를 개발했고 2016년에 이를 활용한 미디어 키즈카페 '펀토리하우스' 브랜드를 성공적으로 론칭했고 놀이 브릭 등 다양한 분야로 확장돼 'BRICKIT'라는 신규 브랜드로 성장함과 동시에 빠르게 성장 중이다. 자체 R&D센터, 교육 개발센터, 탄탄한 인하우스 시스템이 내부 역량 강화와 성장의 원동력이 됐다.

딥파인 Deep.Fine

대표 | 김현배

홈페이지 | https://www.deepfine.ai

딥파인은 2019년 설립된 AI 회사이다. AI와 센서융합기술을 탑재한 스마트카트 'Fairy'로 시작하여 AI 기술력을 인증받아 독일 뉘른베르크 국제발명전 IENA에서 산업분야 금상 등 다양한 기관에서 여러 차례 수상한 바 있고 국내외 사업에 본격 가속도를 내고 있다. 스마트글라스를 활용한 AI·AR 산업현장 지원 어플리케이션 'ARON'을 통한 국내 최대 서비스 상용화 및 해외 진출을 진행하고 있으며 향후 기술 및 서비스 고도화를 통해 현재 진행 중인 B2B사업뿐만 아니라 B2C사업으로 확장하는 것을 목표로 하고 있다.

매치 MATCH

대표 | 반은정

홈페이지 | https://www.hairsuitmatch.com/

매치는 가발을 재정의하여 머리에 착용하는 패션 아이템으로 접근, 3040 고객의 취향을 반영한 '헤어수트'를 제작하여 서비스하는 브랜드다. 기존 남성 가발은 탈모를 가리기 위한 수단으로만 인식됐으나 매치는 가발을 '머리부터 갖춰 입는 수트'라는 뜻의 헤어수트로 명명하여 트랜디한 스타일과 바버샵의 고품격 서비스를 제공, 가발이 패션 아이템으로 소구될 수 있도록 소비자의 인식을 변화시켰다. 최고급 소재 맞춤형 헤어수트와 프리미엄 바버샵과의 제휴로 차별화된 서비스 외에도 2021년 본격적인 정기 구독서비스를 확대 서비스할 예정이다.

비빔블 bibimble

대표 | 유미란

홈페이지 | https://www.bibimble.com/

비빔블은 2018년 설립된 실감엔진 융복합 기술 스타트업으로 첨단 디지털 미디어 기술들을 융합해 혁신기술 기반 사용자 경험을 개발하고 플랫폼을 만들어가는 중이다. 글로벌 특허 기술이자 가상현실과 홀로그램을 융합한 비빔블만의 서비스인 'HOLOMR'을 기반으로 증강·복합현실, AI와 융합기술 기반의 솔루션을 개발하고 있다. 가상현실 내부 오브젝트를 홀로그램으로 플레이어 주변에 투영함으로써 여러 사람이 헤드셋 없이 동시에 동일한 인터렉션 가상현실 체험이 가능하며 현재 '디지털휴먼'과 '디지털전시' 플랫폼 서비스로 사업 확장 중에 있다.

서치스 Searcheese

대표 | 김사라

홈페이지 | https://www.searcheese.com/

서치스는 2019년 설립된 데이터 서비스 스타트업이다. 데이터 시대에 '일상에서 더욱더 쉽게 데이터를 접하고 그 가치를 경험해볼 수 없을까?'라는 질문과 함께 시작됐고, 공공 및 민간 기관의 다양한 데이터를 사용하기 쉽게 가공, 분석하여 시각화된 상품을 제공한다. '인스파일러insfiler.com'는 누구나 활용할 수 있는 서치스의 웹서비스로 간단한 검색으로 데이터 분석결과를 찾아보는 데이터 포털이다. 데이터 가공 프로세스를 자동화해 사용자들이 데이터를 이해하고 데이터 기반 스토리텔링에 집중할 수 있는 서비스를 목표로 한다.

열사람 10pple

대표 | 홍상민

홈페이지 | https://www.broadp.co.kr/

열사람

열사람은 데이디로 반려동물의 질병을 예측하는 스타트업으로, 길고양이가 구조된 후 비만 등에 자주 걸리게 되는 문제를 해결하고자 '펫 IoT' 사업을 시작했다. 반려동물의 비만을 측정하고, 비만에 따라 처방식을 주어 몸무게를 유지시켜주고 앱으로 몸무게에 따라 영양제를 추천하여 유기의 원인인 질병을 예방하는 서비스 제공하고 있다. '포그미'는 면역력 증진에 필요한 온열 제공과 비만을 해결할 추천사료와 영양제를, '보나피'는 비만도에 따라 혼합 영양 사료를 급여해 몸무게를 관리해준다. 관련 특허를 보유, 서비스하는 곳은 열사람이 유일하다.

데이터뱅크 DATABANK

대표 | 송다훈

홈페이지 | https://www.toeflbank.com

딥러닝 기반 AI튜터, '토플뱅크'는 유저가 전체 시험, 일부 섹션, 일부 문제 단위로 주관식 문제를 풀면 AI가 자동채점 및 맞춤형 커리큘럼을 제공해준다. 토플뱅크 웹사이트 제작 3개월만에 국내 유저수가 1만 8,000명을 돌파했고, 해외 유저들에게도 입소문이 나 현재는 175개국에서 전 세계 토플 응시자 5%가 토플뱅크를 이용하고 있다. 기존 인간 강사에게 토플 스피킹과 라이팅 답안을 평가받으려면 평균 5만 원을 지출하고 일주일을 기다려야 했지만 토플뱅크를 통하면 5초 안에 무료로 해결되는 것으로 향후 폭발적 성장 가능성이 크다.

Try Everything
참여우수기업

회사명	대표	회사명	대표
같다	고재성	마린이노베이션	차완영
고미코퍼레이션	장건영	매치	반은정
구루미	이랑혁	메텔	정기
그리너지	정병훈	모아이스	이용근
네오코믹스	권택준	뮤즈라이브	석철
뉴아인	김도형	뮤직플랫	성하묵
다비오	박주흠	미식의시대	방남진
더스윙	김형산	바이젠	김복성
더코더	박행운	박스풀	성정학
데이터뱅크	송다훈	베스텔라랩	정상수
디케이에코팜	홍의기	브레싱스	이인표
딥파인	김현배	브레인콜라	김강산
로보라이즌	임상빈	브이케이프론티어	안희균
로켓뷰	김화경	블루프린트랩	신승식
리하베스트	민알렉산더명준	비빔블	유미란

참여우수기업

회사명	대표	회사명	대표
빌리오	안준혁	아이시냅스	김준홍
사운더블헬스	송지영	아키드로우	이주성
살린	김재현	아토즈소프트	서호진
서치스	김사라	알틱스	이혜민
세렌라이프	이명우	알파도	지영호
세븐플로어	김희원, 정운영	어스그린코리아	한경수, 박용순
센스톤	유창훈	에스비씨엔	손상현, 이승엽
소테리아	김종만	에이엔티홀딩스	고경환
순수바람	김민수	에이유	김백현
스와치온	정연미	에이임팩트	윤성진
스트리스	박일석	에코라이프패키징	황규찬
써드아이로보틱스	임진구	에코피스	채인원
씰링크	이희장	엔비져블	방현우, 허윤실
아르고스KYC	이원규	엘핀	주은정
아부하킴	유덕영	열사람	홍상민

회사명	대표	회사명	대표
오가메디	권동엽	캐시멜로	윤형운
올거나이즈	이창수	코드박스	서광열
우디	권봉균	코딩로봇연구소	최영준
원티드	이복기	코스모스이펙트	최현일
위닝아이	정우영	코코넛사일로	김승용
위플랫	차상훈	코클리어닷에이아이	한윤창
이즐	정구휘	콜라비팀	조용상
인디제이	정우주	테렌즈	아이치사티야브르타(제임스)
제너레잇	신봉재	트라이어스앤컴퍼니	조기준
제이카	강오순	트윈케이미디어	김희석
지니얼로지	지훈	팀와이퍼	문현구
진캐스트	백승찬	팩트얼라이언스	이상훈
카찹	이원재	퍼블리시	권성민
칼라프로젝트	이지현	페이민트	김영환
캐스팅엔	최준혁, 용성남	펫이지	신동찬

회사명	대표
펫프렌즈	김창원
포에버링	이신우
포토메카닉	김종수
플라스크	이준호
플레인베이글	유진재
피플멀티	박훈웅
하비풀	양순모
하이브랩	김광현
휴먼톡톡	김철용
4SMapper	이승호

스타트업 빅 트렌드

초판 1쇄 발행 2020년 12월 31일

지은이 Try Everything 사무국
펴낸이 서정희 **펴낸곳** 매경출판㈜
책임편집 고원상
마케팅 신영병 이진희 김예인

매경출판㈜
등 록 2003년 4월 24일(No. 2-3759)
주 소 (04557) 서울시 중구 충무로 2 (필동1가) 매일경제 별관 2층 매경출판㈜
홈페이지 www.mkbook.co.kr
전 화 02)2000-2632(기획편집) 02)2000-2636(마케팅) 02)2000-2606(구입 문의)
팩 스 02)2000-2600 **이메일** publish@mk.co.kr
인쇄·제본 ㈜M-print 031)8071-0961

ISBN 979-11-6484-215-5 (03320)